全国高等院校旅游管理教材

保继刚 ◎ 主编

Sports Marketing
赛事营销

[法]米歇尔·德博尔　[加拿大]安德烈·黎塞留　曾国军◎著

中山大学出版社
SUN YAT-SEN UNIVERSITY PRESS
·广州·

版权所有　翻印必究

图书在版编目（CIP）数据

赛事营销／（法）德博尔，（加）黎塞留，曾国军著．—广州：中山大学出版社，2014.9

（全国高等院校旅游管理示范教材／保继刚主编）

ISBN 978-7-306-04946-9

Ⅰ. ①赛…　Ⅱ. ①德…②黎…③曾…　Ⅲ. ①体育—市场营销学—高等学校—教材　Ⅳ. ①G80-05

中国版本图书馆 CIP 数据核字（2014）第 143563 号

出 版 人：	徐　劲
策划编辑：	徐诗荣
责任编辑：	廖丽玲
封面设计：	曾　斌
责任校对：	黄浩佳
责任技编：	何雅涛
出版发行：	中山大学出版社
电　　话：	编辑部 020-84111996，84113349，84111997，84110779
	发行部 020-84111998，84111981，84111160
地　　址：	广州市新港西路135号
邮　　编：	510275　传　真：020-84036565
网　　址：	http://www.zsup.com.cn　E-mail: zdcbs@mail.sysu.edu.cn
印 刷 者：	虎彩印艺股份有限公司
规　　格：	787mm×1092mm　1/16　13 印张　307 千字
版次印次：	2014 年 9 月第 1 版　2018 年 1 月第 2 次印刷
定　　价：	38.00 元

如发现本书因印装质量影响阅读，请与出版社发行部联系调换

《全国高等院校旅游管理教材》

编 委 会

主　编：保继刚

委　员（按姓氏音序排列）：

　　　　罗秋菊　　彭　青　　孙九霞

　　　　徐红罡　　曾国军　　张朝枝

作者简介

米歇尔·德博尔（Michel Desbordes）

米歇尔·德博尔教授先后获得马克·布洛赫大学（University Marc Bloch，法国）、巴黎南十一大学（University Paris South 11，法国）、渥太华大学（University of Ottawa，加拿大）的教授职位。现任杂志 International Journal of Sports Marketing and Sponsorship 的主编，该杂志被 SSCI 收录，在体育旅游和赛事营销领域首屈一指。

米歇尔·德博尔教授的研究领域涉及运动营销、旅游营销、营销伦理、奥林匹克与赞助等，这些均是旅游及营销研究的前沿问题。就这些问题，他曾经多次赴美国、加拿大、西班牙、俄罗斯、匈牙利等国进行合作研究或开设短期课程。该教授在 International Journal of Sports Marketing and Sponsorship、Journal of Brand Management、European Sport Management Quarterly 发表论文 28 篇，并出版 Marketing and Sport、Marketing and Football：An International Perspective 等多部专著。

联系方式：mdesbordes@groupeisc.com

安德烈·黎塞留（André Richelieu）

魁北克大学蒙特利尔分校（ESG-UQAM）教授，主要研究领域为赛事营销，特别是体育组织的战略发展与品牌管理，研究范围涉及北美、欧洲。安德烈·黎塞留教授在国际期刊上发表了 30 余篇论文，在世界范围内做过 50 余场讲座，曾获得杰出拉瓦尔教授奖、营销领域最佳教授奖。

个人网站：www.andrerichelieu-sportsmarketing.com

联系方式：richelieu.andre@uqam.ca

曾国军

中山大学旅游学院教授、管理学博士、硕士生导师，荷兰伊拉斯姆斯大学管理学院访问学者，酒店星级评定专家。主要研究兴趣涉及旅游市场分析与旅游企业战略管理、酒店管理、赛事营销等领域。曾在 International Journal of Hospitality Management、International Journal of Sports Marketing and Sponsorship、《管理世界》、《管理科学》、《管理评论》、《管理学报》、《旅游学刊》、《地理研究》、《地理科学》、

《北京体育大学学报》等杂志发表论文近20篇,独立出版专著1本,编著《旅游企业战略管理》教材1本,合作出版专著2本,译著2本,主持国家自然科学基金2项以及教育部人文社会科学基金、博士点基金和广东省人文社会科学基金等多项课题。

  曾国军教授曾积极参与政府及企业管理咨询实务工作,他曾经提供过管理咨询服务的主要机构和企业有:新疆喀纳斯旅游发展股份有限公司、2010年广州亚运会组织委员会、广东省经济贸易委员会、广州市旅游局、广西壮族自治区人事厅、法国—荷兰皇家航空公司、中山国际酒店、丽珠集团、粤海国际酒店集团、广东大厦等。

  联系方式:zenggj@mail.sysu.edu.cn

《全国高等院校旅游管理教材》
出 版 说 明

中国旅游教育三十多年来，教材从无到有，从有到多甚至泛滥，已经颇有一段时间了。客观上讲，这些教材的出版的确对中国旅游教育的发展起到了一定的推动作用，但随着旅游发展的理论与实践不断深入，这些以"借鉴西方理论"、"引入传统学科"、"介绍现实应用"为特色的旅游教材的局限性日益显现。

这种局限性主要表现在缺乏学科理性思考、缺少研究基础、缺乏编写规范。一方面，有的教材生搬硬套、堆积罗列西方理论或者现实案例，而面对中国越来越丰富的旅游现象时，却无法解释；有的教材编写者不遵循编写规范，抄袭现象严重，影响到学生的治学态度……因此，从本科教学的角度来讲，现行旅游管理相关教材应该加快改革的步伐。

另一方面，随着信息社会的到来，互联网开始与教师在课堂上争夺学生的注意力，老师在课堂上讲授"专业知识"时，学生往往更喜欢自己通过网络由点及面地很快掌握相关知识，而对老师传统的根据教材上课的方式提出挑战与质疑。因此，通过知识传播来训练学生能力变得更加重要，相应的内容与结构、作业与参考文献资料等也因此成为教材的必要部分。

中山大学旅游学院成立十年来，一直在探索如何教授学生通过学习知识来获得批判性思考能力和利用研究工具来进行问题分析的能力，不断强调通过现实案例解剖来让学生理解专业知识，但一直苦于没有合适的教材。经过学院老师多次讨论，决定趁2014年学院建院十周年之际，陆续推出一批旅游管理相关专业教材，包括旅游管理、酒店管理、会展经济与管理相关专业的核心课程与专业课程教材。这些教材编写的基本要求是，教材的编者或作者在该领域至少要有5年以上的研究经验，并有相当分量的相关成果发表；这些教材都必须有严谨的知识体系、训练内容及编写规范，能够为本科教育形成规范作出贡献。尽管各位作者已经尽了最大的努力，但这些教材也难免存在一定的缺陷，我们把它作为一种新的尝试与起步，以期能抛砖引玉，推动中国旅游教育的健康发展。

保继刚

前　言

随着体育产业的迅速发展，全球化进程的日益加剧，以及人们对大型体育赛事活动关注的不断增加，赛事营销（或称体育营销，本书不作区分）日益成为研究者、企业经营者以及体育管理者关注的对象。毫无疑问，如何做好赛事营销是赛事运营商和营销商当下及未来需要面临的一个挑战，他们需要从过去10年、20年、30年前使用过的方法中寻求不同的解决途径。赛事营销是如何帮助我们理解营销和品牌管理的呢？在此，我们查阅理论依据，提供国际性案例，清晰地表达我们的观点，为面临挑战的管理者提供思路，推动赛事营销理论和实践向前发展。与此同时，本书也期望为培养拥有正确管理理念、熟悉赛事营销基本知识与技能的赛事经营管理人才做出贡献。

在内容安排上，我们力求理论阐述与案例分析相结合，以满足赛事营销管理者的需要为出发点，重点介绍赛事营销的实用性和实践性。除绪论外，本书共计九章。绪论介绍本书的主题和意义；第1章至第4章讨论了全球化背景下品牌管理及体育组织的国际化，尤其是体育团队的国际化；第5章至第8章关注了体育赛事和市场营销经验；最后一章，也就是第9章，对整本书做了总结。

在未来的10年或20年内，赛事营销将会如何发展呢？在本书中，我们试图在相关领域内提供思考和管理的工具，近年来这些工具已经促使一个行业发生了巨大的变化，而且这变化将持续下去。我们发现，在全球化浪潮的驱动下，涌现了越来越多来自新兴国家的竞争者，出现了越来越多的文化多样性的代表队，如蒙特利尔加拿大人队、马赛足球俱乐部、南非国家男子足球队等。

高等旅游教育的发展需要高水平的教材支持，为此，我们力图通过国际知名专家教授、一线教师的通力合作，推出一本高质量、适合高校学生学习、通俗易懂而又道理深刻的教科书。本书由米歇尔·德博尔教授、安德烈·黎塞留教授、曾国军教授等共同编写，他们分别来自于法国、加拿大和中国。此外，本书的合作者还包括荷兰、德国等高校的知名学者。他们分别从不同的视角，深入地切入到各个问题中来，使本书具有最完整以及最具国际化的研究方法。本书的绪论由曾国军、安德烈·黎塞留共同编写，第1章和第2章由安德烈·黎塞留教授负责编写，第3章由曾国军、弗朗克·高（Frank Go）、克里斯汀·科尔莫（Christian Kolmer）共同负责编写，第4章由弗拉基米尔·安德夫（Wladimir Andreff）负责编写，第5章由克里斯托夫·布鲁尔（Christoph Breuer）、蒂姆·保罗斯基（Tim Pawlowski）、克里斯托弗·朗夫（Christopher Rumpf）共同负责编写，第6章由米歇尔·德博尔负责编写，第7章由鲍里斯·赫莱（Boris Helleu）负责编写，第8章由米歇尔·德博尔负责编写，第9章由安德烈·黎塞留、米歇尔·德博尔、曾国军共同负责编写。此外，曾国军教授负责整本书的大纲设计与制定，并对书稿全文进行统稿翻译。

  本书力图为推动赛事营销的发展抛砖引玉，对书中观点持不同见解者，望批评指正，共同探讨。希望本书的出版，能为推动中国赛事营销理论的发展尽绵薄之力。

曾国军

2014年5月8日

目　录

绪　论 …………………………………………………………………… (1)
　　学习目标 ……………………………………………………………… (1)
　　0.1　何谓赛事营销 ………………………………………………… (1)
　　0.2　赛事营销的理论发展 ………………………………………… (3)
　　0.3　本书的内容安排 ……………………………………………… (7)
　　思考题 ………………………………………………………………… (8)
　　参考文献 ……………………………………………………………… (8)

第1章　体育品牌的创建 ………………………………………………… (11)
　　学习目标 ……………………………………………………………… (11)
　　1.1　引言 …………………………………………………………… (11)
　　1.2　品牌及其战略重要性 ………………………………………… (12)
　　1.3　体育团队的品牌化 …………………………………………… (12)
　　1.4　体育团队品牌战略建设 ……………………………………… (14)
　　　　1.4.1　定义品牌的特性或个性 ……………………………… (14)
　　　　1.4.2　确定体育团队的市场定位 …………………………… (15)
　　　　1.4.3　体育品牌及其在体育运动中的应用 ………………… (21)
　　1.5　本章小结 ……………………………………………………… (22)
　　思考题 ………………………………………………………………… (22)
　　参考文献 ……………………………………………………………… (23)

第2章　体育团队品牌的国际化 ………………………………………… (26)
　　学习目标 ……………………………………………………………… (26)
　　2.1　引言 …………………………………………………………… (26)
　　2.2　体育的全球化 ………………………………………………… (26)
　　　　2.2.1　体育全球化的原因 …………………………………… (27)
　　　　2.2.2　体育全球化的内容 …………………………………… (28)
　　　　2.2.3　体育全球化的参与者 ………………………………… (28)
　　　　2.2.4　实现全球化的途径 …………………………………… (29)
　　　　2.2.5　体育全球化的地点 …………………………………… (31)

2.3 品牌和体育团队的国际化进程 ………………………………………… (31)
    2.3.1 企业的国际化进程 ………………………………………… (31)
    2.3.2 品牌的国际化 ……………………………………………… (32)
    2.3.3 体育团队品牌的国际化 …………………………………… (33)
    2.3.4 体育品牌国际化的决定因素 ……………………………… (35)
2.4 本章小结 …………………………………………………………………… (40)
思考题 …………………………………………………………………………… (41)
参考文献 ………………………………………………………………………… (41)

第3章 大型赛事如何改变东道国国家形象：北京奥运会的案例 ……… (45)
学习目标 ………………………………………………………………………… (45)
3.1 引言 ………………………………………………………………………… (45)
3.2 文献研究 …………………………………………………………………… (46)
    3.2.1 大型赛事与目的地形象的关系 …………………………… (46)
    3.2.2 议程设置理论框架下奥运会与国家形象变迁 …………… (47)
3.3 研究设计 …………………………………………………………………… (48)
    3.3.1 研究方法 …………………………………………………… (48)
    3.3.2 数据收集 …………………………………………………… (49)
3.4 实证研究结果 ……………………………………………………………… (51)
    3.4.1 国际电视媒体有关中国国家形象的可见性 ……………… (51)
    3.4.2 国际电视媒体有关中国国家形象的效价 ………………… (53)
    3.4.3 国际电视媒体有关中国国家形象的主题结构 …………… (56)
    3.4.4 国际电视媒体有关中国国家形象的归因 ………………… (58)
3.5 结论与讨论 ………………………………………………………………… (59)
思考题 …………………………………………………………………………… (61)
参考文献 ………………………………………………………………………… (61)

第4章 体育赛事的经济影响与规则 ……………………………………… (65)
学习目标 ………………………………………………………………………… (65)
4.1 引言 ………………………………………………………………………… (65)
4.2 体育经济的全球化 ………………………………………………………… (66)
4.3 全球大型体育赛事驱动因素 ……………………………………………… (68)
4.4 职业联赛规则 ……………………………………………………………… (72)
    4.4.1 北美封闭联赛 ……………………………………………… (73)
    4.4.2 欧洲开放联赛 ……………………………………………… (74)
    4.4.3 封闭联赛与开放联赛的比较 ……………………………… (76)
4.5 运动规则的调整：案例分析 ……………………………………………… (78)

4.6 体育竞赛的财务规则 (79)
  4.7 全球体育人才（劳动）市场的放松管制 (83)
  4.8 本章小结 (85)
  思考题 (85)
  参考文献 (86)

第5章 体育赞助与品牌化 (91)
  学习目标 (91)
  5.1 引言 (91)
  5.2 体育赞助 (91)
   5.2.1 体育赞助的意义 (91)
   5.2.2 体育赞助的基础——体育的情感力量 (92)
   5.2.3 体育赞助的目标 (93)
  5.3 体育赞助评估及其障碍 (96)
   5.3.1 体育赞助评估指标 (96)
   5.3.2 对销售的影响评估 (97)
   5.3.3 赞助对象的选择 (98)
  5.4 案例分析：翁特哈兴足球俱乐部 (99)
   5.4.1 俱乐部的营销及品牌战略 (100)
   5.4.2 当地企业赞助的实施 (101)
  5.5 本章小结 (102)
  思考题 (103)
  参考文献 (104)

第6章 足球俱乐部设备制造商：战略与国际化 (107)
  学习目标 (107)
  6.1 引言（体育营销 VS 营销体育） (107)
  6.2 体育赞助的一般理论 (108)
   6.2.1 有关体育赞助的经典文献 (108)
   6.2.2 埋伏营销与设备厂商 (110)
   6.2.3 传统营销与设备制造商的战略 (113)
  6.3 管理层面：体育品牌的国际化 (116)
   6.3.1 欧洲与美国的职业体育：体制差异影响体育品牌 (117)
   6.3.2 设备厂商的一般战略 (125)
   6.3.3 案例研究：阿迪达斯、耐克和彪马 (126)
  6.4 本章小结 (135)
  思考题 (137)

参考文献…………………………………………………………………（137）
　　附录………………………………………………………………………（138）
第 7 章　世界摔角娱乐联盟的营销战略和经济模式…………………………（140）
　　学习目标…………………………………………………………………（140）
　　7.1　引言………………………………………………………………（140）
　　7.2　世界摔角娱乐联盟：从地方性到全球化………………………（141）
　　7.3　世界摔角娱乐联盟的商业模式…………………………………（143）
　　7.4　体验式营销………………………………………………………（145）
　　7.5　世界摔角娱乐联盟体验的力量…………………………………（147）
　　7.6　本章小结…………………………………………………………（150）
　　思考题……………………………………………………………………（151）
　　参考文献…………………………………………………………………（151）
第 8 章　体育场馆的建立和管理：一种新的营销方式………………………（154）
　　学习目标…………………………………………………………………（154）
　　8.1　引言………………………………………………………………（154）
　　8.2　体育场馆的理论层面：体育赛事产生的新营销方式…………（157）
　　　　8.2.1　顾客行为和球迷消费者需求……………………………（157）
　　　　8.2.2　社区体验型娱乐中心……………………………………（160）
　　　　8.2.3　体育场馆的地理营销和定位技术………………………（162）
　　　　8.2.4　地理营销理论研究………………………………………（163）
　　8.3　体育场馆的管理层面：实施球迷政策，优化体育场馆………（165）
　　　　8.3.1　顾客关系管理策略………………………………………（165）
　　　　8.3.2　收益管理…………………………………………………（170）
　　　　8.3.3　案例分析：欧洲体育场馆 VS 北美体育场馆……………（172）
　　8.4　本章小结…………………………………………………………（179）
　　思考题……………………………………………………………………（181）
　　参考文献…………………………………………………………………（181）
第 9 章　总　结……………………………………………………………………（184）
　　学习目标…………………………………………………………………（184）
　　9.1　本书的内容回顾…………………………………………………（184）
　　9.2　赛事营销的展望…………………………………………………（186）
　　思考题……………………………………………………………………（188）
　　参考文献…………………………………………………………………（188）

图 目 录

图1-1　体育品牌战略建设 …………………………………………………（14）
图2-1　体育团队的国际化进程 ……………………………………………（34）
图3-1　中国在国际电视媒体中的可见性 …………………………………（51）
图3-2　2007年8月至2009年8月国际电视新闻报道中的中国形象的主题结构
　　　　………………………………………………………………………（56）
图5-1　整体形象语义网络图 ………………………………………………（99）
图5-2　俱乐部标志及使命宣言 ……………………………………………（101）
图6-1　利物浦和巴塞罗那2009—2010年度球衣 ………………………（107）
图6-2　赛事成为公众吸引力的焦点 ………………………………………（108）
图6-3　体育赞助交换的性质 ………………………………………………（109）
图6-4　在营销组合中赞助和其他因素的相互作用 ………………………（110）
图6-5　法国队的弗兰克·里贝里及其个人赞助商耐克广告中的弗兰克·里贝里
　　　　………………………………………………………………………（111）
图6-6　体育产品的生命周期（销量与时间） ……………………………（116）
图6-7　欧洲主要足球俱乐部在2008—2009赛季的收入 ………………（119）
图6-8　2009年六大欧洲足球俱乐部的收入分配 ………………………（120）
图6-9　欧洲六大足球联赛中球衣赞助收入 ………………………………（121）
图6-10　欧洲足坛六大俱乐部球衣赞助额 ………………………………（121）
图6-11　2010年欧洲足坛主要俱乐部赞助合同的增加 …………………（121）
图6-12　快贷球馆（The Quickens Loans Arena）：NBA克利夫兰骑士队
　　　　（the Cleveland Cavaliers）的主场 …………………………（122）
图6-13　保罗·皮尔斯的球衣（2009—2010赛季期间波士顿凯尔特
　　　　人队服装）及NBA标志 …………………………………………（122）
图6-14　波士顿凯尔特人队保罗·皮尔斯的翻版球衣 …………………（123）
图6-15　锐步在国家冰上曲棍球联盟球衣和配件上的可见性 …………（124）
图6-16　芝加哥黑鹰队球馆——联合中心被改装成一个用于NHL曲棍球
　　　　比赛的溜冰场 ……………………………………………………（124）
图6-17　华盛顿首都队的翻版球衣（2009—2010赛季） ………………（125）

图 6-18　欧洲足球俱乐部与设备制造商签署的合同数 …………………（126）
图 7-1　世界摔角娱乐联盟的收入构成（2006—2009 年）……………（144）
图 8-1　体育活动中电视的角色 ……………………………………………（156）
图 8-2　职业体育融资的"良性循环" ……………………………………（157）
图 8-3　体育观众阶梯结构图 ………………………………………………（159）
图 8-4　城市和职业联盟的地理营销策略 …………………………………（164）
图 8-5　2007—2008 年法国足球甲级联赛季票持有者情况 ……………（167）
图 8-6　AJA 卡 ………………………………………………………………（168）
图 8-7　波士顿凯尔特人队（NBA）体育馆（TD 银行北部花园）……（171）
图 8-8　不同国家冠名权期限 ………………………………………………（177）
图 8-9　基于其未来体育场馆的里昂俱乐部多元化收入 …………………（180）

表　目　录

表0-1	奥运会电视转播权价格的增长	(7)
表2-1	建立一个全球性的体育团队品牌所需的四种主要相关战略	(34)
表2-2	影响体育团队品牌国际化成功的关键因素	(37)
表2-3	国际化的不同阶段团队可使用的目标和方法	(39)
表2-4	跻身福布斯排名前50名的运动品牌的价值和收入的一个样本	(41)
表3-1	内容分析所涉及的国际媒体	(50)
表3-2	九国国际新闻中有关中国的比例及配对比较	(52)
表3-3	九国在奥运前后有关中国报道的效价比较	(54)
表3-4	奥运前、奥运期间、奥运后不同主题结构的新闻效价	(57)
表3-5	奥运前后有关中国的国际电视新闻报道的配对样本T检验	(58)
表3-6	不同时段国际电视节目报道中国形象的归因特征	(59)
表4-1	夏季奥运会和世界杯足球赛的全球化	(67)
表4-2	在美国主要联赛和欧洲五大足球联赛中的竞争平衡（诺尔-斯卡利指数）	(77)
表4-3	欧洲足球界各国的财政差距及排名	(80)
表6-1	法国的赞助：2009年平均进入成本	(113)
表7-1	世界摔角娱乐联盟的商业模式：多渠道原创内容营销	(143)
表7-2	传统营销与体验式营销对比	(146)
表7-3	接触世界摔角娱乐联盟的多种方法	(150)
表8-1	主要运动赛事的资金来源	(154)
表8-2	2007年欧洲主要足球比赛门票收入	(155)
表8-3	欧洲大型锦标赛门票清单	(159)
表8-4	俱乐部的空间营销活动	(164)
表8-5	持有季票的优缺点	(168)
表8-6	体育馆内发生的悲剧	(172)
表8-7	欧洲体育场馆发展趋势	(174)
表8-8	前十位最大冠名合同	(176)
表8-9	国家冠名合同数量	(176)

表8-10 支持冠名的人所占比例 …………………………………………（178）
表8-11 法国冠名接受度 ……………………………………………………（178）
表8-12 冠名的益处 …………………………………………………………（178）
表8-13 冠名的局限性 ………………………………………………………（179）

绪 论

【学习目标】
- 了解赛事营销的源起与发展
- 理解赛事营销研究的意义
- 了解体育产品及体育服务的特征

0.1 何谓赛事营销

2000年前后，体育产业发展迅速，并已引起人们对体育市场的浓厚兴趣。

体育产业在实用性方面的问题激发了人们对体育市场的研究兴趣。1998年，法国足球队成为世界杯冠军以后，立即引发了一系列问题：我们该如何寻找和管理合作伙伴？我们为何要赞助一项赛事或者一个团队？在体育比赛中，何种类型的体育场地才能够营造出合适的氛围？我们如何才能获得电视转播权？电视转播权价格怎样算才合理？我们该怎样制定赞助的方针政策？什么样的政策是可行的？赞助的时间范围是多久？什么时候应当终止赞助合同？如何让广告宣传与赞助式广告相辅相成？两者是否可以互相替代？自行管理合作伙伴和雇佣中介机构代为管理，哪一种方式更有效？同时赞助两项以上的体育赛事是否更有利？如果我有一个体育团队，我的品牌价值有多大，怎样来评估这一品牌价值？

这些问题的初始答案将从运营商和营销商处获得，他们借助前沿理论中对于体育赛事的理解进行营销。类似于网络和高新科技产业，体育产业的相关企业（尤其是赞助商和设备制造商）发现，体育活动逐渐成为创造收益、提高竞争地位、宣传品牌以及改变企业形象的一种新方法。在1998年获得世界杯冠军不久以后，法国男子足球队又赢得了2000年欧洲锦标赛的冠军，在当时确立了其世界第一的地位。1999年，在女子手球比赛中法国队获得世界第二。2001年，法国男子手球队在巴黎赢得世界冠军。最后，法国篮球队在2000年奥林匹克运动会上仅负于美国队，获得银牌。但是在观众的眼中，法国篮球队也是当之无愧的冠军。

当被冠以"赛事营销①"这个主题的时候,为什么我们都会去重新关注这些体育新闻?原因很简单,因为"赛事营销"已经在下列机构中得以应用:赛事营销商(如汉威士体育营销公司、克拉体育营销公司、美国国际管理集团、八方环球……)、广播公司(如娱乐体育节目电视网、特纳电视网、东京广播公司、英国广播公司……)、设备制造商(如阿迪达斯、耐克、锐步……)、赛事联盟(如美国职业篮球协会、美国橄榄球联盟、美国职业棒球大联盟……)。因此,研究者既要在他们日常的管理实践中寻找灵感,同时也要从理论的视角提供独到见解。例如,收益管理(一种将飞机、火车、酒店和体育场的出租率最优化的管理方法)和埋伏营销中的客户关系管理的概念在代理商中得到普遍使用。但是,人们却完全忽略了理论的最初来源。

埋伏营销是由托尼(Tony Meenhagan)1994年在一篇著名的文章中提出的,而后1998年在另一篇文章中被重新阐述,如今已逐渐成为一种流行的营销手段。

随着重要赛事转播权的价格大幅上涨,埋伏营销开始出现。其营销战略包括与官方赞助商合作以获得影响力,但是并没有与赛事签订任何赞助合约——当然也就只需要更低的营销成本。大卫·史达勒(David Stotlar, 2001a, 2001b)引用了丽萨·奥科曼(Lisa Ukman)②的话,他在1995年将埋伏营销定义为"非赞助商试图利用赞助商的品牌声誉,制造出它也是一个赞助商的虚假印象的营销战略"。这种策略被官方赞助商的竞争对手所采用。

反埋伏营销战略如今也得到了有效利用,并在代理商中得到了发展。重大赛事的组织者尤其会受到类似问题的困扰,其必须要面对被称之为"游击营销"的情形。为了妥善处理这些问题,国际的官方组织正在谋求法律的途径,使自己能真正贴上防伪标签。

例如,国际奥林匹克委员会也非常关注埋伏式营销的问题③。

资料 0-1 奥林匹克运动会(2010年2月13日)

"这是一场激烈的竞争,但这不是指一场运动会的竞争,而是一场商业上的竞技。"渥太华大学体育营销学的教授伯努瓦·瑟贡(Benoît Séguin)如此描述。在国际奥林匹克委员会、温哥华冬季奥林匹克运动会组织委员会和加拿大政府的博弈中,三者都彼此充当着调解人,以致这场竞争是文明的,并且是有利可图的。

---

① 本书中,"赛事营销"与"体育营销"有相同的含义,两者混用。
② 丽萨·奥科曼是国际赛事集团的主席和共同创始人,也是《国际赛事集团赞助调查报告》的编辑。
③ 有关埋伏式营销概念的附加信息将在本书的第6章中讲述。

然而，许多公司都企图从赛事的赫赫声名中获益，但却不想像官方的赞助商那样合理地付费营销。教授提到"埋伏营销"（又称作"潜伏营销"或"隐性营销"）。例如，加拿大石油公司将花费6000万～7000万美元，才能真正合法地为奥林匹克运动会的标志的生产制造提供玻璃。瑟贡指出，加拿大石油公司的竞争对手——美国埃索石油公司与加拿大曲棍球队的关系更加紧密。由于埃索石油公司为曲棍球队员提供资金上的支持，尽管其花费的成本较少，但粗心的消费者会认为埃索石油公司也是奥林匹克运动会的赞助商。

多年前在意大利的都灵冬奥会，有一家"埋伏式"的公司租下了官方营地周围的所有巨型广告牌。大量的公众由此将赛事与这家公司联系在一起，尽管它并没有付一分钱给国际奥林匹克委员会。

对官方赞助商来说，威胁来自于合理的埋伏营销所带来的后果，它将削减官方赞助商的投资价值。

资料来源：http：// www.cyberpresse.ca/le-soleil/dossiers/vancouver-2010/201002/13/01-949322-les-jeuxolympiques-tous-droits-reserves.php（2010年6月15日最新报道）。

国际奥林匹克委员会对此深表担忧，他们用"寄生式营销"来形容埋伏营销，认为这是一种欺诈性的、应当受到谴责的行为，因为它伤害了真正的投资者。

对法国而言，2002年标志着其体育营销高潮期的消退。在2002年世界杯上，法国队在小组赛中惨遭淘汰。法国队的首席赞助商们（法国SFR通信公司、阿迪达斯、法国国际广播电台和家乐福）被指控干扰了球队的比赛，这毫无疑问是极不公平的。但是这些赞助商们由此陷入了困境，不得不重新思考他们的宣传战略，而这些宣传战略完全依赖于比赛的胜利[①]。赛事迫使体育营销的手段发生改变。因此，此后有相当多的研究文献着力分析"赞助商的风险管理"（Arthur & Chadwick, 2007；Beech & Chadwick, 2007；Amis & Cornwell, 2005）。

0.2 赛事营销的理论发展

从学术领域的角度来看，1990—2010年这段时期在体育营销领域出现了真正的学术研究文献。尽管穆棱、哈迪和萨顿（1993）具有开创性的工作可能被视为盎格鲁-撒克逊人在这个新的研究领域的开端，但是在1999年以前，法国的研究文献很少涉及此方面。由于体育实践、体育历史、体育法律、体育经济等社会研究的激发，使得我们有必要去满足管理学领域的研究。《体育营销》（Desbordes, Ohl &

[①] 谁能忘记阿迪达斯那糟糕的广告？其字面上的意思是："我们将赢得我们的第二次世界杯赛，我们也已经将它收入囊中。"从公众舆论的角度来看，这是一场灾难，因为它显得太狂妄。

Tribou，1999）一书因此成为众多人的学科基石。尽管如此，如今当我们再次审视该书时，会发现它可能会显得非常保守，甚至过时了。实际上，通过体育服务提供商和体育商品出售商的营销来满足体育消费者的需求，是一种"交互式营销"的方法，但在那个时期，这是唯一行之有效的方法。如今，该方法已得到发展与改进，人们对体育赛事的分配制度、体育赛事和赛事营销战略有了更加全面的理解。该营销策略现在更加成熟，变得更加复杂，并整合了新的营销要素。总体来说，"交互式营销"是营销概念中的一块沃土，不断孕育出新的思想。

例如，法国巴黎银行名人网球联赛从 2007 年起开始关注观看比赛的观众，利用美国篮球职业联赛（NBA）的推销商多年来使用的营销手段，使观众也成为比赛的参与者。同样，像耐克和阿迪达斯等商家在对其体育产品的品牌权进行分配时，都采用了交互式营销策略（Hetzel，2002）。从该策略使用者的角度来看，所有的品牌正尝试着在他们的产品上淡化这种策略的烙印。

这种规律的发展也被研究者以及相关的研究领域所研习。21 世纪初期，学者们的研究重点放在体育服务上而非体育产品的营销上（Desbordes，2001）。在认知论上，产品并不具备服务的特性。

产品的显著特点难于分辨。一个体育产品，尤其是那些应用于大型户外活动的产品，基本上都需要具备传统产品的性能，但也要求更优越的质量。这些产品的制作水平必须要优于平均水平（因为实用性上的要求使得运动员需要更加轻盈、更加坚固、更加具备抵抗力的产品），产品外观要更引人注目（因为体育活动要求我们在社交式的竞争活动中展现自己的身体），要更时髦（因为在现代社会中，体育经常与发展和创新相联系），门店众多①（因为体育用品消费所获得的愉悦性，绝不仅仅是购买商品那么简单）。最终，体育产品的营销带有一系列不同于其他产品的特征，对赛事营销的研究最受限制，因此许多学者在将其作为研究领域的核心之后又将其放弃了（Hillairet，1992；Desbordes，1998a，1998b）。

体育服务则要复杂得多。与体育产品公司不同，体育服务公司的唯一目的就是要根据新古典主义理论实现企业利润最大化。而体育服务公司是在"大杂烩"式的环境中运营，他们与非营利性的组织和联盟并肩作战。这些组织和部门经相关部门批准，可以进一步联合当地的学校、政府来发展运动。以上的形势使得情况更加复杂，更加难以掌控，并使得这些参与者们产生了许多疑问：他们的竞争者是谁？他

---

① 在这方面，Andaska 这个户外品牌的营销活动具有代表性，这个品牌的产品十分时尚，且门店众多。再如，在销售过程中，耐克商城的品牌也作为了展示的一部分，以扩大产品销售规模。

们拥有哪些资源？谁来掌控全局？谁有能力卖出这些正在被制造的产品①？这些问题都很复杂，涉及组织、法律和战略管理等相关领域。

同样的，体育服务区别于传统服务表现在如下几个方面：

第一，体育服务具有情感维度。体育服务无形的特征就是高度情绪化，这赋予体育服务以能量②。如果记者在评述时缺乏激情，或者是观众没有表现出充分的热情，那么这场体育赛事就可能会丧失其戏剧艺术性。

第二，体育服务具有环境维度。赛事的周边环境对人的愉悦感受以及体育消费者的满意度水平有重要影响。我们甚至认为环境是体育服务的主要部分（Minquet, 1992）。

第三，体育服务假定消费者积极参与。这是体育服务独有的特征。参与者通过自身身体的参与来消费这些服务，因此常常弄得大汗淋漓和灰头土脸，有时甚至遭受痛苦。这是他们自己的体验能力（不是服务提供者的）、努力和物力，由此使得体育服务实体化。在某种意义上，身体是体育服务产品主要的测量工具（Pigeassou & Garrabos, 1997）。

第四，体育服务具有象征性的维度。体育服务最后的特征是它们独特的象征性。当然，各种形式的体育服务消费，不论是运动类的或者是非运动类的，都象征了参与者的社会性。但是体育服务的消费尤其如此（Ohl, 1995）。体育使个人在其他人面前可以扮演一种角色，以向他们展示其社会地位。

体育服务的概念既复杂又丰富，理应作为优先研究的课题。综观现有的各种体育服务，体育事件的概念是被营销者们所忽略的一个主题。

体育事件具备许多与其活动相关的与生俱来的特征，例如世界一级方程式赛车锦标赛（F1）。从传统产业领域来看，最大化的利益和效益与最佳性能相关，但在体育事件中截然不同，因为赛事依赖不确定性因素。2002年，F1 由于舒马赫和法拉利车队的过错而失去了30%的观众（Duchemin, 2002）。这就是体育的矛盾之处：在维持足够数量和质量的竞争对手的同时必须要有一队占据优势；否则，赛事的整体观赏性就要大打折扣③。微软公司的模式在体育事件中将会导致损失惨重。这个结果适用于所有类型的比赛（足球、网球、橄榄球，等等）。研究者对这些规则非

---

① 法国足球中关于电视播放权出售的案例与这个问题密切相关。现在这个电视播放权已完全被售予职业足球联盟（LFP），它经法国足协授权可以组织专业足球赛事。职业足球联盟将电视播放权又分配给俱乐部。但是我们可以想象到电视转播权也可能被其他主体获得：俱乐部自己（在西班牙和意大利通常就是如此）、俱乐部的大股东、球员、体育部门，等等。

② 关于这一点，伯纳德写道："体育被当作一个伟大的故事……一个真正具有强大情绪力量的领域，永远都吸引人们去想象……想要获得胜利的愿望就是一种激情。"

③ 这是美国职业棒球大联盟制定规则的目标。在体育事件中最得益的是那些平衡了公平和不确定因素的一方——至少表面上如此。

常感兴趣，因为它们把伦理道德引入到管理方法当中——但这不是体育事件仅有的吸引力。当我们窥探"黑匣子"——把资本和劳动力转化为产出时，我们意识到生产系统的复杂性。从功能性的角度来看，这使得项目管理成为富有挑战性的工作。代博德和法尔古（Desbordes & Falgoux，2007）阐明了协调这些职能——物流、安全、营销、生产、体育、法律和人力资源等各项功能的必要性。由于几乎所有的企业都需要协调这些职能，因此以上这些部门并不是体育服务所独有的。但是体育事件的种种特征使得组织者的任务更加艰巨：一项赛事经常是一次性事件，不允许出差错。一个体育事件会遭遇不确定性因素（结果出人意料，有时也受赛事时间、天气、环境等影响）。一些偶然的因素可能会改变赛事的进程，并产生无法预见的结果（尤其在安全方面）。组织者的使命是保障服务的质量，但是服务的内涵却难以确定。体育服务的这些特征导致了特定的市场营销理论和行为。

凭借上述的这些独特性，体育的管理和营销已经成为系统的研究领域。从20世纪90年代开始，有关赛事营销的出版物不断涌现，使得该领域持续成为关注的热点。如今，我们可以很方便地找到有关体育产品分销、赞助商、赛事品牌、体育场馆、体育与传媒关系、赞助和足球赛事营销方面的专业书籍。

如上文所述，体育服务的特殊性并不是孤立存在的。

在大型赛事的组织过程中，管理的现实状况与已有的研究之间的关系是显著的。如1998年法国世界杯，2000年悉尼奥运会，2007年法国橄榄球世界杯，2008年北京奥运会，2010年温哥华冬奥会——所有世界级的赛事都引发了学者们的研究，并使得新一代的年轻学者们在其各自的国家得到了发展。

同时，我们看到了科学类书籍和综述出版物的大发展。*Human Kinetics*，*FIT*，*Elsevier*，*Edward Elgar* 等出版物都已以英文出版，而 *Economica*，*De Boeck*，*Vuibert* 和 *Armand Colin* 都已出版法文版。

在体育营销的综述领域，《体育管理》杂志，《体育营销》季刊，《体育管理评论》，the Journal of Sport Management，Sport Marketing Quarterly，International Journal of Sports Marketing and Sponsorship，European Sport Management Quarterly，International Journal of Sport Management and Marketing，Journal of Sponsorship，International Journal of Sport Communication，还有一般的营销和管理科学方面的综述，都体现了英译研究者们的努力。

大量的出版物表明了在现代社会中体育的重要性。伴随着重要体育事件的疯狂商品化营销，我们看到了电视转播权成本的快速增长（表0-1）。

表0-1 奥运会电视转播权价格的增长

(单位：百万美元)

年份	主办城市	电视转播权（美国）	电视转播权（欧洲）	电视转播权（全球）
1960	罗马	0.50	0.67	1.20
1964	东京	1	0.38	1.50
1968	墨西哥	4.50	1	9.75
1972	慕尼黑	7.50	1.70	11.80
1976	蒙特利尔	25	4.50	34.80
1980	莫斯科	85	5.95	101
1984	洛杉矶	225	19.80	287
1988	首尔	300	28	407
1992	巴塞罗那	401	90	636
1996	亚特兰大	456	250	907
2000	悉尼	715	350	1350
2004	雅典	793	400	1700
2008	北京	894	460	2000

资料来源：Bourg J F & Gouguet J J, 1998。

0.3 本书的内容安排

尽管体育营销的学科已经成熟，但是它仍需要摈弃人际关系的心理分析。传统工作中，我们经常会用到人际关系的心理分析，但如今它已经过时。如巴特和科瓦（1992）所描述的，现在我们倾向于采用更加"新式"的研究方法。

本书的核心由概念维度和理论维度构成。但在书中会穿插案例研究，从现实管理的角度使本书的内容更易理解。

本书是体育效应领域的一种新范例，具有国际化的倾向，作者在书中普遍涉及了欧洲和北美的双重文化。为了使本书具有最完整以及最具国际化的研究方法，三位作者——米歇尔·德博尔、安德烈·黎塞留和曾国军，与分别来自德国、荷兰和法国的研究者一同完成本书。

绪论由曾国军、安德烈·黎塞留负责编写，探讨了体育世界中的战略构建，并由曾国军负责完成对中文稿的翻译和校订。

第1章由安德烈·黎塞留负责编写，关注了全球化对体育、体育组织和体育品牌国际化的影响。

第2章由安德烈·黎塞留完成，主要讨论体育团队品牌的国际化发展问题。

第 3 章由曾国军、弗郎克·高和克里斯汀·科尔莫所著，致力于使用中国近年来的案例研究，研究如何通过体育事件来构建一个国家的形象。从这个角度来看，一个国家可以被作为一个品牌营销的对象。

弗拉基米尔·安德夫撰写了本书的第 4 章——体育赛事的经济影响与规则。作者试图将经济学的维度融入到体育赛事当中，并讨论了制度和管理的相互影响。

第 5 章由克里斯托夫·布鲁尔、蒂姆·保罗斯基和克里斯托弗·朗夫共同编写，从经济学的角度分析赞助商和体育品牌。

第 6 章由米歇尔·德博尔所著，讨论了足球设备制造商及其国际化战略，以及三方参与者（俱乐部、设备制造商和赞助商）在国际化进程中的关系。

第 7 章由鲍里斯·赫莱所著。这一章试图以世界职业摔角娱乐赛事为例，讨论体育和赛事体验营销之间建立的联系，这一经验也适用于橄榄球赛、网球赛。

第 8 章由米歇尔·德博尔编写，讨论了体育场馆的管理。赛事场管的优化和门票分销策略成为成功的关键性因素之一。

由安德烈·黎塞留、米歇尔·德博尔和曾国军共同撰写了本书的最后一部分。最后，全书由曾国军翻译、整理成中文稿在中国出版。

思考题

1. 体育服务区别于传统服务的特点是什么？
2. 搜集一项重要的体育赛事中开展赛事营销的案例，分析此赛事中各个企业采取的营销策略是否存在"埋伏营销"，并对营销效果做出评价。

参考文献

[1] Amis J, Cornwell B. Global sport sponsorship. London：Berg Publishers, 2005：256.

[2] Arthur D, Chadwick S. International cases in the business of sport. London：Elsevier, 2007：304.

[3] Badot O, Cova B. Des marketing en mouvement. vers un neo-marketing. Revue Francaise de Gestion, 1992（136）：5-27.

[4] Beech J, Chadwick S. The marketing of sport. Financial Times. London：Prentice Hall Publisher, 2007：555.

[5] Cova B, Badot O. Neo-Marketing. Paris：ESF Editions, 1992.

[6] Desbordes M. Management de l'innovation dans l'industrie du sport：variations autour du cas Salomon. Annales des Mines-Gerer et Comprendre, 1998

(53): 14-25.

[7] Desbordes M. Facteurs cles de succes dans le management et la diffusion d'une innovation: analyse de cinq cas dans l'industrie du sport. International Journal of Design and Innovation Research, 1998 (1): 35-52.

[8] Desbordes M. Strategie des entreprises dans le sport: Acteurs et management. Paris: Editions Economica, 2001: 284.

[9] Desbordes M, Ohl F, Tribou G. Marketing du sport. Paris: Editions Economica, 1999: 507. (2000 prize from the Academy of Business Science for the year's best publication in management and marketing)

[10] Desbordes. Marketing du sport: produits, services et evenements. Habilitation a diriger des recherches en sciences de gestion (accreditation to direct research in management sciences), Universit Paris II-Pantheon-Assas, Director: Pr. Patrick Hetzel, 2003.

[11] Desbordes M. Le marketing du sport en question. Revue Francaise de Marketing, 2008, 4/5 (219): 5-9.

[12] Desbordes M, Falgoux J. Les evenements sportifs. Paris: Les Editions d'Organisation, 2007: 260.

[13] Duchemin R. La mediatisation des evenements sportifs: l'alternative innovante des partenariats medias. DESS thesis "Management international du sport", Universit Paris Sud-XI, Director: Michel Desbordes. Eiglier P, Langeard E. La servuction. Paris: McGraw Hill, 1987.

[14] Hetzel P. Planete conso: marketing experientiel et nouveaux univers de consommation. Les Editions d'Organisation, 2002: 380.

[15] Hillairet D. Le systeme PISTE (Prospective et Innovation des Sports ? Technologie Elevee). Doctoral thesis, STAPS, Universit Paris Sud-XI, Director: Pr. Christian Pociello, 1992.

[16] Meenhagan T. Ambush marketing: Immoral or imaginative practice. Journal of Advertising Research, 1994, 34: 77-88.

[17] Meenhagan T. Ambush marketing: Corporate strategy and consumer reaction. Psychology and Marketing, 1998, July: 305-322.

[18] Minquet J P L. Le produit sport. Revue Francaise du Marketing, 1992 (138): 27-35.

[19] Mullin B J, Hardy S, Sutton W A. Sport marketing. Human Kinetics, Champaign, IL, USA, 1993: 442.

[20] Pigeassou C, Garrabos C, coord. Management des organisations de services

sportifs. Paris: PUF, 1997.
[21] Stotlar D K. Developing successful sport sponsorship plans. Morgantown WV, USA: Fitness Information Technologies, 2001.
[22] Stotlar D K. Developing successful sport marketing plans. Morgantown WV, USA: Fitness Information Technologies, 2001.

第1章 体育品牌的创建

【学习目标】
- 掌握品牌的定义及其战略重要性
- 了解体育组织定义为品牌的过程
- 重点理解体育品牌战略建设的三个阶段,尝试对某一体育团队的品牌战略建设进行分析

1.1 引言

面对竞争十分激烈的国内及国际市场,企业纷纷就其品牌概念和品牌资产建立起强有力的战略性策略(Aaker,1997;Buil,et al.,2008;Kapferer,2007)。拥有强大的品牌,企业就能够创造正面形象,将他们的品牌延伸到新产品系列并提升客户的忠诚度(Brakus,et al.,2009;Keller,2003;Wang,et al.,2009)。

品牌资产定义为"只有品牌才能产生的市场效益"(Keller,1993),是企业通过响应顾客的期望、持续为顾客提供一种高质量的产品或服务等方式,对顾客所做出的承诺(Aaker,1997;Kapferer,2007;Lewi,2005)。在服务行业,品牌资产尤为重要,因为服务的无形性以及缺乏一致性,使得企业很难对顾客做出承诺(Balmer,et al.,2009;De Chernatony,et al.,2005)。

近年来,职业体育俱乐部将品牌和品牌管理视为加强与球迷之间情感联系、创造竞争优势的重要途径(Bauer,et al.,2005;Mullin,et al.,2007;Richelieu & Pons,2009)。

本章致力于品牌及其特点的研究,分析品牌在体育行业的适用程度。为了做到这一点,首先,我们将关注品牌及其战略重要性;其次,我们将看到体育组织自身如何成功被定义为品牌;再次,我们将会介绍体育品牌的建设战略,分三小节说明它们应如何运用;最后,在本章小结中我们将巩固我们讨论的关键要素。

1.2 品牌及其战略重要性

品牌是名字、词语、标志、符号、图画，或是以上这些元素的综合（Kotler, et al., 2000）。品牌是由有形元素（如图案和颜色）和无形元素（如符号和价值）共同构成的，这使得消费者在购买过程中，特别是在产品并没有太大差异的情况下，往往会先确定自己的身份，然后再决定他或她的选择（如可口可乐和百事可乐）。品牌使一个公司的产品和服务得以识别并与其竞争对手相区别，从而凸显出其独特的卖点；换句话说，品牌的独特性使品牌从竞争产品中脱颖而出，而且这种特性往往展现在其品牌口号中，例如，"吉列，最好的男人值得拥有"或"慕尼黑爱你"。

品牌是企业对消费者的承诺（Lewi, 2005）。这种承诺基于消费者每一次与产品或服务发生联系时，企业提供给消费者产品或服务的一致性与连续性（Kapferer, 2007）。此承诺包含三种类型的品牌目标：基本目标、阶段目标和最终目标。基本目标与外部（竞争者，如阿迪达斯和耐克）和内部（同一产品系列下的其他产品或企业品牌，如联合利华的宝莹和奥妙的洗涤剂）的品牌定位相联系。阶段目标处理名声、渗透性、品牌传播以及消费者品牌忠诚度等问题。最终目标则与市场份额、营业额以及由品牌所产生的利润相联系（Kapferer, 2007；Lewi, 2005）。

一个品牌的价值由品牌资产来衡量，按照科特勒（2002）的观点，"品牌资产基于品牌所具有的高品牌忠诚度、知名度、感知质量、强势的品牌联盟和其他资产（如商标）的程度"。一般来说，强大的品牌资产是一个成功品牌战略的基础（Richelieu & Pons, 2006），它对购买意向、购买价格以及品牌忠诚度有着积极的影响（Raggio & Leone, 2009）。

然而，为了保持强劲而持久的发展态势，一个品牌必须遵循一定的法则，如保持专注，保持品质和真实性的能力（Ries & Ries, 2002）。相反，一个品牌如果过于分散，无意中就为它的竞争者打开了方便之门。星巴克正是因为这样而失去了"咖啡权威"的地位，为麦当劳供应售价为1美元的优质咖啡铺平了道路。2009—2010年，数以百万计的车辆被召回的一系列事件发生后，丰田也失去了它产品质量上的良好声誉。2009年"老虎"伍兹的性丑闻事件，可以说是品牌管理的一个典型实例。在此案例中，伍兹违背了其近乎完美的、半神般的人的承诺，或者说至少违背了他所树立的形象的承诺。该案例表明了体育世界的组织和成员自身如何被视为一种品牌。

1.3 体育团队的品牌化

现在我们认识到球队（例如皇家马德里足球俱乐部、马赛足球俱乐部）、运动员（例如罗杰·费德勒、泰格·伍兹、勒布郎·詹姆斯）以及体育组织（如 CIO、NBA、UEFA）都是品牌（Mullin, et al. , 2007；Séguin, et al. , 2008）。品牌是一个俱乐部最重要的资产（Bauer, et al. , 2005）。从这方面来说，品牌形象为体育运动员指明了方向和意义（Hill & Vincent, 2006）。品牌和品牌管理使运动员在营销与财务两方面同时创造价值（Mullin, et al. , 2007；Richelieu, 2008a；Mizik & Jacobson, 2008），以确保他们能够继续生存（Bauer, et al. , 2005）。

通过研究职业体育团队，我们会发现他们具有"真实"产品的特点，不仅具有有形利益，例如比赛的结果或者衍生产品（商品），同时也具有无形利益，如球迷在球场上所感受到的情感或者说归属感与荣誉感（Bauer, et al. , 2005）。就这一点而言，体育团队有潜力创造和滋养它的品牌资产，通过放大与球迷的情感联系，提高球迷的忠诚度，提升积极的口碑，刺激衍生产品的销售（Richelieu & Pons, 2009）。一个消费者越认同某一品牌，他或她对品牌形成忠诚度的可能性越高，同时也就越有可能通过购买有品牌标志的产品来表达其喜爱之情，此外，也越有可能成为品牌的推广大使，如 Nutella 的爱好者（Cova & Pace, 2006；见 www. mynutella. it）。

毫无疑问，除了娱乐、宗教和政治，职业体育球队引发了来自球迷的无可匹敌的情感反应。尽管尚未被运用，这种热情的联系却是非常重要的，因为球迷们的骄傲和自尊来自他们与球队的联系（Richelieu & Pons, 2006）。尽管比赛的胜利可能是至关重要的，但还不足以滋养球队的品牌资产（Ross, 2006）。实际上，胜利、传统、冠军和再次夺冠的希望，可以说是代表了一支体育团队赖以展示其强大品牌形象的基础。这个基础是体育团队赖以存续和发展的资产，它让一个组织获得声誉，使其在赛季结束之后还能够获得利益，也使得营销活动（4P，即产品、价格、促销和公共关系、渠道）（Mullin, et al. , 2007）能够触发其支持者的情感联系。尽管一支体育团队并不是每一年都能获胜，但它的铁杆粉丝们却充满了重新获胜的希望，展示并铭记着它的光荣传统。这就是那些成功的球队如巴塞罗那、曼联、纽约洋基队、新西兰全黑队等所采取的做法。另外一些球队则非常不幸，他们似乎被过去的辉煌历史所囚禁，只有用营销工具（吉祥物、促销品、声光表演等）来掩盖在此领域的长年干旱。然后，不可避免的事情发生了，球迷们逐渐离开俱乐部，因为俱乐部没有信守它的承诺，亦不能保持其地位。多伦多蓝鸟棒球队正是这样一个典型例子，自 1993 年以来，它从没有赢过世界大赛（美国职业棒球大联盟的冠军附加赛），现已经过重组，从此再也不能传承其承诺。如今，大约只有 10000 人出席蓝鸟队的主场比赛，而在 20 世纪 90 年代前半期，蓝鸟队曾为 46000 名观众打球，并且门票全部售罄。

在本节内容的基础上，下一节我们将研究创建一个运动品牌的方法。

1.4 体育团队品牌战略建设

基于在品牌管理方面所做的研究（Kapferer，2007；Kashani，1995），Kapferer 和 Kashani 主要从体育俱乐部（Mullin，et al.，2007；Richelieu，2008a；Ross，2006）出发，阐述了职业体育品牌的战略建设。

品牌建设需经过三个阶段（图 1-1）：
（1）定义品牌的特性或个性。
（2）确定体育团队的市场定位。
（3）运用 4P 法则发挥营销主动性，支持品牌战略。

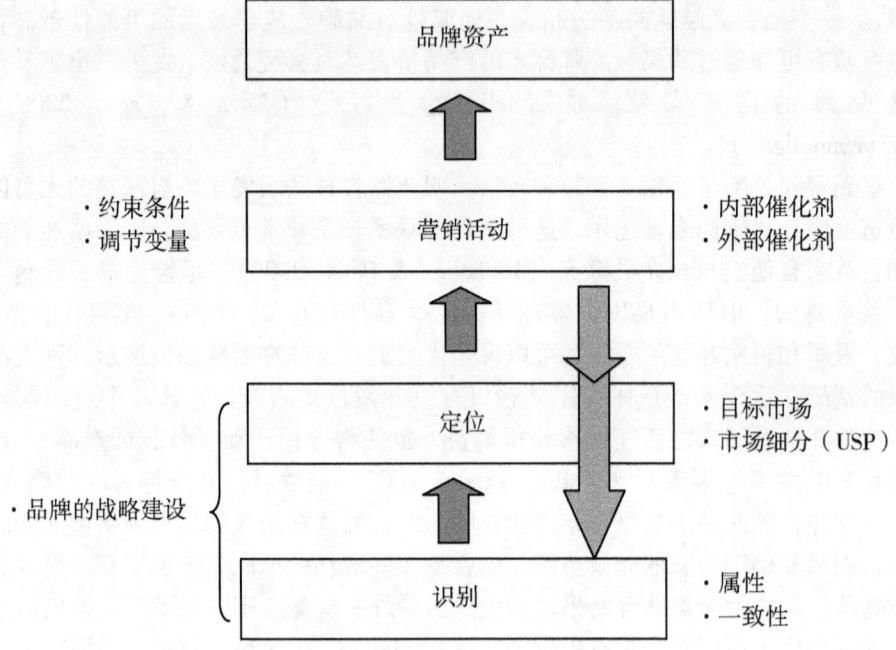

图 1-1 体育品牌战略建设

资料来源：Desbordes & Richelieu，2011；Kashani，1995；Richelieu，2004；Richelieu，2008a。

1.4.1 定义品牌的特性或个性

品牌的特性或个性包括两个因素：① 品牌属性或价值；② 管理者所描述的俱乐部价值与球迷感知之间的关系（Richelieu，2004）。

首先，俱乐部的品牌识别以形成其品牌个性的属性或价值的数量为基础。换句话说，一个俱乐部如何才能被识别呢？可以借助它的历史和传统，它的胜利、比赛风格、宴饮交际，它与球迷们的亲近、在球场上的决心以及谦逊的态度，等等。这些价值观为俱乐部品牌建设提供指导，为持久的品牌战略提供一个起点（Richelieu，2008a）。很明显，一个球队拥有越悠久的历史，它就越有可能被纳入其活动领域的社会经济结构，就越有可能处于支配地位来管理与球迷之间的情感联系，它的品牌也就越强大。因此，老牌的欧洲足球俱乐部（如巴塞罗那、尤文图斯、马赛等足球俱乐部）相对于北美的俱乐部而言具有特许经营的优势，因为北美俱乐部只有不到30年的历史（如多伦多猛龙的篮球运动，科罗拉多洛矶山脉的棒球运动）。然而，当某支球队在赛场上变得越来越具有竞争力时，北美俱乐部会毫不犹豫地使用"讲故事"的形式讲述他们的神话、英雄故事和传说。迈阿密马林鱼棒球队正是如此，尽管他们在1993年才组建，但是已经赢得了两次世界锦标赛冠军（1997年和2003年）。

其次，一旦管理者明确定义了品牌价值，就十分有必要通过各种技术（如集中精力于团队建设和球迷调查）来确保品牌价值与球迷对俱乐部的感知相一致。如果必要的话，俱乐部还应该想办法去调解相反的观点。正如我们所知道的，在营销中感知比事实更重要。例如，如果一个球队不断地兜售他们过去的成功，但是却没有设法去赢得更多的头衔，那么这些管理者还能够继续将这些价值带给之前的球迷吗？通过传达那些在产品中再也找不到的价值，难道不是在冒险改变品牌的形象以及对球迷的承诺吗？例如，多伦多枫叶队自1967年就再也没有赢过斯坦利杯（美国冰上曲棍球联赛的附加赛冠军）；毫无疑问，多伦多枫叶队十分依赖过去在竞技场上快乐的经历，他们过去的辉煌似乎不会很快再现。

俱乐部管理者们必须分析其处境，然后采取调整措施来呈现那些不会随着季节和时间的变化而改变的品牌特性。

总的来说，一个强势的品牌特性，具有提升球迷情绪、加强他们对品牌的信任和忠诚度的潜力。因此，这些球迷将会更容易接受管理者为吸引球迷所开展的营销工作（Richelieu & Pons，2009）。这也正是我们接下来将要研究的内容。

1.4.2 确定体育团队的市场定位

就这一点而言，管理者必须考察以下两个问题：① 谁是我们的球迷，他们喜爱什么类别或类型，他们期望从俱乐部品牌中获得什么？② 我们的体育品牌与其他体育品牌有什么不同，与娱乐品牌又有什么区别？

1. 识别球迷

对管理者来说，识别那些已经或者即将形成对俱乐部的狂热之情的消费者是非常重要的。除了传统的球迷，他们通常被认定为被啤酒瓶和薯片包围着的骨灰级体育迷，目前的研究已经定义了多种类型的球迷以及他们不同的期望（Pimentel &

Reynolds, 2004; Richelieu & Pons, 2005)。

随着娱乐体育或者说是体育与娱乐融合的出现,不同类型的球迷也就随之产生了:

(1) 去体育场为球队加油的球迷(情感型球迷)(Richelieu & Pons, 2005)。这些支持者通常代表了俱乐部最核心的球迷。他们殷勤地跟随着球队,购买其衍生产品,在某些情况下甚至愿意牺牲他们个人的生活来帮助球队,尤其是在球队的困难时期。当归属感、舒适感和认同感达到极限时,这些球迷就会和球队融为一体:俱乐部的胜利就是他们的胜利;反过来,俱乐部的失败就是他们个人的失败(Richelieu & Pons, 2005)。他们的忠诚度有多种形式:参加俱乐部的所有比赛,即使是客场比赛;根据球队的日程计划假期;收集衍生产品;将他们的房间或者房屋改成博物馆以表达对俱乐部的崇拜(Pimentel & Reynolds, 2004)。在美国,波士顿红袜队的球迷甚至会买印有其对手纽约洋基队商标的手纸。在这种情况下,我们称他们为"超级球迷"或"极端球迷",这些球迷对俱乐部的归属感经久不衰(Pimentel & Reynolds, 2004)。这些球迷也可能会对管理者的决策和球队的发挥表现得特别挑剔。

(2) 为了精彩的比赛而去球场的球迷(认知型球迷)(Richelieu & Pons, 2005)。这些球迷喜爱这项运动,他们将自己视为并且努力使人们视他们为这项运动的专家。如果当地的球队赢了,那就这样吧,如果输了,他们也不会很在意比赛结果,与前面我们提到的球迷们形成鲜明对比。在某些情况下,至少在语言上,他们可能会成为那些极端球迷们的目标,被视为"贫民"、"汉奸",甚至"叛徒"。这些追求自我认知的球迷不喜欢运动场上的娱乐表演,认为它贬低了这项运动。娱乐表演在北美极为盛行,有时甚至会将比赛取而代之,尤其是在球队已经输了或者已做好在附加赛中被淘汰的准备,而管理者们还在想尽办法使体育场塞满观众的情况下,这些球迷可能会发现自己正处于十分困难的境地(Richelieu & Pons, 2005)。

(3) 为了社交而进入球场的球迷(关系型球迷)(Richelieu & Pons, 2005)。这些球迷证明了体育运动尤其是职业体育运动是承载社会凝聚力的一个重要媒介。根据浩特(Holt, 1995)的研究,这些球迷首先将体育视为与家人、朋友或者其他球迷交往的社交平台。不用说,他们既不是对这项运动感兴趣,也不是喜欢当地的球队,他们仅是将这项运动视为与他人相聚并度过一段美好时光的机会。从这个层面上来说,这些球迷对待娱乐活动的态度比那些追求自我认知的球迷更开放,例如他们只是将去运动场作为一种经历而已(Richelieu & Pons, 2005)。

(4) 为了"撒网"而进入球场的球迷(权衡型球迷)(Pimentel & Reynolds, 2004)。体育运动使人们自然而然地凝聚起来,它不仅仅是一个社会化的场所,也是一个可以充实你的通讯簿或者找到工作的好地方。在美国,这样的事情常常发生,尤其在大学生足球赛期间更为明显。强壮的男毕业生可有机会与那些正在寻找新秀的赞助商和捐赠人握手。在比赛中，这样的邂逅非常友好，可使相互之间的联系变得更为容易。同时，企业也不会错过这样的机会，他们会租用社团的会议室以方便邀请客户与合伙人。这在北美非常流行，球队也因此获得重要收益。例如，会议室可以一次租用 10 年。对于企业而言，这几乎与打一场高尔夫球赛等值，只是它不需要做任何运动。此外，这些抱有一定目的性的球迷也会支持那些取得胜利的球队，毕竟与胜利者保持一致总会让人感到些许满意。

（5）受同龄人的压力而被迫走进运动场的球迷（屈从型球迷）（Pimentel & Reynolds，2004）。这种情况常常发生在一些小的社区，当然也不仅限于小社区。以 Université Laval's Rouge et Or 足球队为例，在 2006 年的研究中，我们在一些被调查者身上发现了归属感（Richelieu，2008b），此外，我们还注意到一些被调查者是出于道德责任感或者冒着被同龄人蔑视的风险而选择支持当地的球队。这种现象也出现在运动场外。例如，在欧洲杯期间，尽管女人们并不是真正对比赛感兴趣，但为了避免被社会所排斥，她们也会聚集在一起看比赛。

我们强调的这些类型并不相互排斥，对应具体情况它们可能会有不同的组合：一个人可能会是一个寻求社会交往或者不断"撒网"的超级球迷，也可能是一个寻求自我认知，同时又有计划性的球迷。

最重要的是要记住"生活型"或"时尚型"球迷。这些消费者会穿与球队同颜色的或者印有球队标志的衣服，只是因为他们最喜欢的嘻哈说唱艺术家在音乐会或视频中曾经穿过；他们甚至会去表现自己对街头帮派的忠诚。这一现象始于 20 世纪 90 年代末，当时在音乐会开始前，Spike Lee 要求新时代公司为他做一个印有白色标志的红色纽约洋基队球帽。该趋势爆发成一种产业，造就了非常有利可图的"生活型"运动着装。据估计，每年美国的音乐和嘻哈服装总收入超过 120 亿美元，其中体育团队占据了一大部分：各种颜色的帽子、夹克、运动衫、链子、耳环等，不胜枚举（Manivet & Richelieu，2008）。有趣的是，这一时尚产业开启了北美主要运动联盟古董收藏的盛世，也就是篮球（"硬木收藏"）和棒球（"古柏收集"）收藏，此举尤其受到嘻哈音乐爱好者的欢迎。今天我们会说，感谢饶舌和嘻哈音乐，就像某一时代的牛仔裤一样，棒球帽现已在全球范围内成为文化交流的代名词，对年轻人而言尤其如此。

2. 区分运动品牌

品牌特性或者个性代表着俱乐部相对于其他体育球队或娱乐供应商摆正自身定位的基础，通过其独特的销售卖点，说服消费者把钱消费在俱乐部身上。一个球队如果能够被识别并凸显其品牌的唯一性，就可以在市场上超越它直接和间接的竞争对手，达到一个令人羡慕的地位。这也是一种生存问题，正如美国冰上曲棍球联盟（NHL）主管营销的前副总裁所言：

"我们需要证明我们的球迷为什么要付200美元买一张票来参加我们在贝尔中心的比赛，因为他们完全可以舒服地待在家中，坐在舒适的客厅里看高清电视，而旁边就是一个塞满食物的冰箱……我们卖的是一种独特的经历，分享一个特殊的时刻，一个精彩的进球，一场戏剧性的胜利，音乐、灯光、观众们一起挥舞的白毛巾，等等。我们提供的是我们尝试变化更新的每一场比赛的经历。"

职业体育团队必须充分展示自己的才华。为了吸引消费者选择一场体育比赛而不是去一家餐馆，去看电影或参观博物馆，或者仅仅只是在太阳底下度过一个假期，他们应如何保证自身足够的特殊性呢？

这就需要培养消费者的"价值观"。长期以来，营销使球队自豪于能够不断满足消费者的需求和愿望。然而时至今日，对于那些需要从球迷身上获得越来越多的收入，但并没有为他们增加必要价值的职业体育团队来说，这绝对是一个挑战。

这就是巴塞罗那俱乐部把"Mès que un club"（不只是俱乐部）作为口号的意义。巴塞罗那俱乐部是一个区域和民族的象征。佛朗哥政权时期，除了运动以外的其他所有独立的符号都是被禁止的，自那时开始，巴塞罗那俱乐部超越了足球成为加泰罗尼亚俱乐部的领袖。如今，通过与联合国儿童基金会（UNICEF）之间的协作，巴塞罗那俱乐部借助其充满责任感、同理心、博爱的国际形象将其口号进一步蔓延到社会各个领域，我们将在第二章讨论这部分内容。

3. 清晰连贯的市场行为

一旦对球迷和俱乐部的独特卖点进行了界定，管理者就必须以4P原则为指导，实施一整套营销措施。这些措施源于俱乐部的特性、定位以及所有加强其建设的因素。该营销战略的主要目的是在保持品牌真实性的同时，确保品牌的一致性。如果一个品牌要进行改进，它应该在改变的同时保持连续性，确保不会使消费者感到困惑（Ries & Ries, 2002）。

对于一个体育团队来说，如果一开始就在球迷和俱乐部之间建立起强烈的情感联系，那么接下来的工作将会比较容易进行。这些营销措施作为加强与球迷之间情感联系的杠杆，符合球队的最佳利益：球迷越是感到被尊重，他们就会越喜爱俱乐部，就越愿意与它保持一致性，也就越有可能倾向于宽恕他们最喜欢的球队的偶尔失利。史蒂芬柯维（Stephen Covey, 1990）谈到，"情感银行账户"需要定期补充才能维持更为长久的关系。一些体育俱乐部已经注意到这些，并开始"溺爱"他们赛季门票的持有者、定期观看比赛的常客、最大的球迷团队以及最引人注目的群众领袖，等等。在美国冰上曲棍球联赛仍然关心球迷的那段时期，他们致力于为赛季门票的持有者组织一年一度的节事活动，该节事活动包含参观运动场地和更衣室、组织技能游戏、提供与球员拍照的机会、举办签名会等项目。另一方面，美国冰上曲棍球联赛渥太华地区的参议员与万事达建立伙伴关系，共同开启了一个名为

"Sens Rewards"的忠诚计划，该计划促使球迷不断累积积分，而这些积分可以换取产品和活动门票，其中包括乘坐磨冰车的机会。加拿大橄榄球联盟在加拿大的地位相当于美国橄榄球联盟，他们组织的年度竞赛让八个最核心的球迷队伍竞争年度"超级粉丝"的头衔，获胜者可赢得一次旅行机会和两张"灰色杯"的门票。以上这些策略旨在巩固球迷的归属感，让球迷们享受到被重视的感觉并积极参与其中。

有很长一段时期，体育团队的重点和资源都集中在门票销售方面。时至今日，他们的目标已发生了变化，转而以品牌为核心，通过加强俱乐部和球迷之间的情感联系，从而赢得球迷对俱乐部的信任和忠诚。同样的道理，营销四要素必须要优先考虑协作性和一致性的影响。这引发了以下亟待解决的几个问题：

（1）当一个俱乐部呈现出与公众亲密接触的友好形象时，它可能会成为一个拥有企业合作伙伴的有声望的俱乐部吗？尤其当它的门票价格已贵到了父母不得不从别处贷款带领家人去看比赛的程度！许多欧洲俱乐部，尤其是来自英超联赛的英格兰球队，都面临着这一两难的境地。即使体育场一般都会满座，这一问题仍不容忽视。虽然因票价过高而失去球迷的现象可能只会出现在几年之后，但是随着时间的流逝，其所产生的影响是显而易见的，球迷们将会找到其他的消费方式，将他们的可支配收入花在其他活动上。

（2）管理者们是否能够始终保持俱乐部的历史和传统处在最前列，同时，是否能够在不淡化俱乐部品牌的前提下，将运动场转变成一个充满娱乐的真正的马戏团呢？蒙特利尔加拿大人队正处于这样的困境中：娱乐活动可能毁了球队的品牌，但没有娱乐活动的话，球队并不能克服自1993年以来的糟糕表现而继续活跃于竞技场上。这类似于给一个木制的腿包扎，虽然有安慰的效应，也能使组织休眠，但是在他们的手中永远只能看到平庸的产品。在本章的结尾处，我们将会看到球队的管理者提出了怎样的解决方案以挽救这种局面。

（3）我们有可能去销售一件没有任何文化根基的体育产品，同时还要确保其完整性吗？或者，这是否需要一定的创造力呢？我们是否能够创造出可以长久存在的某个俱乐部、联盟或者是体育运动呢？20世纪60—80年代，北美足球联盟（NASL）曾经希望通过把焦点聚集于那些即将退休但仍然广泛被人们崇拜的国际明星（如贝利、贝肯鲍尔、内斯肯斯、贝特加、贝斯特，等等），以及调整比赛规则使其更具有娱乐性（类似于冰上曲棍球，通过在对手的领域内出界、延时点球大战等途径对北美观众卖力销售足球，却只是徒劳无益；现今，尽管文化的适应性确实存在，美国职业足球联盟（MLS）仍尝试建立更为坚实的基础。例如，来自美国芝华士瓜达拉哈拉市的俱乐部利用其最初的传统与当地文化，与位于洛杉矶的墨西哥和美国球队取得联系。墨西哥和美国球员共同组成了一支队伍，还有一支叫作Chivas Girls的啦啦队，它的成员全部由当地社区的一场比赛中招募的候选人组成（见www.cdchivasusa.com/fans/chivagirls）。此外，在这样一个足球参与水平极高而竞争水平极低的国家，吉祥物和足球学校被创建，以吸引有足球天分的家庭和年轻人（Richelieu & Pons，2009）。

关于他们的这些问题和讨论阐明了管理者在寻找办法满足顾客需求时所面临的严峻挑战。这些顾客有时会非常多样化，不仅仅是因为他们性格各异，也因为他们对球队和品牌的期望不尽相同。换句话说，我们应如何满足我们所有球迷的需求呢？

尽管前文已经有所提及，但当我们亲眼见证某些运动专用款项花费在说唱、嘻哈音乐以及城市社区等方面后，这一切变得更加真实。从这方面来看，戴着纽约洋基队、奥克兰运动队或匹兹堡海盗队的球帽观看50美分或阿姆一场的球赛，这对俱乐部的形象会有怎样的影响呢？此外，一支球队发行了一张关于"生活方式"的荧光闪闪的专辑，以吸引嘻哈音乐迷，该球队的资深球迷会如何看待此事呢？难道我们不是在冒险异化那些本为球队提供衣食来源的球迷们吗？这些问题都是有价值的，因为俱乐部可能在无意中被诱惑，以致冒着品牌淡化的风险，牺牲品牌长期的一致性，以求得短期内的经济收益。纽约扬基队深谙此道，2008年，他们决定发行一顶帽子，当你拿起它时，就会闻到其商标处有一种粉红色口香糖的气味。

这就是美国冰上曲棍球联赛多伦多枫叶队与新时代报的设计师合作，以引进各种不同类型的球帽的重要原因：那些主要在俱乐部的竞技场（加拿大航空中心）和专业体育商店销售的球帽是专门为曲棍球的球迷提供的，而那些在央街和皇后街西的时髦商店里销售的球帽针对的则是"生活式"球迷。

毋庸置疑，现在我们已经认识到现实世界中存在着各式各样的球迷（不再仅仅只是那种带着啤酒和膨化食品的典型的球迷类型），这无疑为俱乐部管理者带来了一些市场营销方面的挑战。一方面，管理者们希望利用这些"新"球迷；另一方面，他们必须做得非常巧妙，因为任何一个品牌都不可能赢得所有人的青睐，即使体育拥有其他行业都不具备的优势，即可以成为一个承载社会凝聚力的平台。

对于一个球队来说，重要的是要清楚他们是谁，作为一个品牌他们代表着什么，然后付诸切实的行动措施。以蒙特利尔加拿大人队为例，根据《营销副总裁》所提供的俱乐部相关文件，他们有一个愿景，可总结为以下五点：

（1）使命：成为世界上最好的曲棍球组织。
（2）承诺：你会以成为蒙特利尔队的球迷而感到骄傲。
（3）价值观：真实、慷慨、亲密、团队合作及绩效。
（4）成功的平台：建立我们的传统，尊重品牌，拥抱变化以及投资于体育。
（5）以上几点都需要受到组织的支持，这个组织应"热衷于曲棍球，致力于取得胜利，为球迷所驱动"。

然而，文化背景同样有其发言权，人们常常会通过一些特定的方式将俱乐部的管理者与其文化背景联系在一起。我们将在下一节中对该观点进行着重讨论。

1.4.3 体育品牌及其在体育运动中的应用

文化影响体育营销及其周围的事物。以耐克广告为例，发布于 2010 年 4 月的耐克广告，采用"老虎"伍兹父亲的声音，切实把我们带回了电影《十诫》中的场景。从品牌形象管理的角度来看，该商业广告和品牌主题十分契合。该广告蕴含了一个重要理念，即"老虎"伍兹身陷丑闻，摧毁了他近乎完美男人和半神的形象，他必须要做出补偿，学会谦卑和脚踏实地。关于这个广告的争议众说纷纭，其含义最终在美国文化中找到定位，即极端的清教徒主义。这种文化非常注重道德，在美国尤其是在南部地区，其宗教的象征意义十分重要。我们无需再讨论整个事件，好莱坞的大肆炒作一定会使其成为整个欧洲公众的笑料。在欧洲，名人的道德事件不太会成为大家谈论的话题（直到 DSK 的丑闻被曝光）。

此外，当球队在一个非传统的市场上运作时，文化也会对其营销业务造成影响。以一个在北美洲的足球队，或者一个在美国南部或欧洲的曲棍球队为例，从一个区域转战到另一个区域后，球队是否还能够采用同样的方式进行营销呢？如果我们根据之前所说的以及已获得的经验来判断，答案是否定的。在这种情况下，球队是应改变运动本身还是应创造性地为多数情况下并不熟悉这一领域的消费者打造新产品呢？

虽然，我们之前列举的都是一些北美洲的例子，但是欧洲也不乏这样的案例。以德国的曲棍球队——纽伦堡冰虎队为例，赛场上的气氛足以让我们明白，如果将比赛安排在周五晚上或星期天下午，会使产品倍受球迷及其家人的喜爱和欢迎。此外，吉祥物 Pocki 被明显地摆放于赛场之中以及当地举办的各种活动的现场。在每支球队取得主场胜利后所举办的滑冰场之旅中，借助飘扬的传统音乐和活跃气氛的吉祥物，巴伐利亚的传统同样也会得到宣传。通过这种方式，冰虎队效法 Chivas USA 及它的 Chivas Girls 啦啦队，在文化理念上整合了娱乐这一现代观念。

娱乐是 NBA 篮球赛的重要组成部分。即使是在美国南部那些曲棍球并不盛行的城市，美国冰上曲棍球联赛也在强调娱乐。例如，亚特兰大鸫鸟队特地在飞利浦斯球场开辟专门区域为粉丝团队和啦啦队员们提供庆祝和聚会之用。

能确定的是，受北美的影响（在全球化背景下日益加速的文化渗透力量）以及大众的普遍欢迎，休闲娱乐现已遍及全世界各个体育馆。即便是俄罗斯曲棍球联盟（前苏联大陆曲棍球联盟）现也已被巨型屏幕上的声音和灯光、啦啦队的舞步以及吉祥物等逐步攻陷（http://www.youtube.com/watch?v=JcGc3cHGwz0）。

这里的关键不在于消费者是否是因为意识形态的原因购买这些业务，而在于是否是品牌逻辑的原因。一旦确立了品牌特性和定位，营销活动就应努力延伸和加强该品牌的特性和定位。这实际上是一个品牌一致性问题，而非哲学问题，即使文化有可能会对反应造成一定的影响。

1.5 本章小结

本章列举了众多贯穿民族起源与运动的实例，通过阐明我们对这些实例的反思，旨在将理论与实践相结合。我们的目标是要指出存在于品牌及其结构战略性建设过程中的内在逻辑。这绝不是一个秘诀，而是一种方法，该方法分为三个阶段：

（1）定义品牌的特性或个性。

（2）确定体育球队在市场上的定位。

（3）运用4P法则发挥营销主动性，支持品牌战略。

坦白地说，我们可以通过选择，也可以通过教育关注，决定倾向于某个体育俱乐部——在品牌战略建设中，体育俱乐部如同一间组织越来越缜密的实验室。然而，该模型也可应用于球员，这就是为什么我们要讨论"老虎"伍兹的案例。这些将会在下一章再次讨论。

一个球队若想创建自己的品牌，首先要有一个愿景。管理者手中必须握有一项资产，一项以组织的持久性为基础的资产。球队管理者常常从与球迷们无与伦比的密切关系中获得收益。最理想的情况是他们用心呵护这种关系，而最坏的情况是视之为理所当然。管理者不能效法当今许多公司以产品和服务质量为代价，寻求"低"价格或经济危机庇护的行为，假装去"响应消费者的需求和愿望"，要真正地重视球迷，并让他们参与进来，这样他们才会与自己最喜欢的球队产生越来越强烈的认同感。球迷们将会更加忠诚于俱乐部，也会从球队那里购买更多的商品。

如果看台上空无一人，这很少是球迷的过错。或许是因为这项运动不能适应当地的环境，如曾在欧洲发展的美国橄榄球联赛以及如今在美国南部的冰上曲棍球队，因为在刺激根本不存在的需求方面，市场营销的能力是有限的，这远超过煽起消费者原始好奇心的难度。也可能是由于俱乐部的某些行为背叛了支持者的感情，如令人怀疑的交易、违背承诺、持续平庸的表现以及搬迁的威胁（在北美，俱乐部可以转换城市），等等，导致两者之间的情感联系趋于断裂。

这就是品牌管理在职业运动中如此重要的原因。它指引并帮助管理者确保其理性财务目标与球迷的热情相一致。我们说品牌是一种资产，确实如此。从品牌中获得收益的方式来自于球迷的支持以及可确保对其支持者信守承诺的品牌一致性战略。在全球化背景下这种方式显得尤为真实，就如同我们现在的生活。

思考题

1. 分析品牌建设对于体育团队建设与发展的意义。

2. 找一个你所喜欢的体育团队,如篮球队、足球队等,分析其品牌战略建设过程,并作出评价,提出意见与建议。

3. 如若你是俱乐部的管理者,你将如何保持你所描述的俱乐部价值与球迷感知之间的一致性?

参考文献

[1] Aaker J L. Dimensions of brand personality. Journal of Marketing Research, 1997, 34(3): 347-356.

[2] Balmer J M T, Stuart H, Greyser S A. Aligning identity and strategy: Corporate branding at British Airways in the late 20th century. California Management Review, 2009, 51(3): 6-23.

[3] Bauer H H, Sauer N E, Schmitt P. Customer-based brand equity in the team sport industry. European Journal of Marketing, 2005, 39(5/6): 496-513.

[4] Brakus J J, Schmitt B H, Zarantonello L. Brand experience: What is it? How is it measured? Does it affect loyalty?. Journal of Marketing, 2009, 73(3): 52-68.

[5] Buil I, Chernatony L de, Martinez E. A cross-national validation of the consumer-based brand equity scale. Journal of Product and Brand Management, 2008, 17(6): 384-392.

[6] Cova B, Pace S. Brand community of convenience products: New forms of customer empowerment-The case my Nutella The Community. European Journal of Marketing, 2006, 40(9/10): 1087-1105.

[7] Covey S. The 7 Habits of Highly Effective People. New York: Simon & Schuster, 1990.

[8] De Chernatony L, Drury S, Segal-Horn S. Using triangulation to assess and identify successful services brands. Service Industries Journal, 2005, 25(1): 42-54.

[9] Desbordes M, Richelieu A. Néo-Marketing du Sport. Brussels: De Boeck Publishers, 2011.

[10] Hill J S, Vincent J. Globalization and sports branding: The case of Manchester United. International Journal of Sports Marketing and Sponsorship, 2006, 7(3): 213-230.

[11] Holt D B. How consumers consume: A typology of consumption practices. Journal of Consumer Research, 1995, 22(1): 1-16.

[12] Kapferer J N. The New Strategic Brand Management: Creating and Sustaining Brand Equity Long Term. London: Kogan Page, 2007.

[13] Kashani K. Comment créer une marque puissante?. Les échos, Available at: www.lesechos.fr (accessed February 2003), 1995.

[14] Keller K L. Conceptualizing, measuring, and managing customer-based brand equity. Journal of Marketing, 1993, 57 (January): 1 – 22.

[15] Keller K L. Brand synthesis: The multidimensionality of brand knowledge. Journal of Consumer Research, 2003, 29(4): 595 – 600.

[16] Kotler P. Marketing Management. 11th edition. Upper Saddle River, NJ: Prentice Hall, 2002.

[17] Kotler P, Filiatrault P, Turner R E. Le management du marketing. Boucherville, Québec: Gaëtan Morin éditeur, 2002.

[18] Lewi G. Branding management. La marque de l'idée à l'action. Paris: Pearson Education France, 2005.

[19] Manivet B, Richelieu A. Dangerous liaisons: How can sports brands capitalize on the hip hop movement. International Journal of Sport Management and Marketing, 2008, 3(1/2): 140 – 161.

[20] Mizik N, Jacobon R. The financial value impact of perceptual brand attributes. Journal of Marketing Research, 2008, 45(1): 15 – 32.

[21] Mullin B J, Hardy S, Sutton W A. Sport Marketing. 3rd edition. Champaign, IL: Human Kinetics, 2007.

[22] Pimentel R W, Reynolds K E. A model for consumer devotion: Affective commitment with proactive sustaining behaviours. Academy of Marketing Science Review, 2004(5): 1 – 45.

[23] Raggio R D, Leone R P. Chasing brand value: Fully leveraging brand equity to maximise brand value. Journal of Brand Management, 2009, 16 (4): 248 – 263.

[24] Richelieu A. Building the brand equity of professional sports teams. Chapter 1 in B. Pitts ed. Sharing Best Practices in Sport Marketing. Morgantown, WV: Fitness Information Technology Publishers, 2004: 3 – 21.

[25] Richelieu A. Creating and branding sport products. Chapter 3 in S. Chadwick ed. Sport Marketing. London: Henry Stewart Talks, 2008a. www.hstalks.com/sport/index.htm.

[26] Richelieu A. Combiner gestion de la marque et relations publiques dans une démarche stratégique: Le cas du Rouge et Or de l'Université Laval au Cana-

da. In Hautbois C and Desbordes M. Sport et Marketing Public. Paris: Economica, 2008b: 237 – 253.

[27] Richelieu A, Pons F. Reconciling managers' strategic vision with fans' expectations. International Journal of Sport Marketing and Sponsorship, 2005, 6(3): 150 – 163.

[28] Richelieu A, Pons F. Toronto Maple Leafs vs. F. C. Barcelona: How two legendary sports teams built their brand equity. International Journal of Sports Marketing and Sponsorship 7, 2006(3): 231 – 250.

[29] Richelieu A, Pons F. If brand equity matters, where is the brand strategy? A look at Canadian teams in the NHL. International Journal of Sport Management and Marketing, 2009, 5(1/2): 162 – 182.

[30] Ries A, Ries L. The 22 Immutable Laws of Branding. New York: Harper Collins, 2002.

[31] Ross S D. A conceptual framework for understanding spectator-based brand equity. Journal of Sport Management, 2006, 20(January): 22 – 38.

[32] Séguin B, Richelieu A, O' Reilly N. Leveraging the Olympic brand through the reconciliation of corporate and consumers brand perceptions. International Journal of Sport Management and Marketing, 2008, 3(1/2): 3 – 22.

[33] Vice President of Marketing for the Montreal Canadiens. Montreal: Personal interview, 2009.

[34] Wang X, Yang Z, Liu N R. The impacts of brand personality and congruity on purchase intention: Evidence from the Chinese mainland's automobile market. Journal of Global Marketing, 2009, 22(3): 199 – 216.

第 2 章 体育团队品牌的国际化

【学习目标】
- 了解体育全球化过程，包括其原因、内容、参与者、途径以及地点
- 重点把握体育团队品牌的国际化进程

2.1 引言

在当今全球化的背景下，极少有国家或行业能够脱离世界而孤立存在。作为一个受经济、科技、社会文化和政治等因素推动，将局部现象转化为全球现象的过程（Eitzen & Zinn，2008），全球化对体育产业及其参与者具有重大影响。正如我们所看到的，全球化作为强有力的催化剂促使体育产业的参与者国际化，其中包括体育赛事（如 F1 和 Nascar 赛事、奥运会、世界杯足球赛等）、联赛（如英超、NBA 等）、团队（如巴塞罗那、曼联、纽约洋基队等）、运动员（如大卫·贝克汉姆、罗杰·费德勒等）以及设备制造商（如阿迪达斯、耐克、锐步、彪马等）等。

从 19 世纪后期开始，随着一系列事件的发生，至 20 世纪 90 年代，经济全球化的速度不断加快。苏联的解体、新兴工业化国家的出现以及世界贸易组织（WTO）的诞生，这一系列事件借助贸易的增加、外国直接投资（FDI）、资本流动、迁移和技术的进步等途径，加之贸易壁垒的部分减少或消除，打开了将国家经济融入国际经济一体化的大门（Scholte，2005）。

全球化往往被比作"龙卷风"（Valaskakis，1990），它是一个机遇与威胁并存的重大现象。本章旨在对全球化背景下的体育品牌，尤其是体育团队品牌的国际化进行分析。本章的主要内容包括：① 体育的全球化；② 体育团队品牌国际化的进程；③ 体育团队品牌国际化的相关战略；④ 体育团队品牌国际化的背景及一些成功的决定因素的重要性；⑤ 从理论和管理的角度进行反思，从中提取关键知识形成相关结论。

2.2 体育的全球化

为了讨论体育的全球化，我们将首先分析其原因、内容、参与者、途径和地点。

2.2.1 体育全球化的原因

2.2.1.1 经济动机

体育团队和体育赛事为了赢得消费者的青睐,要与其他多种娱乐项目展开竞争。这场竞赛首先是地方性的,通过各个大小城市丰富的文化活动进行。但它也是国际性的,通过卫星电视和互联网进行。此外,还可通过受科学技术推动,价格越来越低、用户越来越多的高端家庭娱乐系统进行。

与此同时,我们不能忽视消费膨胀,运动员的工资即使增加,最好也要有一个工资上限,美国篮球职业联盟(NBA)、美国橄榄球联盟(NFL)和美国冰上曲棍球联盟(NHL)就是这样的情况。

例如,美国职业棒球大联盟(MLB)1966 年的平均年薪为 17000 美元,1976 年为 51501 美元,1980 年为 143756 美元,1995 年为 110 万美元,2008 年超过了 300 万美元,2009 年更是暴涨。MLB 没有也不打算设定一个适当的工资上限,尽管工资差距已经惊人:2010 赛季前,匹兹堡海盗队的年薪总额为 3500 万美元,而纽约洋基队的年薪总额是 20600 万美元(见 www.cbssports.com/mlb/salaries/teams)。

美国冰上曲棍球联盟在 2005—2006 赛季前就已设置了工资上限,1990—1991 年,它的平均年薪为 271000 美元,1994—1995 年为 572000 美元,1997—1998 年为 117 万美元,2003—2004 年为 183 万美元,2005—2006 年为 146 万美元,2007—2008 年为 190 万美元。2004 年,在未确定工资上限以前,球员的工资占到该联赛收入的 76%(Bloom,2009)。随着新的劳资协议的产生,球员与球队共享联赛收入,工资上限也与收入相关联。在 2009—2011 赛季前,每个球队的工资上限在 5500 万美元左右。

2.2.1.2 新商机

事实上,全世界的体育产业,其一年产生的价值就超过 1000 亿美元,而且还在不断升值(PWC,2007)。新的收入流出现了,通过销售规划,截至 2008 年,北美所有团队和运动结合起来每年增收超过 190 亿美元;2008 年,在欧洲估计为 70 亿美元(PWC,2004)。我们可以看到,善用强大的体育团队品牌对一个组织来说是非常有利可图的,包括某些从事地方性体育运动的团队(如篮球、橄榄球等)。

2.2.1.3 体育运动的转变

体育赛事,从单纯的地方性活动,逐渐向全球性转变。到了 20 世纪 80 年代,体育运动逐渐脱离与村庄马戏团相媲美的境地,在规模和营销设施方面发展成为与迪斯尼或太阳剧团相类似的活动。事实上,运动似乎越来越多地与娱乐和通信产业结合在一起，成为公认的"运动娱乐"（Desbordes & Richelieu，2011；Mullin，et al.，2007）。

2.2.2 体育全球化的内容

如上所述，全球化是对体育活动（事件）、联赛、团队、运动员、设备制造商在全球范围内的整合。这得益于壁垒的减少和消除，得益于法律的完善、后勤和技术进行。显然，并不是每一个体育运动参与者都以同样的速度前进，但无疑都会朝全球化这一方向发展，我们将在下一节（"参与者"）中重点说明。

有趣的是，当我们提到设备制造商时，著名的"产于……"这一旧的原产地模式似乎被新的"品牌原产地"概念所取代（Yasin，et al.，2007）。诚然，耐克运动鞋产于亚洲，但最重要的是它具有如品牌代言人（演员、歌手、运动员等）以及美国形象或生活方式等属性。至少，这些品牌在让顾客出高价购买产品时，相信确实如此。耐克运动鞋，产于越南，卖价为250美元一双；李维斯的牛仔裤，产于孟加拉国，125美元一件；阿迪达斯足球球衣，产于泰国，100美元一件；等等。这种情况的出现，部分是因为顾客与品牌建立了一种联系，而与产品本身并没有必要的联系，同时也是因为象征维度在解读者心中产生了强烈的共鸣（Kapferer，2007；Lewi，2005），我们在前一章中也对此作了说明。

此外，现在的体育团队将自己定位为运动品牌兼生活方式品牌。因此，他们有能力超越运动，并且有潜力应群众需求成为全球性的品牌，如可口可乐、古琦、路易·威登等。试着想想纽约洋基队或新西兰全黑队：他们充其量只是参加了一些地方性的运动比赛，然而却在情感上俘虏了全世界各地的球迷，球迷们骄傲地展示着他们的球帽或球衣。此外，他们强势的品牌已经成为其所代表的城市（纽约）或国家（新西兰）的大使。这样就产生了一种自然的品牌联合的附加效益，有利于强化纽约和新西兰的品牌形象；在某种程度上似乎可以这么说，纽约和新西兰之所以变得如此之"酷"，部分原因是由于洋基队和全黑队的品牌在世界各地的展示。

我们应该指出，运动服装正日益成为人们的日常穿着。因此，体育团队现在可以利用棒球帽、运动衫等抓住世界潮流。

2.2.3 体育全球化的参与者

从本质上讲，体育全球化涉及的参与者主要包括以下五种类别：

（1）赛事（如一级方程式赛车和纳斯卡赛车（NASCAR）、奥运会、世界杯足球赛等）。

（2）联赛（如英格兰足球超级联赛、美国篮球职业联赛、西班牙足球甲级联赛等）。

（3）团队（如纽约扬基队、利物浦、皇家马德里等）。

（4）运动员（如大卫·贝克汉姆、西德尼·克罗斯比、罗杰·费德勒、纳达尔、罗纳尔多等）。

（5）设备制造商（如阿迪达斯、耐克、彪马、锐步等）。

显然，不管是这些类别还是参与者，都不会显示相同的潜力和挑战同样的机会。例如，设备制造商自20世纪下半世纪以来，一直在向外推销自己的产品。然而，直到最近，体育团队们才开始利用他们触手可及范围以外的市场。这部分是由于职业运动的性质所造成的，在很长的一段时间内，它们只是地方事件，最多也只是一个国家或一个洲的赛事。然而，由于技术的进步以及不同国家和文化间交流的日益增多，职业运动已向全球层面发展。此外，一些团队（如达拉斯牛仔队、尤文图斯、巴塞罗那等）及运动员（如大卫·贝克汉姆、罗杰·费德勒和泰格·伍兹等）不久前已达到了国际甚至全球的品牌地位，而且他们现在正按照这样的标准被管理。谈到运动员，因为他们获得了全球偶像的地位，参加任何运动，他们的全局意识、感召力和影响力是与他们身份不可分割的一部分：贝克汉姆、费德勒、汉密尔顿和罗纳尔多作为"运动娱乐"的代表，与好莱坞明星并排而坐。

2.2.4 实现全球化的途径

实现全球化可通过两种途径：物质途径和虚拟途径。

2.2.4.1 物质途径

（1）到国外开展旅游和表演赛，欧洲一些主要的足球队（如曼联、巴塞罗那等）每年都在亚洲或者美国举办一些活动，即使是那些实力较弱的球队（如在曼谷和香港举行表演赛的纽卡斯尔联队）也认为这样可以获得额外的品牌知名度和球迷的支持，这些都可以转化为额外的电视收视率、团队会员卡以及商品销售。

（2）除了当地的体育俱乐部外，还要加强与外国国家队的运动员和教练的联合。在2009年瑞士世界冰球锦标赛上，奥地利、白俄罗斯、丹麦、法国、匈牙利和瑞士等国的教练都是由外籍人士担任。在过去十年里，足球比赛诞生的国家——英国的国家足球队先是由一个瑞典人（埃里克森）掌管，接着是意大利人（卡佩罗）。1995年，欧洲法院禁止欧洲足球联赛从欧洲大陆以外的区域引进外援。这就是欧洲顶级球队为什么只能吸引极少数国民的原因所在。例如，自2005年以来，阿森纳队中没有英国足球运动员的现象并不罕见，即便它的总部设在伦敦。然而，我们很难想象皇家马德里在球场上没有一个西班牙运动员的场景。

但是，一些球队尽最大努力用许多本土球员来"装扮"自己。这里有一个较好的例子，西班牙毕尔巴鄂竞技队的球员阵容中只有巴斯克球员，而芝华士瓜达拉哈拉的政策是只雇用墨西哥球员；在一场30支参赛队伍中只有6支来自加拿大的联赛中，NHL卡尔加里火焰队强烈支持加拿大选手，他们用这种方式来强调自己加拿

（3）通过不同国家的商店或者通过设备制造商店来显示分布于世界各地的团队品牌。例如，2008 年在澳门（中国）推出的曼彻斯特专卖店；切尔西、利物浦、马赛、AC 米兰、皇家马德里等位于巴黎、伦敦或蒙特利尔等地的阿迪达斯专卖店；阿森纳、巴塞罗那、尤文图斯、曼联、瓦伦西亚等在柏林、纽约或多伦多的耐克专卖店。

（4）发展有市场潜力的附属团队。例如，中国鲨鱼队是 NHL 圣琼斯鲨鱼队中国附属团队（直到 2009 年），开普敦阿贾克斯队（南非）隶属于阿姆斯特丹阿贾克斯队，浦和红宝石队（日本）隶属于拜仁慕尼黑队，等等。这种方式为已成立的团队打入国外市场提供了一种途径，同时也为当地团队的发展提供了额外资源。

（5）重新选址。这是北美一些封闭的联赛中常见的一种做法，而在拥有促进和保级系统的欧洲联赛中则不同。因此，万一在特许经营的情况下赢利不足或者不再赢利，在北美的团队可以重新选址，这是判断球迷情感联系的最好方法。因此，魁北克省队（NHL）、温尼伯喷气机队（NHL）和温哥华灰熊队（NBA）重新定位后，成为了科罗拉多雪崩队、菲尼克斯野狼以及孟菲斯灰熊队。澳大利亚也使用了这种重新定位模式：2006 年，澳大利亚篮球联赛中的猎人海盗队转变为新加坡投石队，因为联赛主管希望可以拓展亚洲市场。

（6）使用名人（如演员、歌手等）来代言品牌，给予体育团队品牌联合、形象传输（Thomson，2006）的优势，以赢得那些没有被运动立即吸引的观众。这与我们在第 1 章中提到的"时尚球迷"的细分市场有关联。

（7）在电影中植入产品广告，有助于提升某些体育团队品牌的认知度。例如，阿纳海姆巨鸭队、波士顿红袜队以及迈阿密海豚队，由于一些热门电影，它们的影响超越了国界，同时也产生了世界各地的追随者；然后这些球迷就可以将他们的忠诚具体化，比如借助在电视上或互联网上播出的游戏、网上球迷社区、特许产品等。

2.2.4.2　虚拟途径

体育全球化还可利用官方团队网站，由世界各地的球迷发起和管理的网上品牌社区，以及社交网络（如 Facebook，Twitter）等虚拟途径实现。例如，在线品牌社区是由一些学者口中的"卫星支持者"所建立的（Kerr，2009）。这是估计曼联在全球有超过 75 万球迷的途径所在（Hollenson，2010）。有望成为最强大的体育团队品牌的这种迹象，使得这些情绪可通过一些有形活动具体化，如旅游和表演赛等，而且，通过引进多种销售商品类型，球迷们可以在日常生活的不同方面尽情、自豪地展示（体育场、办公室、家等）。

2.2.5 体育全球化的地点

体育运动的全球化正在向世界各地蔓延。也就是说,新兴市场在发达国家的消费中正逐渐占据越来越大的份额。一方面是高负债和老龄化的工业化国家(如加拿大、法国、德国、英国、意大利、葡萄牙、西班牙、美国等),另一方面是拥有日益壮大的中产阶级和上层阶级的新兴国家(如巴西、中国、印度、马来西亚、俄罗斯、阿拉伯联合酋长国),为了资助他们的成长以及延续各自的品牌,体育团队和重大赛事(如一级方程式锦标赛、奥运会、世界杯足球赛等)正逐渐转向这些新兴市场。因此,我们看到一级方程式比赛在阿布扎比、马来西亚、中国和新加坡等地举行,奥运会和世界杯足球赛在巴西、卡塔尔和俄罗斯等地组织举办,这些并非偶然。在未来几年内,因经济、人口和立法等原因(如减少烟草和酒类广告的限制性政策,这有利于发展中国家吸引大型体育活动),新兴市场上将会出现持续增加的事件、联赛和球队。事实上,欧洲足球队早已在财政上直接或间接地参与其中。

现在,面对全球化这一现实,体育团队品牌将如何实现国际化呢?在当今世界,体育组织需要在国际上开发和培育自己的品牌,争夺粉丝的忠诚度和人均可支配收入的战斗将随之愈演愈烈。

2.3 品牌和体育团队的国际化进程

2.3.1 企业的国际化进程

国际化是一个过程,通过这个过程,组织或公司将增加其在国外发展的机会(Cateora & Graham, 2006)。为了做到这一点,可以从四个进入模式中进行选择,即出口、特许经营、合资企业(JV)和外国直接投资(FDI)。国际化需要管理者拥有走向国外的意愿,它包含了一种战略思维和一系列行动(Hollenson, 2010)。

在国际商务中,有关国际化进程的文献是非常丰富的。附属于瑞典乌普萨拉学校的一些学者(Johanson & Wiedersheim-Paul, 1975; Johanson & Vahlne, 1977, 1990),把这一过程视为一个连续的、线性的过程。组织或公司在把对国际化的学习内部化的同时,通过借贷风险较高的进入模式(从出口到外国直接投资),以及进入文化差异越来越明显的国家等途径,使自己更多地参与到国际中来。其他学者运用已经确定的方式来加快这一进程,例如,使用"蛙跳模式"时,企业一般会绕过出口,很快进入文化差距较大的市场;这也涉及"天生全球化"的公司,即那些为了充分利用各国的机会,在其成立前两年就进入国外市场的公司(Luostarinen & Gabrielsson, 2006)。

企业也可以通过与体制办法相联系的制度杠杆走向国际化(Miller & Lessard,

2000)。在这种情况下,特别是对于较大的项目或处在恶劣环境中的项目,企业需要结合自己的努力获得国际机构［如联合国发展计划署（UNDP）、世界银行］、国家出口机构（如加拿大出口发展公司、美国国际开发署、法国科法斯）以及对当地环境非常了解的私营合作伙伴的支持。

文献研究对企业国际化进程的贡献在于：① 决定公司如何增加其在国外发展的机会；② 明确企业国际化进程中成功的决定因素；③ 评估文化差异对企业国际化的影响。

2.3.2　品牌的国际化

受企业国际化有关文献的启发，一些学者已开始把品牌的国际化作为一个过程（Aderson, et al., 1998；Cheng, et al., 2005）和一系列策略（Kapferer, 1998；Van Gelder, 2002）进行深入思考。他们的贡献有助于我们更好地了解一个品牌是如何沿着"品牌权益管道"发展的，并明确品牌国际化进程中的催化剂因素（Richelieu, et al., 2008）。

从过程的角度来看，安德森等人（Aderson, et al., 1998）已经确定了品牌国际化的五个阶段。

① 期望：品牌国际化的意愿开始产生，并且在组织内部进行沟通。

② 草案：实施品牌国际化的决定。

③ 行动：公司根据跨文化的要求调整其品牌。

④ 互动：公司与新的以及现有的利益相关者创建、建立和维护有效并且有意义的关系。

⑤ 概念：公司不断地重新评估其位于国外市场的品牌的思维方式和经营方式。

郑等人（Zheng, et al., 2005）在对品牌国际化进程的反思方面也做出了贡献。根据他们的介绍，为了建立国际品牌，公司可以按照四个循序渐进的阶段进行。

① 国际化之前：在本国内部打造成为顶级一线品牌之前，公司专注于企业生存。

② 全球领先市场的承载量：公司在国外市场，尤其是国外领先市场（如北美、西欧和日本），主要通过成为各大品牌的供应商，树立自己的存在感和品牌意识。

③ 国际品牌和市场继承：公司致力于在领先国家形成自己的国际品牌。

④ 当地顶峰：公司专注于发展其在其他市场上的品牌，其中包括领先的新兴市场（如巴西、中国、印度、俄罗斯等）。

在品牌走向国际化时所遵循的策略方面，卡普费雷尔（Kepferer, 1998）强调了三个主要渠道：

① 本土思维，全球执行。这种策略特别适合标准化的产品，它强调以不同市

场的成功经营为基础，在全球不同区域市场逐步推行。它使品牌增加了被国外接受的机会，同时降低了财务风险。以坎贝尔的番茄汤为例，为了满足当地的偏好，它在欧洲各地以不同的口味、不同的品牌名称销售，在法国是李比希（Liebig），在比利时是德利汤（Délisoup），在瑞典是巴拉邦（BLA Band）。

② 放眼世界，也尽可能全球执行。这种策略为品牌提供了更好地为国外所接受并降低金融风险的机会。选择此策略的公司一般拥有全球性的思维方式。有些品牌因为各自的品牌神话，会使消费者产生强大的积极倾向，该策略就非常适合这种品牌，如手表、香水等奢侈品（例如，爱马仕、古奇、路易·威登等）。

③ 统一本地品牌。这种情况往往发生在当一个公司收购另一个公司以及两个不同的组织和国家的文化需要合并时（舒伊林，兰宾，2003）。例如，巴西矿业公司力拓收购了加拿大铝业公司加铝，在 2007 年形成了力拓加铝。

此外，范·盖德（Van Gelder，2004）阐述了四个战略：

① 品牌领域专家。这一战略使得品牌能够影响某个特定领域的发展，如技术和消费者的喜好等（如苹果手机）。

② 品牌声誉专家。该战略强调真实性、可信性和可靠性（如沃尔沃与安全）。

③ 品牌亲和力专家。这一战略旨在通过建立与消费者的关系，并提供一段难忘的经历，以此来超越竞争（如迪斯尼）。

④ 品牌知名度专家。这一战略可增加品牌自身的名声，使得它成为消费者心中首选的品牌。

2.3.3 体育团队品牌的国际化

如同今天的许多行业一样，品牌代表了一个体育俱乐部最重要的资产（Bauer, et al., 2005）。品牌的组成包括：① 无形的效益，如情绪激动的球迷在体育场的经历以及对球队的归属感；② 有形的效益，如比赛的结果和球队的商品（Boatwright, et al., 2009; Holt, 1995）。因此，在职业体育运动，连同娱乐、宗教和政治中，"粉丝"的情绪反应比任何其他行业都要强烈（Couvelare & Richelieu, 2005; Desbordes & Richelieu, 2011）。

利用与"粉丝"共享的感情关系，职业体育团队有潜力建立自己的品牌资产。考虑到体育团队往往会为了短期收入的增长而牺牲消费者的忠诚度和长期的关系，这一点显得尤为重要（McGraw, 1998）。一个全球性的品牌，需要找到一种能为各个市场的消费者提供相关意义和经历的方法（Van Gelder, 2002）。一个全球性的品牌需要建立品牌优势、质量和消费者偏好的理念（Skeenkamp, et al., 2003），还有对它所传达的承诺的期望。作为文化理想和生活方式的象征，全球知名品牌一般都会受到消费者的追捧（Holt, et al., 2004）。

在这方面，通过引用现有的文献，我们可以引入图 2-1，它是对我们所做的有关体育团队及其品牌的国际化进程工作的一种综合分析。此图源于一些连续的灵感（Johanson & Wiedersheim-paul, 1975; Johanson & Vahlne, 1977, 1990; Cheng, et al., 2005），还不具确定性。诚然，体育团队品牌走的一般是循序渐进的路径，但它也可以越级发展或者借用海外巡游、品牌合作的制度化方法。国际机会的性质、体育团队的财务手段以及它所面对的文化差距，都将对团队可能采取的扩张战略的选择造成一定的影响。此外，在一个体育团队期望能够获得一些国际上的成功之前，需要打好坚实的基础：的确，要想创造一个记录、一个人的历史、自己的品牌，时间是必不可少的。北美的观察者们可能仍会记得现已不复存在的北美足球联赛（NASL）中，纽约宇宙队以及蒙特利尔狂躁队的强劲提升与惨烈下降。

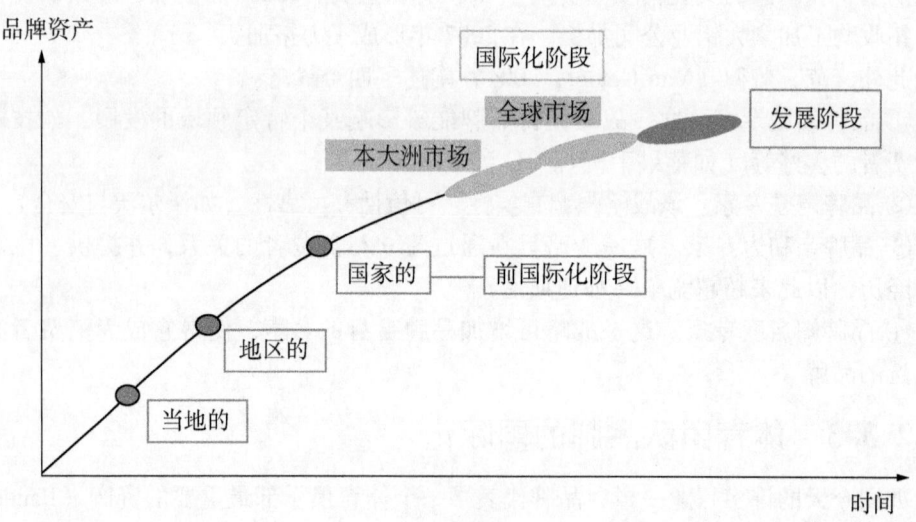

图 2-1　体育团队的国际化进程

资料来源：Richelieu, 2008; Richelieu, et al., 2008。

为了沿着"品牌权益管道"发展，体育团队可以从在运动场上最相关的四大战略中进行选择。这些策略并不相互排斥，因此，体育团队都能够将它们结合使用（Richelieu, et al., 2008）（表 2-1）。

表 2-1　建立一个全球性的体育团队品牌所需的四种主要相关战略

战略	描述
品牌声誉（本土思维，全球执行/品牌声誉专家）	团队利用自己的名声走向国外，凭借团队的成果和历史逐渐进入外国（如芝加哥公牛队、新西兰全黑队、纽约洋基队、皇家马德里）。

续表 2-1

战略	描述
品牌亲和力（本土思维，全球执行/品牌亲和力专家）	团队按照本地和国际标准向球迷提供独特的情感体验，以建立一个强大的球迷基础。 球迷与团队、运动员成为一体，经常团结在品牌社区内（如利物浦、曼联）。
品牌挑战者（本土思维，全球执行/品牌知名度专家）	团队把支持运动员的提升和高投资作为（重新）创建体育团队品牌的第一步。 但是需要成果、历史和球迷：团队早晚会认识到，在创建一个强有力的国际体育团队品牌方面没有捷径（如切尔西、曼城）。
品牌征服者（统一本地品牌/品牌知名度专家）	本地团队与另一个大洲的一支团队配对合作。本地团队受益于形象传播和品牌联合；国外的团队借助跳板进入一个或多个有潜力的市场（如阿姆斯特丹阿贾克斯/开普敦阿贾克斯、拜仁慕尼黑/浦和红宝石队、皇家马德里/北京国安队）。 这种战略也可以作用于团队与其官方设备制造商之间，特别是可以借助世界各地的商店，采取品牌合作的形式进行（如阿迪达斯和耐克卖场）。

资料来源：Richelieu, et al., 2008。

现在让我们来看一下，当某个体育团队想要使自己的品牌国际化或全球化时，其背景和一些成功的决定因素的重要性。

2.3.4 体育品牌国际化的决定因素

如前文中专门研究企业国际化的有关文献所描述的一样（Johanson & Vahlne, 1990），在一般的国际营销中（Cateora & Graham, 2006），背景对于企业努力在国外市场取得成功方面有着决定性的影响。

当我们转向体育运动时，它的三个因素，即运动的性质或类型、联赛的管理系统，以及比赛中的经验理念，能够影响体育团队品牌国际化的潜力或成功。

（1）所涉及的运动的性质。并非所有的运动都生而平等，因此，它们不会共享相同的全球号召力和媒体报道（例如，足球、F1、篮球与冰球、棒球、冰壶相对比）。除非球队管理者能够将自己的品牌同时定位为运动和生活方式品牌，否则从事一项区域运动的俱乐部，可能只限于某个区域或有限的海外扩张。

（2）联赛的管理。大多数的北美联赛都高度集中，这限制了它们各自实施营销活动的自主权，减慢了它们的国际化进程。相比之下，欧洲联赛一般都是高度分散的，并且允许有活力的团队在国内和国际上引进积极的营销活动，尽管存在顶级团队和其他团队有着巨大差距的问题。

事实上，在北美，是联赛走向国际化，而非俱乐部本身，那些团队经常是以联赛国际化支持者的角色出席活动。例如 NBA 在法国的表演赛，以及在瑞典、芬兰和捷克等国开幕的美国冰上曲棍球联赛常规赛，参与这些国际促销活动的团队均由各联赛进行挑选。特许产品也是如此，在 NHL 中，这些团队可以在距当地市场 150 公里的半径范围内开展营销活动；除此之外，NHL 还要根据其重要性决定出售什么，在哪里出售。

在欧洲系统中，最强的团队品牌是在不受监管的环境中发展起来的，并且其品牌资产可达到一种非常高的水平，例如皇马和曼联等。相反，装备不是那么精良或者更加脆弱的团队品牌，在这样一个自由的市场环境中很难生存下来。

因此，在北美，为了养活联赛品牌，在非常严格的监管和控制系统下，团队品牌处于最底层的位置；在欧洲，最机智和最具创意的团队可撬动自身品牌的发展，而其他团队则会被冷落，尝试着在这样一个没有监管、竞争异常激烈的市场中生存。一些观察家说："这绝对是一个讽刺，北美系统似乎比欧洲系统更加'社会主义'！"

（3）比赛的经验。尽管在欧洲，比赛的美感似乎依然非常盛行，娱乐体验却已成为北美的主要卖点。除了有少数例外，法兰西体育场的法国橄榄球队和欧洲其他团队都侧重于比赛。然而，在北美，娱乐为比赛做准备，养活它，甚至当赛场上的比赛不够精彩时取代它，因为管理者们仍然需要出售门票来填充他们的体育场。欧洲和北美之间存在的主要区别是文化驱使的结果。北美的市场营销管理者必须不断尝试更新一些让球迷们非常享受的体验，尤其要使这些体验让季票持有者感觉非常独特。因此，2002 年，曲棍球次级联赛中的印第安纳波利斯寒冰队聘请了一位前苏丹篮球运动员——马努特·波尔，他身高 2.30 米，根本不知道如何滑冰。不用说，这件事被大家议论纷纷，由此吸引了一大批人前去赛场观看。

但这些差异与欧洲冠军的提升和保级系统也有关联，因为直到赛季结束前，这都是利害攸关的事情。而在北美，限制第二个赛季参赛团队数目的季后赛制度，有时会像在美国职业棒球大联盟中那样，大幅度地迫使管理者在赛季期间将他们的产品重新定位为一个家庭友好型/娱乐型活动。在国际化方面，这种娱乐方式可以使一个地区的产品吸引更多外国观众，至少可以吸引一些临时球迷（Kerr，2009）。

此外，我们应该指出，我们对主题的研究（Richelieu & Pons，2006；Richelieu，et al.，2008）使我们在内部和外部都突出显示了一套"胜利条件"，这也可作为其他体育团队品牌的指引（表 2－2）。

表2-2 影响体育团队品牌国际化成功的关键因素

内 部 因 素
■ 赛场上的骄人战绩
■ 发达的通信系统（如团队网站、团队电视、团队的出版物、登陆社会网络，等等）
■ 强大的社区参与度
■ 对潜在市场（如亚洲和北美的足球市场）的系列访问
■ 种类齐全的团队商品
■ 聘请一些明星和/或本土运动员
外 部 因 素
■ 球迷通过支持者的网站和社交网络来获得团队与其品牌
■ 一个主要的设备制造商（如阿迪达斯、耐克、锐步）的支持
■ 团队之间的激烈竞争
■ 与因团队所从事的运动而著名的国家之间的联合（如巴西或西班牙的足球，加拿大或俄罗斯的曲棍球，日本或美国的棒球，澳大利亚或新西兰的橄榄球）

资料来源：Richelieu & Pons，2006；Richelieu，et al.，2008。

下面，我们以巴塞罗那足球俱乐部（FCB）为例，具体说明表2-2的情况。内部方面，主要有以下六项关键因素。

（1）赛场上的骄人战绩。20次西班牙联赛冠军，25次西班牙杯冠军，8次西班牙超级杯冠军，3次欧洲冠军杯冠军，2次欧洲超级杯冠军以及4次欧洲优胜者杯冠军（截至2011年2月）。

（2）发达的通信系统。多语种网站（如英语、汉语和日语），团队杂志（为中国、日本和新加坡市场推出的FCB杂志），电视频道（如在中国广播FCB比赛），还有由球迷自己发起和管理的在线社区，这有助于培育球迷的热情，并建立球队品牌。巴塞罗那还可以依靠遍布世界各地的被称为佩意丝（Penyes）的球迷俱乐部（超过1300个），它们作为FCB的全球大使，有助于品牌在国外市场的树立和扩大。FCB目前也已在脸谱（Facebook）、推特（Twitter）和YouTube等网站上登录。

（3）强大的社区参与度。2006年，巴塞罗那俱乐部非但决定放弃一个利润丰厚的球衣赞助协议（价值约每年1500万欧元），而且还选择每年支付150万欧元支持联合国儿童基金会。全球舆论认为，俱乐部大方、对社会负责、亲近粉丝的形象已经使它成为真正的"超级俱乐部"。受益于此，俱乐部与卡塔尔基金会已签订了一个赞助协议，价值为每年3300万欧元，开始于2011—2012赛季，直至2016年结束。

(4) 对潜在市场的系列访问。对巴塞罗那足球俱乐部来说尤其如此，巴塞罗那足球俱乐部经常访问那些俱乐部要展示和扩大其品牌的市场（如中国、美国），从而增加其在全球范围内的辐射。

(5) 种类齐全的团队商品。巴塞罗那足球俱乐部不仅开发有传统的团队套件和婴儿用品，还有正在所有运动和联赛中日渐流行的女性用品（例如欧洲足球和美国冰上曲棍球联赛）。就巴塞罗那足球俱乐部来说，至少在2010—2011赛季结束前，有儿童基金会作为其主要赞助商，为其提供了一个十分有竞争力的销售优势，对那些想为儿子提供一件球衣的妈妈们来说，它的球衣与一些例如宣传啤酒或博彩公司的团队相比要更具吸引力。

(6) 聘请外国和本土的明星运动员。由这些运动员担任球队的情感锚，然后可以通过这些运动员加强球迷对俱乐部的忠诚。对巴塞罗那足球俱乐部来说，这绝对是一个优势，它丰富的历史见证了许多穿巴萨球衣的最伟大的球员的诞生（国外：从克鲁伊夫、德科、科奇什、科曼、克兰克尔、库巴拉、劳德鲁普、马塞、马拉多纳、内斯肯斯、罗纳尔迪尼奥、罗纳尔多、里瓦尔多、舒斯特尔、斯托伊奇科夫，到埃托奥、亨利、凯塔、梅西。本地：从阿穆尔、阿森西、贝吉里斯坦、瓜迪奥拉、米盖尔、奎尼、苏亚雷斯、托拉尔瓦、苏维萨雷塔，到伯纳乌、普约尔）。

至于成功的外部因素，主要有如下四项。

(1) 想要更多地参与这个团队的球迷的拨款。世界各地的巴塞罗那足球俱乐部球迷创建和管理着众多的网上球迷社区，例如，www.fanclubbarcelona.nl、www.fcbarcelona.ch、www.fcbarcelonaclan.com、www.fcbarcelonaweb.co.uk、www.fcbarcelone.com 等。这些社区有他们自己的行为准则，以及为最忠实的球迷设立的奖励制度。这为粉丝们提供了一个参与俱乐部的生活，发表自己的言论和共同创造巴塞罗那足球俱乐部生活的机会。这种方式能加强在体育场外这些对巴塞罗那足球俱乐部非常坚定的球迷的归属感。

(2) 一个主要的设备制造商的支持。巴塞罗那足球俱乐部有耐克作为依靠。因此，巴塞罗那足球俱乐部可以利用其设备制造商的分销渠道，国际化地发展自己的品牌。除了球队在国外已有的商店（如2007年在中国开设的一家商店）外，耐克在全球的专卖店也在展示巴塞罗那足球俱乐部的品牌。

(3) 团队之间的激烈竞争：当地竞争对手之间的比赛被称为"德比"，如巴塞罗那足球俱乐部与皇家马德里，与常规的联赛比赛相比，它们会吸引更多的媒体进行报道。它们还有助于在国内和国外市场上进行标志性品牌的建设，因为这些比赛通过"我们反对他们"的对抗，使对团队的忠诚更加明确化。

(4) 与因团队所从事的运动而著名的国家之间的联合。巴塞罗那足球俱乐部可以从西班牙被称为"足球国家"的这一事实中受益，即使加泰罗尼亚民族主义者可能不喜欢这一品牌联合。此外，像其他许多体育团队一样，该球队的命名包含着城市名称。根据卡普费雷尔（1998）所讲，这样的提醒是巩固在世界各地的俱乐部身份的一种方式，同时使品牌的国际化更加容易。

话虽如此，但不是每一支球队都有成为如皇家马德里或纽约洋基队那样的潜力。事实上，我们可以补充说，即使是区分度再低的体育团队之间，都不可能有同样的潜力。这是黎塞留等人（2011）进行研究的依据，其研究的内容主要是为了理解和解释在不同水平的比赛中——小联赛以及欧洲冠军联赛的水平——管理者如何建立一个足球队品牌。

黎塞留等人（2011）以及康弗拉里与黎塞留（2005）的研究成果都表明，为了爬上国际扩张的阶梯，同某些资源一样，即使是最微小的成功也是必不可少的（表2-3）。事实上，图2-1以及表2-1、表2-2和表2-3所蕴含的思想，都是在强调一个运动团队应如何发挥其作为一个运动品牌的全部潜力，无论它是处于地方、区域、国家还是国际水平。

表2-3 国际化的不同阶段团队可使用的目标和方法

国际化的不同阶段	目标和方法
从地方品牌发展到区域品牌	建立并且延续品牌。 致力于打造品牌形象，建立粉丝忠诚度，并提升区域内的市场占有率。 方法：利用品牌战略建设、客户关系管理（CRM）系统、广告宣传、分销合作伙伴以加强在区域内的发展，提升品牌的社会认同度。 例子：霍芬海姆（足球），纳什维尔掠夺者（NHL），俄克拉荷马城雷霆队（NBA），孟菲斯灰熊队（NBA），杰克逊维尔美洲豹队（NFL）。
由区域品牌发展到国家品牌	加强在全国的定位。 提高品牌知名度和市场占有率。 方法：寻找全国性的战略合作伙伴（设备制造商、经销商、媒体、外国俱乐部），对团队运动服装进行新的设计，或推出优质的收藏品、网站，雇佣明星运动员。 例子：安德莱赫特队（足球），阿斯顿维拉（足球），卡尔加里火焰（NHL），渥太华议员队（NHL），巴尔的摩乌鸦队（NFL）。
从国家品牌发展到国际品牌	出口并使品牌全球化。 提升世界范围内的品牌知名度和市场占有率。 方法：寻求国际战略合作伙伴（设备制造商、经销商、媒体），进行国外访问或比赛，雇佣国际明星，开设为不同的国家和语言量身定制的网站，在国外开设商店。

资料来源：Couvelaere & Richelieu，2005。

由于体育纪录的缺乏、资源有限、联赛系统的制约（在北美非常集中）或者由于团队所从事的运动的性质，管理者可能会意识到他们已经达到了俱乐部品牌的高原阶段。当出现这种情况时，管理者们可以做些什么呢？答案就是，为强化品牌而继续努力，使其成为所在领域的标杆，无论是地方的、区域的，还是国家的。否则，团队品牌甚至可能会被削弱至极为糟糕的水平。看一看诺丁汉森林足球俱乐部就足以说明这一情况了，在布赖恩·克拉夫的领导下它曾获得两次欧洲冠军（1979年和1980年），现在却沦落成英国的乙级足球队，甚至之前还在丙级联赛中待了一段时间（2005—2008年）。还有NHL的埃德蒙顿油轮队，在1984—1990年，他们曾是5届斯坦利杯奖杯的获得者，但是自2006年赛季开始，他们一直无法杀入季后赛。应该说为了使体育团队充分发挥自己的潜力，谋求运动品牌成长的野心是必不可少的。但这并不是一个顺利的过程，途中会不断产生各种烦恼，只需问一下德国的霍芬海姆足球俱乐部就知道了。从较低级的业余球队到获得德甲联赛的冠军，奋斗了大约10年的霍芬海姆，甚至在2008—2009赛季，即它进入甲级队的第一年就对这一头衔发起挑战，然而该队在之前毫不知名。

2.4 本章小结

本章旨在对全球化的背景下的国际运动品牌，尤其是体育团队品牌进行分析。因此，我们研究了以下主题：① 体育运动的全球化；② 体育团队品牌的国际化进程；③ 体育运动品牌国际化的相关战略；④ 环境和一些成功的决定因素的重要性。

我们在全球化现象的背景下对以上主题进行了讨论与思考。诚然，全球化对体育产业及其参与者具有重大的影响。正如我们所看到的，全球化是促进运动参与者——包括他们的联赛、球队、球员或设备制造商——加速国际化进程的强有力的催化剂。从闻名于世的国际营销和国际商务专家的观点出发，我们透过设定的范例，分析了体育运动的国际化，这些在体育运动方面的研究为我们提供了一些指引。这种方法还使我们阐明了当一个体育团队试图跨市场扩大品牌时所需要的四大战略，即品牌声誉、品牌亲和力、品牌挑战者和品牌征服者。

此外，表2-3强调了一些可以辅助体育团队所选战略的战略杠杆。渐渐地，一个体育团队就可以利用其品牌资产，并加强其与粉丝共享的情感联系。情感是无形的、非常脆弱的；通过扩大其影响圈，体育团队品牌承担着新的责任，而这些责任迫使其管理者提供跨越国界和文化的品牌承诺（表2-4）。如果成为国际或全球性品牌会增加收入和潜在价值，那么相应地就要付出特别的努力以加强和延续品牌。事实上，现在有谁还记得安然、安达信、康柏、泛美、斯坦伯格、伍尔沃斯等品牌呢？在巨大的经济转型时期，专业的体育团队已经意识到在营销俱乐部时，品牌所蕴含的力量，由此品牌成为体育俱乐部最重要的资产（Bauer, et al., 2005）。

我们所说的全球化为体育团队带来的既有机会也有威胁。他们再也不能只安于一隅地缓慢发展了。

表2-4 跻身福布斯排名前50名的运动品牌的价值和收入的一个样本

团队	价值（亿美元）	收入（百万美元）
1. 曼联	18.30	459
2. 达拉斯牛仔队	16.50	280
3. 纽约洋基队	16.00	441
6. 皇家马德里	13.20	563
8. 军火库	11.80	369
16. 法拉利	10.50	308
25. 巴塞罗那	10.00	513
35. 波士顿红袜	8.70	266
41. 利物浦	8.22	304
48. 切尔西	6.46	340

资料来源：《福布斯》（2010年）。

第3章将着眼于一个城市、一个国家如何利用重大体育赛事来提升自己的品牌形象。在这方面，我们将以2008年北京夏季奥运会为例进行探讨。

思考题

1. 全球化是如何影响运动世界的？请举例说明。
2. 全球化和国际化的概念之间主要和根本的区别是什么？请具体地列举一些与体育运动相关的例子进行说明。
3. 如何理解体育组织的国际化进程？
4. 文化能如何影响体育组织的国际化？请列举一些例子来阐明你的答案。
5. 你认为新兴国家对未来几年的全球体育报道有什么作用和影响？

参考文献

[1] Anderson V, Graham S, Lawrence P. Learning to internationalize. The Journal of Management Development, 1998, 17 (7): 492-502.

[2] Bauer H H, Sauer N E, Schmitt P. Customer-based brand equity in the team sport industry. European Journal of Marketing, 2005, 39 (5/6): 496-513.

[3] Bloom H. The good news a new MLB labor accord, the bad news a new MLB la-

bor accord II. http://sportsbiznews.blogspot.com/2006/10/good-news-new-mlblabor-accord-bad_ 24. html. [Accessed in April 2009].

[4] Boatwright P, Cagan J, Kapur D, et al. A step-by-step process to build valued brands. Journal of Product & Brand Management, 2009, 18 (1): 38 - 49.

[5] Cateora P R, Graham J L. International Marketing. Canadian Edition. Homewood: Irwin, 2006.

[6] Cheng J M S, Blankson C, Wu P C S, et al. A stage model of international brand development: The perspectives of manufacturers from two newly industrialized economies-South Korea and Taiwan. Industrial Marketing Management, 2005, 34 (5): 504 - 514.

[7] Couvelaere V, Richelieu A. Brand strategy in professional sports: The case of French soccer teams. European Sport Management Quarterly, 2005, 5 (1): 23 - 46.

[8] Desbordes M, Richelieu A. Neo-Marketing du Sport. Regards Croisés entre Europe et Amérique du Nord. Brussels, Belgium: De Boeck Publishers, 2011.

[9] Eitzen D S, Zinn M B. Globalization: The transformation of social worlds. The Wadsworth Sociology Reader Series, 2008.

[10] Forbes. The World's Most Valuable Sports Teams. http://www.forbes.com/2010/07/20/most-valuable-athletes-and-teams-businesssports-sportsmoney-fifty-fifty-teams_ slide_ 51. html. [Accessed in February 2011].

[11] Luostarinen R, Gabrielsson M. Globalization and marketing strategies of born globals in SMOPECs. Thunderbird International Business Review, 2006, 48 (6): 773 - 801.

[12] Hollenson S. Global marketing: A decision-oriented approach. 5th Edition. London: Prentice Hall, 2010.

[13] Holt D B. How consumers consume: A typology of consumption practices. Journal of Consumer Research, 1995, 22 (1): 1 - 16.

[14] Holt D B, Quelch J A, Taylor E L. How global brands compete. Harvard Business Review, 2004 (September): 68 - 75.

[15] Johanson J, Wiedersheim-Paul F. The internationalization of the firm-Four Swedish cases. The Journal of Management Studies, 1975, 12 (2): 305 - 322.

[16] Johanson J, Vahlne J E. The internationalization process of the firm-A model of knowledge development and increasing foreign market commitments. The Journal of International Business Studies, 1977, 8 (1): 23 - 32.

[17] Johanson J, Vahlne J E. The mechanism of internationalization. International

Marketing Review, 1990, 7 (4): 11 –24.

[18] Kapferer J N. Les marques, capital de l'entreprise: Créer et développer des marques fortes. 3rd Edition. Paris: éditions d'Organisation, 1998.

[19] Kapferer JN. The New Strategic Brand Management: Creating and Sustaining Brand Equity Long Term. London: Kogan Page, 2007.

[20] Kerr A K. You'll never walk alone. The use of brand equity frameworks to explore the team identification of the 'Satellite Supporte'. PhD thesis School of Leisure, Sport and Tourism, Faculty of Business, University of Technology, Sydney Australia, 2009.

[21] Lewi G. Branding management. La marque de l'idée à l'action. Paris: Pearson Education France, 2005.

[22] Luostarinen R, Gabrielsson M. Globalization and marketing strategies of born globals in SMOPECs. Thunderbird International Business Review, 2006, 48 (6): 773 –801.

[23] Manivet B, Richelieu A. Dangerous liaisons: How can sports brands capitalize on the Hip Hop movement. International Journal of Sport Management & Marketing, 2008, 3 (1/2): 140 –161.

[24] McGraw D. Big league troubles. U.S. News and World Report, 1998, 125 (2): 40 –46.

[25] Miller R, Lessard D. The strategic management of large engineering projects: Shaping institutions, risks and governance. Cambridge, Massachussetts, USA: MIT Press, 2000.

[26] Mullin B J, Hardy S, Sutton W A. Sport Marketing. 3rd Edition. Champaign, Illinois: Human Kinetics, 2007.

[27] Coopers P W. Global outlook for the sports market. New York: Global entertainment and media outlook report: 2004 –2008.

[28] Coopers P W. Global outlook for the sports market. New York: Global entertainment and media outlook report: 2007 –2011.

[29] Richelieu A, Pons F. Toronto Maple Leafs vs. F. C. Barcelona: How two legendary sports teams built their brand equity. International Journal of Sports Marketing and Sponsorship, 2006, 7 (3): 231 –250.

[30] Richelieu A. Creating and branding sport products. Chap. 3 in S. Chadwick. Sport Marketing. London: Henry Stewart Talks. 2008. http://www.hstalks.com/sport/index.htm.

[31] Richelieu A, Lopez S, Desbordes M. The internationalization of a sports team

brand: The case of European soccer teams. International Journal of Sports Marketing & Sponsorship, 2008, 9 (4): 29 -44.

[32] Richelieu, Pawlowski A T, Breuer C. Football brand management: Minor Scholte J A. Globalization: A critical introduction. 2nd Edition. New York: Palgrave Macmillan, 2011.

[33] Schuiling I, Lambin J J. Do global brands benefit from a worldwide unique image?. Reprinted with permission from "Global Markets and Marketing Research", Symphonya: Emerging Issues in Management, http://www.unimib.it/Symphonya-Emerging-Issues-in-Management [Accessed in September 2006].

[34] Steenkamp J B E M, Batra R, Alden D L. How perceived brand globalness creates brand value?. Journal of International Business Studies, 2003, 34 (1): 53 -65.

[35] Thomson M. Human brands: Investigating antecedents to consumers strong attachments to celebrities. Journal of Marketing, 2006, 70 (3): 104 -119.

[36] Valaskakis K. Canada in the nineties: Meltdown or renaissance. World, 1990.

[37] Media Van Gelder S. General strategies for global brands. Global Brand Strategy, Brand Meta, http://www.brand-meta.com. [Accessed in September 2006]. 2002.

[38] Van Gelder S. Global brand strategy. Journal of Brand Management, 2004, 12 (1): 39 -48.

[39] Yasin N M, Noor M N, Mohamad O. Does image of country-of-origin matter to brand equity. The Journal of Product and Brand Management, 2007, 16 (1): 38 -48.

第3章 大型赛事如何改变东道国国家形象：北京奥运会的案例

【学习目标】

- 了解国内外学者对大型赛事与举办地形象关系的研究进展
- 深入了解议程设置理论框架下奥运会与国家形象变迁之间的关系
- 了解奥运会前后国际电视媒体有关中国形象的可见性、效价、主题结构和归因等属性的变化

3.1 引言

形象影响着公众、政府决策者和当地居民对地方的认知和空间决策行为（Avraham，2000）。国家形象会影响该国在全球竞争中的地位。包括体育赛事在内的大型事件在改变国家形象和实施目的地营销战略时发挥着重要作用，一些目的地将体育赛事作为其目的地营销战略的常规和核心手段（Hede，2005）。媒体是大型赛事和国家形象的重要媒介（Rivenburgh，1992）。

2001年，国际奥委会宣布北京举办2008年奥运会，这有利于中国向世界展示和改善国家形象。中国具有悠久的历史文化，然而，西方媒体和公众对中国形象的理解比较僵化。中国政府承办2008年北京奥运会，其目的也在于向世界展示中国的现代文明。北京奥运这样的大事件会通过媒体影响公众的消费和投资决策。同时，企业、政府的管理者和公众也需要更深入地了解国际新闻如何影响中国的国家形象。

研究表明，媒体对于激发公众兴趣起重要作用。议程设置理论是指对事件或主题的报道以影响公共意见或公众为目标，它假定"新闻告诉人们应该'想些什么'，而非'如何去想'"（Cohen，1963）。许多文献采用议程设置理论研究了企业形象或城市形象的问题（McCombs & Reynolds，2002），一些研究者关注了国家形象。然而，目的地形象变迁依然是一个十分重要但又缺乏研究的主题，未来的研究应该关注国家形象及其变迁。因此，本章拟采用议程设置理论解释大型事件对国家形象的影响。

尽管越来越多的研究关注全球市场下的地方形象，但是中国并未受到足够的关

注，尤其缺乏对中国的文化和在经济背景下大型事件作用于中国国家形象的影响研究。中国具有全球独一无二的历史和文化，这对于议程设置理论而言，是一个全新的应用环境。本章采用议程设置理论和内容分析的方法，考察西方电视媒体对中国的报道如何影响世界对中国的认知。考察的媒体来自于美国、英国、德国、法国、意大利、瑞士、西班牙、卡塔尔和南非九个国家。最后，将给出研究结论和未来研究建议。

3.2 文献研究

3.2.1 大型赛事与目的地形象的关系

目的地形象（Destination Image）被认为是个体对目的地信念、观点和印象的集合，认知和情感因素均能影响个体对目的地的综合评价（Beerli & Martin, 2004）。国家形象（National Image）是指个体对于某一个国家的总体印象，是跨文化沟通的结果（Rivenburgh, 1992），它也可以被定义为个体对于某个国家所具有的描述性、推断性和信息性信念的总和（Martin & Eroglu, 1993）。据此，我们认为国家旅游形象是消费者对某国以及该国旅游产品的整体知觉。国家形象影响公众、决策者和当地居民的认知和空间决策行为（Rivenburgh, 1992）。一国在全球竞争中的地位受其国家形象的影响，人们往往据此决定是否赴此地投资和旅游。研究者普遍认同国家形象是国家对外决策的重要背景因素，是商品和服务消费者进行消费决策的基础，是旅游目的地形象的来源。

大型赛事为举办地提升自身形象提供了良机。史密斯（Smith, 2005）对三个主办过体育赛事的城市的研究表明，大型事件可以对目的地的国内旅游形象再定位（Reimaging）。因此，提升国家形象的重要策略之一是主办媒体关注的大型事件（Giffard & Rivenburgh, 2000）。孙永泰、刘一民（2009）讨论了北京奥运会精神遗产对中国国家形象的影响，但这一结论没有进行实证研究。郭晴、王宏江（2009）的研究发现，2004—2008年国际媒体对中国的关注显著上升，《纽约时报》对中国的态度向积极方向改变，《泰晤士报》涉华报道有去政治化趋势。这是国内基于奥运背景对中国国家形象变化的重要研究，此研究的数据来源限于2008年之前，未对奥运后中国国家形象的变化进行讨论。大型事件将给东道国留下大量财富，但其提升国家形象的作用只有在事件之后才能得以证实，媒体在这一过程中起着至关重要的作用。然而，很少有实证研究能阐明大型事件在提升东道国正面形象的作用（Chalip, Green & Hill, 2003）。正如辛和查里普（Xing & Chalip, 2006）所言："我们对大型事件与目的地国家形象变迁之关系所知甚少。"

3.2.2 议程设置理论框架下奥运会与国家形象变迁

媒体对公众关于国家形象的判断起着重要作用。郭镇之、邓理峰（2007）翻译介绍了西方议程设置理论的研究进展。议程设置是指媒体依据其目标对主题或事件进行选择性报道，进而影响公众意见（Carroll & McCombs, 2003）。过去30年中，西方有关国家形象的研究集中于可见性（Visibility）、效价（Valence）、主题结构（Breadth）、归因（Attribution）四个领域。可见性是指媒体对于被研究国家的报道区位和数量消长（Rivenburgh, 1992）；效价是指媒体对该国的评价是正面的抑或负面的（Smith, 2005）；主题结构指的是媒体对被研究国家报道主题的复杂性及其视听觉特征（Giffard & Rivenburgh, 2000）；而归因则是指媒体产生该评价的原因（Carroll & McCombs, 2003），它特别强调媒体对被报道事件的跨文化解释（Rivenburgh, 1992）。然而，这些单独的概念均难以概括媒体中的国家形象。若想全方位评价国际媒体报道的国家形象，则需将这些概念综合起来考虑。

议程设置理论的这一综合框架可以用于分析大型事件对主办地国家形象变迁的影响，程曼丽（2008）分析了议程设置在国家形象塑造中的舆论导向作用。全球最受媒体关注的大型事件莫过于奥运会，它增加了国际媒体对东道国的报道（Hede, 2005；董小英，等，2005）。尽管国家形象变迁的影响因素众多，然而，很少有研究真正阐明了议程设置理论框架下奥运会对东道国国家形象变迁的影响。里文伯格（Rivenburgh, 1992）曾试图借此框架分析汉城（首尔）奥运会期间国际媒体对韩国国家形象的报道，但这一研究的重点并非国家形象变迁。因此，此处我们拟扩展议程设置理论的研究框架，讨论奥运会对中国国家形象变迁的影响。

媒体对事件的报道增加了世界对东道国的认知，运用议程设置理论研究城市或公司形象的文献众多（McCombs & Reynolds, 2002），一些研究者关注了大型事件对国家形象的影响（Xing & Chalip, 2006；Giffard & Rivenburgh, 2000）。然而，有关发展中国家的主流国际新闻报道有2/3集中于冲突、灾难等负面消息（Carroll & McCombs, 2003）。正如查里普、格林、希尔（Chalip, Green & Hill, 2003）所言，关于大型赛事对目的地旅游形象影响的实证研究并不多见。因此，运用议程设置理论框架分析大型事件影响下目的地国家旅游形象变迁，依然是一个十分重要但尚未引起足够重视的问题。

越来越多的研究关心国际化环境下目的地形象的影响因素。中国具有不断增长的世界经济地位和独特的历史文化背景，然而，对中国国家旅游形象的研究并没有受到足够重视。少数有关中国国家形象的研究也基于西方的视角，忽略了东西方文化的差异，并缺乏关于事件影响下中国国际形象持续变迁的影响研究。大型事件在改变目的地形象和营销战略方面起着重要作用（Hede, 2005），然而，如何评价北京奥运提升中国国际旅游形象的作用，也是政府决策机构和研究人员感兴趣的问题。

3.3 研究设计

3.3.1 研究方法

本章主要采用以下研究方法：理论研究提出总体分析框架，并推导出相关的研究问题；通过案例研究、内容分析、配对均值比较等多种方法对理论进行验证，研究结果可用于修正理论框架。通过对议程设置理论、国家形象、大型事件与国家营销等问题进行文献研究，提出分析框架。根据这一研究框架将可见性、效价、主题结构、归因等研究变量概念化和数量化。然后对西方主流媒体有关中国的新闻报道进行内容分析。被研究的媒体包括来源于美国、英国、德国、法国、意大利、瑞士、西班牙、卡塔尔和南非九个国家的电视媒体的新闻节目。内容分析的结果可以形成新闻数据库。将内容分析所得的电视新闻数据按时间段分为三类：奥运前的新闻数据、奥运期间的新闻数据和奥运后的新闻数据。根据不同的研究变量可以求出不同时间段各类新闻的比例。将奥运前和奥运后按不同变量分类所得的新闻比率进行配对比较（Paired Samples Test），可以得到奥运前后中国国家形象变迁的量化结果。将定量内容分析的结果与理论模型对照可以得出相应结论，并为政府的国家形象战略提供理论支持和政策建议。

案例研究的方法可用于解释大型事件对于国家形象变迁的影响。当研究聚焦于个案的发展，且研究者对事件的行为过程无力控制时，可以优先选择案例研究方法（Yin，2008）。案例研究广泛运用于对于大型事件的研究之中，国际媒体对北京奥运的报道可以作为大型事件影响国家形象变迁的一个极佳案例。首先，国际媒体在奥运前、奥运期间和奥运后对东道国的报道十分重视，而且具有计划性。其次，根据奥林匹克章程，现代奥运会的目标是增进国际理解，电视报道成为完成这一目标的重要手段之一。再次，中国有向世界展示自身形象的明确需要，这允许国际媒体深入了解中国。最后，中国的国家形象往往被国际媒体误解或过度简化，这与中国作为世界经济和政治大国的地位不相称。正因为如此，研究奥运背景下国际媒体对中国国家形象变迁的案例，成为本章的重要内容。

本章主要采用定量内容分析（Quantitative Content Analysis）的方法。内容分析是对沟通内容与结果的客观、系统和定量的描述技术。定量内容分析要构建变量的量化方式，对媒体内容进行量化，并根据其结果进行定量分析和推断。贝雷尔森（Berelson，1971）指出，在定性和定量分析方法之间不存在绝对严格的界限，对定性研究的定量化过程只能是局部的、不完全的，所得的数据及其分析结果也缺乏精确性。因此，在进行定量内容分析时，解释是分析过程的一部分，而不必要等到分析过程之后（Rivenburgh，1992）。为了讨论中国国家形象的变迁，我们需要用到配对均值比较的方法。我们将分别求出奥运前和奥运后所有新闻按不同变量划分的比例。将这些比例进行配对比较,以期发现奥运前后国家形象变迁的量化结果。配对均值比较的划分变量包括可比月份、可见性、效价、主题结构、归因等。分析工具是 SPSS 13.0。

3.3.2 数据收集

参考里文伯格（Rivenburg,1992）对国家形象的静态研究,可见性以新闻数量表示,内容分析的结果可用于衡量效价,主题结构用电视新闻涉及的主题进行分析,而消息来源与国家形象的归因有关。遵循一整套标准,通过与美因茨大学、慕尼黑大学、莱比锡大学、柏林大学合作,国际媒体分析协会（International Media Tenor Association, IMTA）的 250 多名内容分析师每天关注全球的新闻媒体报道,逐字逐句地对每一条新闻进行评价,给出"正面"、"负面"或"不明确"三种判断。在分析过程中,分别由两名分析师对同一条新闻进行评价。若两人无异议,则按两人的评价给出相应结果。若两人的评价存在差异,则由第三人参与后共同协商确定。这一方法可以确保分析过程排除内容分析师的个人偏见。

有关大型事件的新闻报道始于事件开始之前,因此,将奥运的报道过程区分为三个阶段:奥运前、奥运期间和奥运后。北京奥运的开幕式时间为 2008 年 8 月 8 日,闭幕式时间为 2008 年 8 月 24 日。结合数据收集的可能性,我们将收集以下三个时间段国际媒体对中国的报道:奥运前一年（2007 年 8 月 8 日至 2008 年 8 月 7 日）、奥运期间（2008 年 8 月 8 日至 2008 年 8 月 24 日）、奥运后一年（2008 年 8 月 25 日至 2009 年 8 月 24 日）。由于奥运期间,国际媒体主要关注对奥运赛事本身的报道,而奥运前后,报道的主题则相对多元化,因此,为了理解奥运会对中国国家形象变迁的影响,比较奥运前后各一年的新闻报道成为重点。

媒体在传播国家形象过程中扮演重要角色（Rivenburgh,1992）。电视是主要的新闻媒体之一,而且对许多人而言,电视是其了解外部世界信息的首要手段。因其具有良好的视听效果,在国家形象传播过程中起着重要作用。因此,电视媒体成为主要分析对象。国际媒体分析协会根据研究的需要,已经提供了包括媒体名称、来源国、内容分析结果、主题结构、播放日期、消息来源等变量的数量库。这一数据库包括了从奥运开幕式前一年至奥运闭幕式后一年的 7261 条电视新闻数据（9 个国家、3 个时段）。而且,国际媒体分析协会也同意根据研究需要继续补充相关数据。在 9 个国家中,6 个来自欧洲,其余 3 个分别是亚洲、北美和非洲国家。我们曾试图搜集日本、印度、澳大利亚等中国近邻的新闻数据,但国际媒体分析协会并不能提供相应时间段这些国家媒体有关中国报道的内容分析。内容分析涉及的媒体见表 3-1。同时,本项目在媒体选择过程中,既需要考虑数据的可得性,又需要考虑国家的代表性。被分析的电视新闻不少于 5 秒钟。

表3-1 内容分析所涉及的国际媒体

国别	新闻节目	数量（条）
德国	①ARD Tagesthemen，②ZDF heute journal，③RTL Aktuell，④ARD Tagesschau，⑤ZDF heute	1664
法国	①TF 1	622
英国	①BBC 1 10 o'clock news，②ITV News at Ten，③BBC 2 Newsnight	780
意大利	①RAI Uno	293
瑞士	①SF DRS Tagesschau	256
西班牙	①TVE 1	534
美国	①NBC Nightly News，②ABC World News Tonight，③CBS Evening News，④Fox News	928
卡塔尔	①Al-Arabiyah，②Al-Jazeera	355
南非	①SABC 3 News @ One，②SABC 2 Afrikaans News，③SABC 3 English News，④SABC 3：Africa News Update，⑤E-TV News，⑥SABC Zulu/Xhosa News，⑦SABC Sotho New	1829

在内容分析过程中，分析师仅对新闻中出现的人或者组织等客体进行评价，而不评价新闻中出现的事件。新闻中的评价结果可能以两种方式出现：外显式评价（Explicit Evaluation）明确使用积极（Positive）或消极（Negative）的字眼；与之相对的是内隐式评价（Implicit Evaluation），新闻评价结果分析的是在特定社会背景下可以被认为正面或负面的个体或组织。例如，失业率上升一定是负面评价，即使主播对此并无明确的负面意见。一些新闻很难断定，内容分析师就可以将其归纳为"不明确"（Ambivalent）一类。这种新闻十分常见，记者们往往报道一个事件的两个方面，以确保新闻的公正性。

IMTA的实施过程如下：① 分析师分别以一个6分类变量测量每一条新闻，例如，0（中立）、1（积极）、2（较积极）、3（不清楚）、4（较消极）、5（消极），并且对每一条新闻均分析出其外显和内隐两种评价结果。② 将0（中立）再编码为3（不清楚）。③ 计算综合评价值 [Wertung = (explicit + implicit) /2]。④ 将Wertung再编码为三分类变量（-1，0，+1）。例如，如果综合评价值小于2.5，则修改其值为1；如果综合评价值大于3.5，则修改其值为-1；如果综合评价值为2.6~3.4，则修改其值为0。最后得到的结果即为国家形象分析框架中的"效价"指标。

3.4 实证研究结果

如前所述，本章对奥运前后三个时段进行比较研究，以发现中国国际媒体形象的变迁。在9个国家有关中国的7261条新闻数据中，奥运前的新闻为3969条，奥运期间的新闻数据为1198条，而奥运后的新闻数据为2094条。奥运后一年有关中国的新闻报道数量远低于奥运前的数量。以这些数据为基础，本章比较了奥运前后国际电视媒体有关中国形象的可见性、效价、主题结构和归因等属性的变化。

3.4.1 国际电视媒体有关中国国家形象的可见性

在媒体分析中，可见性提供了一个与曝光率有关的定量分析工具。作为国家形象的维度，可见性与效价关系密切。可见性可以用一国的国际新闻中对中国报道的比率表示。例如，美国有4个新闻节目纳入研究对象。2008年8月，在美国播出的国际新闻中，42.37%是关于中国的报道。而在2008年9月，这一比率仅为7.5%。不确定事件会破坏媒体报道的常规结构。图3-1显示，2008年3月的拉萨"3·14"骚乱事件、2008年5月的汶川地震、2008年8月的奥运会均显示提升了中国国家形象的可见性。排除这些偶然事件，国际电视媒体有关中国的可见度保持在0.9%~4%。

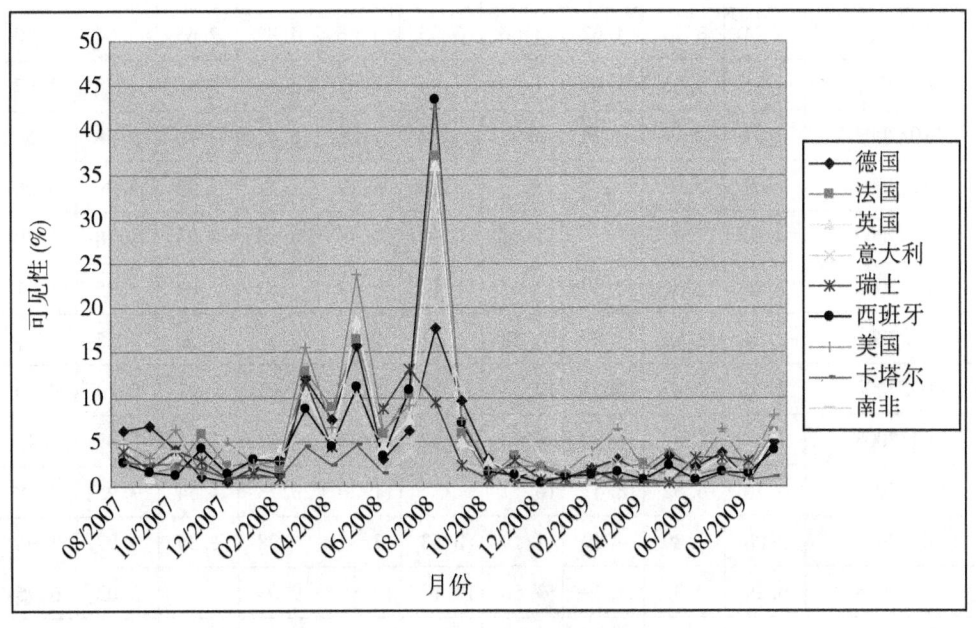

图3-1 中国在国际电视媒体中的可见性

不同国家对中国事务的关注差异较大。美国电视新闻对中国最为关注，2007年8月8日至2009年8月24日期间，7.99%的美国国际新闻关注中国。法国和南非的电视新闻也对中国表示出较大的兴趣，中国国家形象的可见性在这两个国家分析为6.05%和5.91%。而卡塔尔、瑞士和意大利电视新闻对中国的关注不多，这三个国家有关中国国家形象的可见性比率均低于3.5%。

从图3-1中可以看出，偶然事件让中国的可见度升高，其余月份中国的可见度保持相对稳定。本章试图比较奥运前后各一年内中国的可见度变化。为了剔除季节性的影响，每一国家不同年份的同一月份指标被用作配对比较（Paired Samples Test）。例如，将德国2007年和2008年的8月、2007年和2008年的9月……2008年和2009年的7月的可见性指标组合，可以得到12组配对值（表3-2）。通过配对样本T检验，中国在德国、法国、英国、瑞士、西班牙、美国和卡塔尔的电视媒体形象的可见性在10%的水平下显著降低。对所有国家有关中国的可见性指标进行相同检验，结果也与前述7国保持一致。一般认为，大型事件会提升东道国在事件前、事件期间和事件后的可见性。本章的研究表明，这一结论在事件前和事件期间是正确的。但是，在大型事件举办之后，由于媒体可能已经不再关心东道国国家的变化，因此，东道国国家形象的可见性反而下降。其原因主要是媒体惰性。

表3-2　九国国际新闻中有关中国的比例及配对比较

月份	德国	法国	英国	意大利	瑞士	西班牙	美国	卡塔尔	南非	全部
08/2007	6.24	3.23	4.62	3.00	3.95	2.66	4.82	2.65	5.04	4.30
09/2007	6.71	1.65	1.04	1.38	1.94	1.65	3.16	2.46	4.28	3.57
10/2007	4.04	2.13	3.78	2.98	4.02	1.25	6.47	2.40	3.98	3.58
11/2007	1.09	5.92	/	/	2.87	4.19	1.41	1.93	7.09	3.06
12/2007	0.60	2.26	/	1.82	0.92	1.46	4.98	0.89	4.28	1.70
01/2008	2.16	2.66	3.09	2.01	1.50	3.09	2.52	1.06	3.95	2.31
02/2008	1.24	1.92	3.99	0.38	0.86	2.89	2.87	0.99	3.55	1.97
03/2008	12.12	12.87	10.54	10.14	11.95	8.73	15.61	4.47	6.13	9.50
04/2008	7.37	8.87	4.90	4.50	4.42	4.38	6.61	2.37	5.37	5.45
05/2008	15.70	16.52	18.41	10.17	/	11.20	23.76	4.54	7.95	12.88
06/2008	3.08	5.89	4.40	1.19	8.63	3.31	6.28	1.35	4.97	3.96
07/2008	6.29	10.31	7.49	3.66	13.13	10.81	9.04	/	5.02	6.95
08/2008	17.72	37.06	35.98	31.62	9.33	43.36	42.37	/	20.62	28.20

续表3-2

月份	德国	法国	英国	意大利	瑞士	西班牙	美国	卡塔尔	南非	全部
09/2008	9.55	5.84	4.90	2.47	2.26	7.14	7.50	/	10.86	8.28
10/2008	2.97	0.98	2.84	1.54	0.73	1.51	1.75	/	5.67	3.10
11/2008	0.73	3.46	1.45	0.53	2.85	1.24	2.15	0.33	7.63	2.09
12/2008	2.04	2.21	1.42	0.46	0.72	0.43	2.23	0.42	3.40	1.82
01/2009	0.94	1.32	0.94	2.35	0.92	0.98	1.64	0.15	2.96	1.20
02/2009	2.02	0.40	0.61	3.30	1.74	1.25	3.97	0.21	3.70	1.43
03/2009	3.00	1.89	2.05	2.69	0.45	1.65	6.30	0.55	5.79	2.38
04/2009	1.31	2.41	1.80	1.39	0.65	0.71	1.95	0.39	5.27	1.70
05/2009	3.30	1.11	1.59	0.57	0.39	2.27	4.14	0.36	4.50	2.07
06/2009	2.16	1.31	1.67	0.84	3.23	0.78	1.71	0.39	4.89	1.72
07/2009	3.71	1.89	3.28	1.81	3.18	1.65	6.42	1.42	5.60	3.31
08/2009	0.55	1.82	0.79	2.03	2.82	1.50	1.92	0.73	4.08	1.76
Total	4.91	6.05	5.84	3.45	3.48	4.05	7.99	1.05	5.91	4.41
T Test	2.156	2.322	2.069	1.679	2.817	1.822	1.978	3.711	0.687	1.897
Sig. (2-tailed)	0.054	0.04	0.068	0.124	0.018	0.096	0.073	0.008	0.506	0.084

事实上，在大型事件开始之前，对于举办国的报道就会大量增加。但大型事件之后，情况往往会发生变化。在议程设置理论的研究中，关于事件发生和新闻报道的时间间隔问题存在大量的讨论（Stroud & Kenski, 2007）。多数研究结论承认存在一两个月（Behr & Iyengar, 1985; Winter & Eyal, 1981）至数天（Watt & Berg, 1978）的时间间隔。时间间隔的差异可能取决于事件性质和媒体自身（Wanta & Hu, 1994）。理论上，期望的时间间隔与议程设置理论的作用机制相关。尽管文献对议程设置理论的作用机制尚无一致结论，一个可能的解释是，媒体报道可能更容易让人接受，这提高了人们回忆这一主题及其讨论的可能性（Price & Tewksbury, 1977）。这一机制说明，议程设置理论主张的时间间隔可能十分短暂（Lim, 2006; Stroud & Kenski, 2007）。

3.4.2 国际电视媒体有关中国国家形象的效价

作为国家形象的不同方面，可见性虽然关注国家形象报道的数量，但忽略了报道的质量。因此，效价成为了国家形象最为重要的一个指标。对国家形象的研究主要源于与国内和外交政策有关的意见和态度调查。正因为如此，调查过程中主要使用一些评价尺度（喜欢/不喜欢，友好/不友好，等等）或语义差别化的方法（懒惰/勤奋，热爱和平/喜好战争，等等）收集被访者是积极抑或消极的态度。在媒体内容分析的过程中，效价指的是媒体内容对目标国家的评价。国家形象从感情层面来说是判断性的、评价性的，通常基于民族中心主义的价值观进行分析。同样，对媒体效价的评估在测量手段和测量实践过程中均是主观的（Rivenburgh, 1992）。

主题是效价的记录单元。表3-3对国际电视新闻有关中国报道的效价进行了描绘。在奥运前一年，有关中国的国际电视新闻中，35.34%为消极的报道结果，48.39%为中立的（或不清楚），而16.27%的为积极的正面报道。奥运会期间，仅有17.44%的负面报道，39.15%的报道是中立的（或不清楚），而43.42%的报道是正面的。与奥运前一年相比，中立报道的比例大大降低，而正面报道的比例大大提升。奥运后一年内，负面报道的比例为40.77%，比奥运前一年上升了5.43个百分点；中立（或不清楚）的报道比例为26.39%，下降了22个百分点；另有32.84%的正面报道，几乎是奥运前正面报道的两倍。根据数据呈现的结果并不能给出一致的答案，并不能由此断定，2008年奥运会后中国的国家形象变得更为正面。

表3-3 九国在奥运前后有关中国报道的效价比较

阶段	新闻来源	负面		中立（不清楚）		正面		小计
2007年8月8日—2008年8月7日	德国	405	38.50%	509	48.38%	138	13.12%	1052
	法国	116	32.58%	216	60.67%	24	6.74%	356
	英国	168	43.52%	196	50.78%	22	5.70%	386
	意大利	53	34.19%	88	56.77%	14	9.03%	155
	瑞士	45	32.85%	78	56.93%	14	10.22%	137
	西班牙	56	18.73%	203	67.89%	40	13.38%	299
	美国	187	36.74%	263	51.67%	59	11.59%	509
	卡塔尔	42	16.41%	153	59.77%	61	23.83%	256
	南非	318	40.61%	197	25.16%	268	34.23%	783
	合计	1390	35.34%	1903	48.39%	640	16.27%	3933
2008年8月25日—2009年8月24日	德国	199	48.54%	108	26.34%	103	25.12%	410
	法国	30	30.00%	47	47.00%	23	23.00%	100
	英国	63	46.67%	41	30.37%	31	22.96%	135
	意大利	39	49.37%	31	39.24%	9	11.39%	79

续表 3-3

阶段	新闻来源	负面		中立（不清楚）		正面		小计
2008年8月25日—2009年8月24日	瑞士	58	48.74%	36	30.25%	25	21.01%	119
	西班牙	32	25.60%	57	45.60%	36	28.80%	125
	美国	98	53.55%	61	33.33%	24	13.11%	183
	卡塔尔	36	36.73%	40	40.82%	22	22.45%	98
	南非	293	35.26%	128	15.40%	410	49.34%	831
	合计	848	40.77%	549	26.39%	683	32.84%	2080
奥运前后两个时段配对样本T检验	T	-2.960		11.391		-4.151		
	Sig. (2-tailed)	0.018		0.000		0.003		

在奥运前一年中，卡塔尔（23.83%）和南非（34.23%）电视新闻对中国的报道更为正面，其正面报道所占比例远高于9个国家的平均水平，这主要是由于经济新闻正面报道比较多，而这两个国家又十分关注中国的经济变化。与此同时，法国、英国、意大利和瑞士有关中国的电视新闻负面报道的比例较高，而且在这些国家的新闻中，中国通常具有较低的可见性。奥运会后一年中，南非有关中国的正面报道的比例在9个国家中依然最高。德国、法国、英国和西班牙的电视媒体报道对中国表现得更为正面。可以认为，在这些国家中，奥运会提升了中国的国家形象。

奥运会后，国际电视媒体有关中国报道的效价呈现两极分化的趋势。我们对不同国家奥运前后积极效价、中立（不清楚）效价和消极效价的比例分别进行了配对样本T检验。奥运后国际电视媒体有关中国的积极效价（T = -4.151，Sig. = 0.003）和消极效价（T = -2.960，Sig. = 0.018）均显著增加，而中立（不清楚）效价则显著减少（T = 11.391，Sig. = 0.000）。上述九国有关中国的电视报道让世界人民对中国理解得更为清楚。这一结果可以归功于奥运会。

辛和查里普（Xing & Chalip，2006）的研究曾假设："若目的地和事件均是活跃的，有关目的地新闻报道的效价将会更为正面。"该研究的实证结果部分支持了这一假设。举办大型体育赛事的确增强了东道国作为活跃目的地的可能性（Xing 和 Chalip，2006）。然而，本章的结论与辛和查里普（Xing & Chalip，2006）的研究并不一致。差异存在的可能源于研究的客体，辛和查里普（Xing & Chalip，2006）的研究调查个体，而我们的研究是对国际电视媒体的新闻进行内容分析。因此，辛和查里普（Xing & Chalip，2006）的研究传达的是公众议程（Public Agenda），而我们的研究讨论的是媒体议程（Media Agenda）。

3.4.3 国际电视媒体有关中国国家形象的主题结构

国家形象的主题结构指的是按知识或文化领域划分的对一国新闻报道的主题的复杂程度。通过理解该国不同行为领域的标准、信仰、沟通风格，可以对新闻报道的主题结构产生真实理解。对国家形象的研究显示，人们不是通过获取多样化的知识来更好理解跨文化行为，而是基于政治联盟、经济发展、地理和人口因素等角度观察一个国家（Perry，1965）。

我们此次的研究从以往的研究中归纳出一系列有关跨文化沟通的新闻报道主题（Rivenburgh，1992），包括政治价值、政党政治、犯罪与安全、国内政策、外交事务、经济与公共政策、公司制企业、媒体、其他企业、社会教育与艺术、宗教、能源交流与环境、科学技术、历史、体育、人文兴趣及其他主题。在进行电视新闻的内容分析时，有关一国的视觉和听觉信息均可以作为识别主题结构的线索。这些新闻里面，当然也包括了对奥运会的报道。而且，对奥运会的报道早在奥运会真正开始之前就已经大量存在。2007年下半年之后，体育一直是有关中国的最为重要的新闻主题之一。在拉萨"3·14"骚乱事件之后，有关奥运会，特别是有关联合抵制北京奥运会的讨论一时成为与运动主题相关的新闻报道的主要内容。2008年以后，国际媒体对北京奥运会的评价日趋积极，尽管正面效价和负面效价均在增加，但与其他主题相比，与北京奥运会相关的新闻效价要更为正面一些（图3-2）。媒体强调了2008年北京奥运会对中国发展的正面影响。

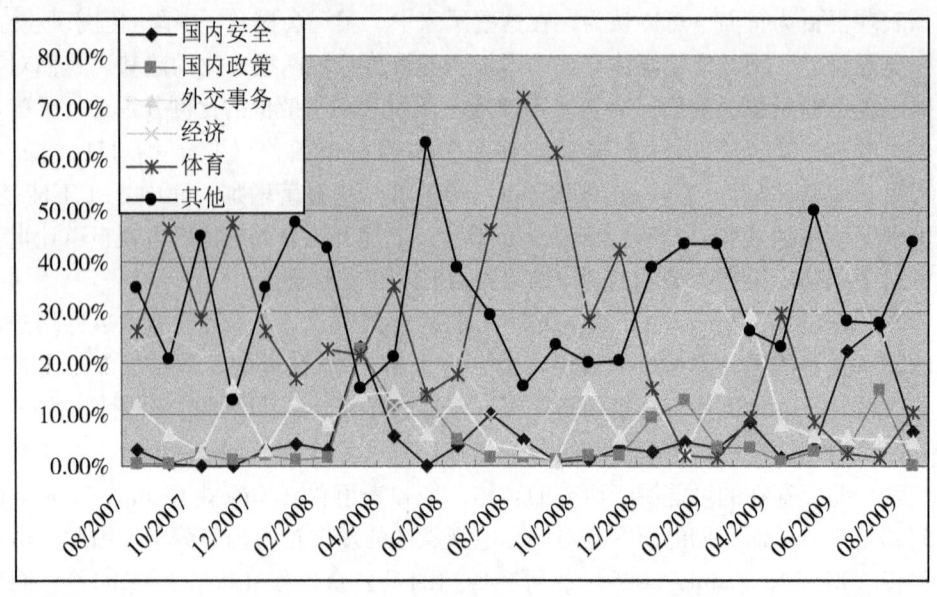

图3-2　2007年8月至2009年8月国际电视新闻报道中的中国形象的主题结构

第3章 大型赛事如何改变东道国国家形象：北京奥运会的案例

表3-4显示了有关中国的国际电视新闻报道的主题结构。体育新闻在国际电视新闻中扮演了十分重要的角色，这一结论对中国来说也十分准确。无论在奥运会前，奥运会期间，还是奥运会后，体育新闻的报道数量均排在各类新闻之首。中国除了奥运会受到国际媒体的广泛关注之外，企业新闻也是一个重要热点。公司制企业和其他企业、外交事务、犯罪与安全、国内政策均是十分重要的新闻主题。在奥运前排名前六位的主题结构分别是：体育、其他主题、其他企业、外交事务、国内政策、犯罪与安全。在奥运会后，有关其他主题的报道量从奥运前的第二降至第五，而其他在奥运会前名列前六的五个主题的报道数量顺序并无改变。尽管奥运会后有关中国新闻报道的总量显著下降，然而，有关中国的国际电视新闻报道的主题结构在奥运会前后并无显著改变。

表3-4 奥运前、奥运期间、奥运后不同主题结构的新闻效价

（单位：条）

阶段	2007年8月8日—2008年8月7日				2008年8月8日—2008年8月24日				2008年8月25日—2009年8月24日			
主题结构	消极的	不清楚的	积极的	总计	消极的	不清楚的	积极的	总计	消极的	不清楚的	积极的	总计
政治价值	24	29	1	54	10	8	1	19	8	1	0	9
政党政治	2	38	2	42	2	8	0	10	3	3	1	7
犯罪与安全	181	85	4	270/6	30	9	0	39	118	38	2	158/5
国内政策	117	199	16	332/5	5	5	0	10	55	35	5	95
外交事务	74	247	31	352/4	6	20	2	28	52	102	19	173/4
经济与公共政策	29	46	17	92	4	3	1	8	92	53	30	175/3
公司制企业	44	38	21	103	1	0	4	5	44	26	28	98
媒体	54	24	0	78	0	3	0	3	5	4	1	10
其他企业	165	42	151	358/3	18	1	5	24	181	33	222	436/2
社会教育与艺术	42	86	32	160	3	28	13	44	79	50	11	140
宗教	7	25	2	34	1	2	1	4	7	7	1	15
能源交流与环境	63	106	12	181	2	5	2	9	23	7	6	36

续表 3-4

阶段	2007年8月8日—2008年8月7日				2008年8月8日—2008年8月24日				2008年8月25日—2009年8月24日			
科学技术	3	14	6	23	0	0	1	1	1	13	17	31
历史	4	3	0	7	0	1	0	1	6	7	0	13
体育	132	696	319	1147/1	117	354	470	941	63	120	320	503/1
人文兴趣	2	15	15	32	5	10	13	28	3	10	10	23
其他主题	447	210	11	668/2	4	10	5	19	108	40	10	158/5
合计	1390	1903	640	3933	208	467	518	1193	848	549	683	2080

使用配对样本 T 检验比较奥运前后有关中国的国际电视新闻报道的主题结构差异（表 3-5）可得，国际电视新闻报道对中国的正面效价（T = -2.099，Sig. = 0.052）和负面效价（T = -2.579，Sig. = 0.020）的比例均显著上升，而奥运前后不清楚的效价比例显著减少。从主题结构方面看，与奥运前相比，奥运会后国际电视新闻对中国的报道效价也呈现两极分化的趋势。

表 3-5　奥运前后有关中国的国际电视新闻报道的配对样本 T 检验

配对样本	Mean	T	Sig.（2-tailed）
奥运前后的负面效价比例	-.114747	-2.579	.020
奥运前后的不清楚效价比例	.173676	4.166	.001
奥运前后的正面效价比例	-.058935	-2.099	.052

3.4.4　国际电视媒体有关中国国家形象的归因

跨文化沟通领域内有关归因的概念，是指对某种行为的解释（Burriss，1988）。如果人们熟悉某一文化背景，由于他们能理解某些行为的共同含义，那么他们归因的信心便增加了（Gudykunst，1990）。在国际化的背景下，对行为的共同含义不再存在，归因的信心便会很低。人们往往将自己的文化背景运用于不同的行为场合，这就会产生误解，甚至冲突（Albert & Triandis，1988；Rivenburgh，1992）。

如前所述，对奥运前后中国的新闻报道的资料来源特征可以用来分析新闻是否采用了西方中心方法（Western-Centered Approach）的跨文化归因（Cross Cultural Attribution）。从表 3-6 可以看出，不论是奥运前、奥运期间，还是奥运之后，政治新闻部门（Political Section）始终主导着国际电视节目对中国的报道。但从绝对数量上比较，奥运会后一年来自于政治新闻部门的国际电视新闻对中国的报道数量比奥运前一年锐减，而来源于经济新闻部门（Economic Section）的报道数量则有所增加。来自体育新闻部门（Sports Section）的报道与来自政治新闻部门的报道数量一样，略有下降。因此可以认为，奥运前后国际电视节目对中国形象的新闻报道的归因特征并无显著变化。

表3-6 不同时段国际电视节目报道中国形象的归因特征

（单位：条）

新闻来源	2007年8月8日—2008年8月7日	2008年8月8日—2008年8月24日	2008年8月25日—2009年8月24日	合计
编辑部：政治新闻分部	2987	815	1351	5153
编辑部：经济新闻分部	458	33	468	959
编辑部：体育新闻分部	334	327	252	913
编辑部：其他分部	160	0	1	161
其他新闻来源	30	23	22	75

这一结论与里文伯格（Rivenburgh，2005）的研究一致。该研究发现，"媒体的不同新闻部门的努力在面对国际文化时均显得苍白无力，他们对他国（韩国）的新闻报道仅仅是为了获得下面的公共关系，而非向本国（美国）民众传播真实的国家（韩国）形象。"可以认为，媒体不同部门均存在倾向性报道，这些报道左右了媒体中的国家形象。

3.5 结论与讨论

根据本章的设计要求，IMTA为我们提供了9个国家奥运前后有关中国新闻报道的内容分析数据。以此为基础，遵循可见性、效价、主题结构和归因等媒体议程设置的国家形象的分析框架（Rivenburgh，1992），本章以2008年北京奥运会为案例，分析了大型事件对东道国国家形象变迁的影响。里文伯格（Rivenburgh，1992）提出的国家形象分析框架仅用于描述一国的媒体形象，本章扩展了这一框架的范围，将之用于大型事件影响下的国家形象变迁。本章的研究发现，大型事件并不能直接改善国际媒体中的东道国国家形象，它仅仅能激发国际媒体在大型事件开始前对东道国国家形象的报道，使得大型事件开展后，东道国更为国际媒体接受，因而东道国国家形象也更为清晰。

大型事件举办之前，东道国在国际媒体中的可见性变得远高于往常。而在大型事件举办之后，东道国在国际媒体中的可见性却低于常规水平。这主要是由于媒体惰性，大型事件举办之后，国际媒体对东道国失去了报道的兴趣和激情。从国际电视媒体报道中国形象的效价角度进行分析，2008年北京奥运会对中国的主要贡献在于"让世界更了解中国"，正面和负面效价的比例均显著增加，不清楚的效价显著减少。奥运会前名列前六的主题中，有5个在奥运会后依然是最受媒体关注的主题。奥运前后国际电视媒体报道中国形象的主题结构并无显著变化。对中国国家形象的归因特征的分析结论也与此相似。

大型事件或多或少地会提升一国在国际媒体中的受关注程度，但这种关注并不能持续改善东道国的国家形象。为了持续吸引媒体的注意，东道国的新闻主管部门需要在恰当的时机提供一系列恰当的主题。大型事件对于东道国的作用主要在于让全球媒体和人民了解和理解东道国和东道国人民。尽管组织者在主办大型事件时需要关注事件的操作性和财务机会，但是对大型事件举办后的新闻评价也是组织者需要关注的一个重要方面（Persson，2002）。举办国政府和民间组织应当在举办事件前恰当评估事件对东道国的影响，据此适当投入。

本章使用了里文伯格（Rivenburgh，1992）的国家形象框架，然而，国家形象是否可以而且只通过媒体新闻的内容分析进行展示，这一问题需要继续跟踪研究。尽管媒体展示了一个国家形象的不同方面，媒体议程也的确是公众议程的主要依据，但是使用媒体新闻的内容分析所获取的国家形象，依然停留在媒体议程的层次，其所展示的国家形象也必定是不完全的。从媒体议程转化为公众议程，仍然需要公众的努力。

本章的结论为事件相关的媒体和目的地形象管理理论提供了一些重要的观点，然而，结论只基于北京奥运会的案例研究，若要将之一般化和规律化，则需要进一步验证。事实上，对北京奥运会影响国家形象的个案研究结论，难保不是一个特殊的例证。尽管在研究过程中，研究者试图剥离非奥运因素的影响，但案例不同于实验，一些影响国家形象变迁的因素在研究中难以剥离。在未来的研究中，有必要进一步剥离大型事件对国家形象变迁影响的因素。

囿于数据、时间和研究者的能力，本章仅讨论了9个国家的电视媒体。日本、澳大利亚、印度等国既是中国的近邻，又是亚太地区具有重要战略竞争地位的国家。在本章研究的设计过程中，我们曾试图收集这些国家的电视媒体对中国的报道进行内容分析，但这些数据并没有收集成功。未来对国家形象变迁的研究可以分析更多国家、更多媒体、更长时间段的数据。

使用议程设置理论研究国家形象问题也有很多未来研究的空间，比如一国如何改善其媒体形象进而改善其公众形象成为研究者十分关注的问题。本章没有讨论公众认识的国家形象，对媒体展示的国家形象和公众认识的国家形象之间的关系更缺乏研究。在未来对大型事件影响国家形象的研究过程中，讨论两者的关系十分必要。另外，媒体展示的国家形象如何影响跨国公司和政府的决策，其中机理也是议程设置理论需要关心的问题。

第3章 大型赛事如何改变东道国国家形象：北京奥运会的案例

思考题

1. 大型赛事对于目的地形象的变迁有何影响？
2. 何为议程设置理论？怎样运用这一理论来评价国际媒体报道的国家形象？
3. 东道国应采取哪些措施，使得媒体所传达的形象与东道国自身所期望的形象保持一致？
4. 请你搜寻其他国家举办大型赛事时，其国际媒体形象的变迁情况，并将其与中国作对比。

参考文献

[1] 程曼丽. 论"议程设置"在国家形象塑造中的舆论导向作用. 北京大学学报（哲学社会科学版），2008，45（2）：162-168.

[2] 董小英，李其，师曾志，等. 奥运会与国家形象：国外媒体对四个奥运举办城市的报道主题分析. 中国软科学，2005（2）：1-9.

[3] 郭晴，王宏江，余婷婷，等. 北京奥运背景下的中国国家形象研究. 体育科学，2009，29（8）：3-11.

[4] 麦考姆斯. 议程设置理论概览：过去，现在与未来. 郭镇之，邓理峰，译. 新闻大学，2007（3）：55-67.

[5] 孙永泰，刘一民. 北京奥运会精神遗产对我国国家形象的影响. 体育科学研究，2009，13（3）：27-30.

[6] 朱旭峰，田君. 知识与中国公共政策的议程设置：一个实证研究. 中国行政管理，2008（6）：107-113.

[7] Aacker D, Day G. A recursive model of communication processes. In: Aaker D. (Ed.). Multivariate Analysis in Marketing: Theory and Application. Belmont: Wadsworth Publishing, 1971.

[8] Albert R D, Triandis H C. Intercultural education for multicultural societies: critical issues. In: Samovar L A and Porter R E (eds.). Intercultural Communication: A Reader (5th edition). Belmont, CA: Wadsworth Publishing Co, 1988.

[9] Arthur D, Andrew J. Incorporating comemunity involvement in the management of sporting mega-events: An Australian Case study. Festival Management and Event Tourism, 1996, 4 (1/2): 21-28.

[10] Avraham E. Cities and their news media images. Cities, 2000, 17 (5):

363－370.

[11] Beerli A, Martin J. Factors influencing destination image. Annals of Tourism Research, 2004, 31: 657－681.

[12] Behr R L, Iyengar S. Television news, real-world cues, and changes in the public agenda. Public Opinion Quarterly, 1985, 49: 38－57.

[13] Bernstein L. Things you can see from there you can't see form here: Globalization, media and the Olympics. Journal of Sport & Social Issues, 2000, 24 (4): 351－369.

[14] Blay A K, Alabi N. State of the Media in West Africa 1995—1996. Accra/Ghana: Friedrich Ebert Foundation, Ghana Office, 1996.

[15] Brown G, Chalip L, Jago L, et al. Developing brand Australia: examining the role of events. In: Morgan N, Pritchard A & Pride R (Eds.). Destination branding: Creating the unique destination proposition. 2nd ed. Oxford, UK: Butterworth-Heinemann, 2004.

[16] Burriss L L. Attribution in network radio news: a cross-network analysis. Journalism Quarterly, 1988, 65 (3): 690－694.

[17] Carroll C, McCombs M. Agenda-Setting Effects of Business News on the Public's Images and Opinions about Major Corporations. Corporate Reputation Review, 2003, 6 (1): 36－46.

[18] Cate F. The media and international disaster response: through a glass darkly, 1999. http://www.fas.harvard.edu/asiactv/fs _cate2.htm. [12.04.2001].

[19] Chalip L, Green C, Hill B. Effects of sport media on destination image and intentions to visit. Journal of Sport Management, 2003, 17: 214－234.

[20] Chalip L, Green C, Vander V L. The effects of polysemic structures on Olympic viewing. International Journal of Sports Marketing and Sponsorship, 2000, 2 (1): 39－57.

[21] Charles J F, Cees B M R. Fame and fortune: how successful companies build winning reputations. New York: Financial Times Prentice Hall, 2004.

[22] Cohen B. The press and foreign policy. Princeton, NJ: Princeton University Press, 1963.

[23] Crompton J. An assessment of the image of Mexico as a vacation destination and the influence of geographical location upon that image. Journal of Travel Research, 1979, 17 (4): 18－23.

[24] Eisenhardt M K. Building theories from case study research. Academy of Management Review, 1989, 14 (4): 532－550.

[25] Gerbner G, Marvanyi G. The many worlds of the world's press. Journal of Communication, 1977, 27 (1), 52 – 66.

[26] Giffard C A, Rivenburgh. News agencies, national images and global media events. Journalism and Mass Communication Quarterly, 2000, 77 (1): 8 – 21.

[27] Gudykunst W B. Uncertainty and Anxiety. In: Kim Y Y and Gudykunst W B. (eds.). Theories in Intercultural Communication. Newbury Park, CA: Sage Publicaitons, 1988: 123 – 156

[28] Hede A. Sports-events, tourism and destination marketing strategies: an Australian case study of Athens 2004 and its media telecast. Journal of Sport Tourism, 2005, 10 (3): 187 – 200.

[29] Lai Kun. Effects of Mega-events on Destination Images: Towards a Theory via "Problem-Centric Approach". Doctoral Dissertation, University of Hong Kong, 2009.

[30] Lim J. A cross-lagged analysis of agenda setting among online news media. Journalism and Mass Communication Quarterly, 2006, 83 (2): 298 – 312.

[31] McCombs E, Maxwell, Shaw L D. The evolution of agenda-setting research: twenty-five years in the marketplace of ideas. Journal of Communication, 1993, 43 (4): 58 – 67.

[32] McCombs M, Shaw D. The agenda-setting function of mass media. Public Opinion Quarterly, 1972, 36: 963 – 975.

[33] McCombs M, Yu J J. Shaping feelings. Media Tenor, 2005, 151 (3): 18 – 20.

[34] McManus G. Making the most of mega-events. New Zealand Management, 1999, 46 (2): 30 – 35.

[35] Perry D K. The mass media and inference about other nations. Communication Research, 1985, 12: 595 – 614.

[36] Persson C. The Olympic Games site decision. Tourism Management, 2002, 23: 27 – 36.

[37] Priluck R, Till B. The role of contingency awareness, involvement, and the need for cognition in attitude formation. Journal of the Academy of Marketing Science, 2004, 32 (3): 329 – 344.

[38] Rivenburgh K N. National image richness in US-televised coverage of South Korea during the 1988 Olympics. Asian Journal of Communication, 1992, 2 (2): 1 – 39.

[39] Roche M. Mega-events and urban policy. Annals of Tourism Research, 1994,

21: 1 – 19.

[40] Slater J. Changing partners: the relationship between the mass media and the Olympic Games. In Barney et al. op. cit. 1998: 49 – 68.

[41] Smith A. Reimaging the city: The value of sports initiatives. Annals of Tourism Research, 2005, 32 (1): 217 – 236.

[42] Soderman S, Dolles H. Strategic fit in international sponsorship-the case of the Olympic Games in Beijing 2008. International Journal of Sports Marketing and Sponsorship, 2008, 9 (2): 95 – 110.

[43] Sofield T H B. Sports tourism: from binary division to quadripartite construct. Journal of Sport Toursim, 2003, 8 (3): 133 – 166.

[44] Stroud N J, Kenski K. From agenda setting to refusal setting: Survey nonresponse as a function of media coverage across the 2004 election cycle. Public Opinion Quarterly, 2007, 71 (4): 539 – 559.

[45] Takeshita T. Current critical problems in agenda-setting research. International Journal of Public Opinion Research, 2005, 8 (3): 275 – 296.

[46] Toohey K, Veal J J. The Olympic Games: A social science perspective. Oxfordshire: CAB International, 2007: 145 – 167.

[47] Wanta W, Hu Y. Time-lag differences in the agenda-setting process: an examination of five news media. International Journal of Public Opinion Research, 1994, 6: 225 – 240.

[48] Watt J H, Berg S A. Time series analysis of alternative media effects theories. In Brent D. Ruben, ed. Communication Yearbook. 2nd ed. New Brunswick, NJ: Transaction Books, 1978.

[49] Winter J P, Chaim H E. Agenda setting for the civil rights issue. Public Opinion Quarterly, 1981, 45: 376 – 383.

[50] Xing X, Chalip L. Effects of Hosting a Sport Event on Destination Brand: A Test of Co-branding and Match-up Models. Sport Management Review, 2006, 9: 49 – 78.

[51] Yang S X, Sparks R, Li M. Sports sponsorship as a strategic investment in China: perceived risks and benefits by corporate sponsors prior to the Beijing 2008 Olympics. International Journal of Sports Marketing & Sponsorship, 2008, 9 (10): 63 – 78.

[52] Yin K R. Case study research: Design and methods. London: Thousand Oaks, 2008.

第4章 体育赛事的经济影响与规则

【学习目标】
- 了解体育经济全球化的三个层面
- 掌握大型体育赛事质量提升的三个驱动因素
- 了解将体育赛事发展成职业联赛所需要的规则
- 深入了解体育竞赛的财务规则
- 了解全球体育人才（劳动）市场的管制

4.1 引言

在过去20年左右的时间里，经济全球化已遍布全球各个体育经济市场。各种大型体育活动，无论是国家队、体育联赛中的球队还是运动员个人之间的对抗赛，都已经完全实现了全球化，我们甚至可以说，任何体育赛事只要通过电视转播都可能实现全球化。在这样的背景下，一些重要的关系被更多地联系在一起。这些联系包括两个方面：一是体育经济的媒体曝光率和商业化程度之间的联系，二是市场营销与通信和赛事管理之间的联系。

第一种关系是，为了给通信、市场营销和赞助提供极好的基础，举办一场体育活动必须要有最大规模的观众群体——观众人数达到数百万乃至数十亿。一场体育赛事只有当播放给数以百万计的电视观众观看后才有可能达到如此规模。以前电视体育是在体育场或竞技场现场观看体育活动的衍生产品，现在已演变为核心产品，而亲身前往体育场观看比赛则演变为次要产品。通过比较媒体曝光的体育竞赛、体育联赛和体育团队的门票预算收入与电视转播权之间的相对份额，可非常明显地发现这一点。第二种关系是将体育赛事及其形象与贸易品牌、特定产品和生产企业联系起来。在这里，不仅媒体曝光度十分重要，体育节目的质量以及销售给赞助商和观众的形象更起了决定性作用。

按照经济常识，人们可能会相信市场竞争本身会为观众筛选出最好的体育赛事或节目，并且会充分激励每个体育赛事的组织者在竞争中不断地提升质量。但深入的经济分析显示事实并非如此，而是留下了一些调控的余地。后者是保证举办的体育赛事的品质以满足球迷、现场观众、电视频道观众、赞助商和其他经济中介的要求，从而吸引他们为运动赛事提供经费的必要条件。

在给出这些关于体育经济全球化的证据后，本章将谈及提升体育赛事质量最重要的驱动因素——结果的不确定性、不可预测性和吸引力。因为质量的好坏将直接对体育赛事寻找买家、赞助商期望的产品销售额以及赛事财务造成影响。各项规章制度需根据体育赛事的类型（单一运动或多项运动，淘汰赛或循环赛）、组织形式（是否联赛）、收入分配（所有团队共享或独立运动员共享）、体育人才的招聘和变换（尤其是职业体育赛）以及在某个具体赛事中普遍通用的比赛规则来发挥作用。规则在很大程度上取决于每个体育赛事的性质。从全球层面上来讲，体育赛事可能会集聚世界不同国家的几乎所有的运动（如奥运会），服从给定运动规则的所有国家队（如足球世界杯）或者所有参与的国家最好的俱乐部团队（如欧洲冠军联赛）。一个国家的体育比赛——虽然严格来讲只是国内的比赛——通过广播也可以变成一个全球性的赛事（例如，欧洲主要的职业足球冠军联赛）。这几个例子表明，面对上述四个全球性体育竞赛中所遭遇的问题，在（体育）比赛规则、体育竞争对手之间的财力差距以及体育人才的分配等方面的确需要加以管理。

4.2 体育经济的全球化

没有其他任何事情能够像体育的经济核算那样达到世界或国际先进水平（Andreff，2010a）。主要全球体育市场经济的"规模"如下。

① 提供所有体育产品和服务的全球市场：5500亿～6000亿欧元。
② 全球足球市场（所有有关的产品和服务）：2500亿欧元。
③ 全球运动产品市场：1500亿欧元。
④ 全球国际体育用品贸易：300亿美元（M. & W. Andreff，2009）。
⑤ 全球体育赛事电视转播权市场：600亿美元。
⑥ 全球体育赞助市场：180亿欧元。
⑦ 全球兴奋剂市场：60亿欧元（2006年）。

体育经济全球化的原因如下：第一，带薪假期的延长以及经济最发达的国家包括最近的一些新兴市场国家闲暇时间的增加。在这些国家，休闲度假市场迅猛发展，其中包括以报道相关体育赛事为主的体育节目的增加。第二，体育赛事的电视广播的普及。体育赛事的电视广播起源于欧洲电视网，经过半个世纪的时间，已逐渐演变成世界广播。在这种趋势下，自从大型体育赛事向全世界所有人开放后，市场发达的经济体就不再是唯一一个可以传播体育形象的特权市场。最后一个重大演变是新的信息和通讯技术的出现——从互联网发展到网络摄像头和手机——体育形象因此能被即时传播到世界各地。

第 4 章 体育赛事的经济影响与规则

体育经济全球化的第一个表现是国际大型体育活动的组织。如果我们以过去 10 年内不断增长的参赛国家和运动员的数目来评定的话,现代奥林匹克已经越来越国际化(表 4-1)。国际体育联合会通过举办世界锦标赛而参与到促进大多数体育规则全球化的过程中来。集合了欧洲足球冠军联赛等体育俱乐部的国际体育竞赛也有助于全球化趋势的推动,它见证了长期以来国际大型体育赛事数目的快速增长:1912 年 20 场,1977 年 315 场,1987 年的 660 场,2005 年 1000 场(Bourg & Gouguet, 2005),即平均每天大约有 3 场国际体育赛事。

表 4-1 夏季奥运会和世界杯足球赛的全球化

夏季奥运会					世界杯足球赛			
年份	国家总数	运动员总数	运动项目总数	电视转播权收入(百万美元)	年份	国家总数	累计观众数(十亿)	电视转播权收入(百万欧元)
1984	140	6797	221	287	1986	109	13.5	31
1988	159	8465	237	403	1990	103	26.7	66
1992	169	9368	257	636	1994	129	32.1	77
1996	197	10310	271	898	1998	163	24.8	94
2000	199	10321	300	1332	2002	187	28.8	908
2004	202	10500	301	1493	2006	181	26.3	1048
2008	204	10942	302	1737	2010	204	26.0	2100

资料来源:IOC et FIFA。

说到体育赛事的电视广播市场,那绝对是全球性的。全球大型体育活动会在很多国家播出:其中足球世界杯和夏季奥林匹克运动会在 220 个国家播出,世界摩托车锦标赛在 208 个国家播出,一级方程式锦标赛在 206 个国家播出,世界田径锦标赛在 200 个国家播出,法国网球公开赛在 195 个国家播出,橄榄球世界杯在 180 个国家播出,环法自行车赛在 170 个国家播出。环法自行车赛累计电视观众数约达到 10 亿人次,足球世界杯电视观众人数达 250～300 亿人次,而 F1 赛季超过了 500 亿人次。电视节目深化了体育学科之间的差异:在所有体育运动中,足球在电视媒体前曝光的时间最长并且还在持续增长,这正是我们在本章节重点关注它的原因。体育电视节目的全球化扩大了体育赞助的规模,即全球化。全球大型体育赛事的赞助商通常是运动设备行业和其他行业的跨国公司(MNCs)。那些能够定期取得欧洲比赛资格的体育俱乐部也已逐渐转变为跨国公司(Andreff, 2010b)。

由体育俱乐部,而不仅仅是由国家队打造的各种高品质赛事,通过日益广泛的国际运动员转会过程促进了高水平体育人才的全球化。转会市场在 1995 年博斯曼案件后就完全放松了管制，更由于马拉娅（Malaja）、科尔帕克（Kolpak）和思米腾科（Simutenkov）案件的发生以及欧盟和ACP（亚洲—加勒比—太平洋）"科托努协定"（2001）的签订，所有运动、所有大洲都已撤销管制规定。在某些国家，体育运动的规则监管机构可能会难以控制转会平衡——国内交换到国外的球员与从国外交换到国内的球员数量之间存在差异——正如21世纪前夕法国职业足球赛中发生的情况一样。在避开了2001年国际足联制定的关于禁止18岁以下球员转会的规则后，一个专门为青少年球员（18岁以下）设置的无规则市场也实现了全球化。技术的国际转移也发生在全球化的运动中。例如，经过长时间的发展，关于如何分配球场上足球运动员的各种不同技术（战术）应运而生，原本是4-2-4，然后改变为4-3-3，而现在是4-4-2和4-5-1。巴西国家队引进4-2-4的战术并且赢得足球世界杯比赛后，这种战术开始被其他国家所认可（转移至其他国家），并在20世纪60年代盛行。1962年，巴西使用4-3-3的战术夺得世界杯冠军，随后这种战术又被其他许多队伍采用，并在20世纪70年代期间盛行。从那之后，更多的防守战术应运而生（Andreff & Raballand, 2010）。库珀、西曼斯基（Kuper & Szymanski, 2009）以希丁克和其他一些在国际足坛非常知名的教练为例，阐释了他们如何把欧洲主要俱乐部球队所使用的详尽的足球技术传播出去。这些技术被应用到不同的国家如韩国、日本、土耳其、中国、澳大利亚和俄罗斯。并且，由于这些技术的应用，上述这些国家极大地提升了他们的足球成绩。

最后，体育经济的全球化被那些参与一种地下体育经济的人所利用，这种地下体育经济以会计和金融平台为基础，创造盗用公款、操纵比赛、腐败、洗钱等方面的机会。许多运动在实现全球化后，更多地转向这种犯罪行为（Andreff, 1999 & 2007a）。在本章，我们不会重点关注这些体育运动中的财务犯罪行为，因为它永远不会繁荣，它的出现是因为全球化使其有了在世界各地移动从而逃离监控的机会。相比体育经济全球化的其他方面，这更能引发以监管来维护体育赛事的道德品质的问题。

4.3 全球大型体育赛事驱动因素

现在我们从全球大型体育赛事的基本要素方面对其进行检验，而这些基本要素保证了体育赛事的质量：① 体育竞赛的形式及其组织对结果的不确定性有重要影响；② 收益共享对竞争平衡和运动员招募（即球队质量）至关重要；③ 在某个特定的体育运动中执行的比赛规则对比赛的质量、体育竞争和得分具有决定性作用。受本章内容的限制，我们不可避免地要挑选几个大型体育赛事加以分析，其中包括夏季奥运会、国际足联世界杯、欧洲冠军联赛以及欧洲五大国家（英国、法国、德国、意大利和西班牙）足球联赛。所有这些大型体育赛事包含上文所提及的全球化的各个层面。但是，它们的规则各不相同。

　　夏季奥运会实际上是一场全球性的对抗赛，最顶级的运动员以及所有国家都会参与其中，它包含了大约300个不同的奥林匹克运动项目。除此之外，其所具备的运动多元化以及集中最重要的运动项目等特性是奥运会对电视观众和赞助商形成吸引力的主要源泉。奥运会有时还被用来评估一个国家的相对实力（例如东德和苏联在政治和媒体上对奥运会的利用）。虽然对于每位参赛运动员而言，结果确实具有不确定性，但奥运会运动多元化的特点使得各个国家的体育成绩相当具有可预测性，在一定范围内，它们很大程度上取决于国家的大小（人口）和经济发展水平。夏季奥运会的设计结合了淘汰赛和排位循环赛两种形式，排位循环赛即在团体运动中，每一个团队都要与所有种子球队竞赛。第一种情况，结果的不确定性得到保证，并随着每一位竞争者的淘汰而有所发展。第二种情况，对手如何安排球员（随机的或者有目的的安排头号种子选手）将影响结果的不确定性、竞赛比分以及因此而形成的对观众的吸引力。在各个国家队之间的展示中，我们可以看到奥运会奖牌分布极不均匀，这对于发展中国家来说很不利。已有经济计量模型（Andreff，2001）表明有两个变量在解释这样的分布方面起着至关重要的作用，这两个变量即人口和居民人均GDP。标准模型（Bernard & Busse，2004）在此基础上引入了两个其他变量，以提高其对每个国家奖牌赢取数的解释力度：一是从举办奥运会的过程中所获得的利益；另一个是国家的政治体制，例如，社会主义国家体制对赢取更多奖牌有帮助。在更深入的研究模型中，我们增加了另一个变量，旨在捕捉不同的世界经济区域之间存在的体育文化差异（Andreff，2008）；对每个国家奖牌赢取数的估计目前仍在持续改进中，而这一模型已经能够对北京奥运会奖牌总量的88%做出正确的预测（Andreff，2009）。因此，夏季奥运会只有12%的不可预知性，所以对于每一个国家而言，比赛结果并不具有很高的结果不确定性。在奥运会中，结果不确定性仅仅适用于每个运动员以及每个体育项目。这是因为当一些完全不同的运动被集中在一个世界性的大赛中时，人口和经济变量决定了一个国家的比赛结果，因为这些变量体现了每个国家调动资源以赢得奖牌的经济（人口）能力。

　　我们是否可以设想有这样一个规定，它可以增加发展中国家占奖牌赢取总数的份额？答案如同问题本身一样是不可能的，唯一而又彻底的手段就是将发展中国家转变成为发达和富有的国家。到目前为止，无论动机如何，无论用何种规定，这个目标都未实现。因此，只要全球经济发展是不平衡的，那么在奥运会中完全平衡的比赛就不可能存在。另一方面，世界上的每个国家都必须能够参加奥运会，即使它们没有任何赢得奖牌的机会，这是很正常的。一些最落后和最贫穷的国家甚至缺乏必要的经济资源参与比赛。他们通常会得到国际奥委会奥林匹克团结基金的经济援助，即使他们运动员的水平没有达到奥运会的最低要求，也可能会受邀参赛。这样的规定旨在通过适当调整使所有国家都有参加夏季奥运会的机会，但它对奖牌集中分布在由最发达的国家和一些新兴国家所组成的大约 40 个国家中这一现象没有任何影响。其他一些规定（Chappelet & Kubler-Mabbott, 2008）是为了保障奥运会在可预见的情况下正常运转，这些情况包括运动员和他们国家的体育联合会（国际体育仲裁法庭，CAS）之间的关系、兴奋剂检测（世界反兴奋剂机构）以及维护奥运会公德（国际奥委会道德委员会）。如果奥运会缺少某一项规定，那么就需要在运动员转会（40% 的案例由 CAS 处理）和入籍的规则中寻求支持。

世界杯足球赛是由各个国家队共同参与的单项体育世界杯和锦标赛的典型。它开始于国际足联按地理区域划分进行的资格淘汰赛（如欧洲足球联赛，UEFA；南美足球联赛，CONMEBOL；北美及加勒比海足球联赛，CONCACAF）。然后，参赛队伍在世界杯的第一轮被召集形成种子团队，这些团队中的每支球队都要与其他所有种子球队进行小组循环赛。从 1/8 决赛开始，每支球队需要通过淘汰赛打败其他队伍来获得继续比赛的资格。国际足联采取主要的、最受欢迎的球队（潜在的决赛冠军）之间不进行对抗的方式来编排团队比赛，最受欢迎的球队将成为最顶级的种子球队。据证实（Monk & Husch, 2009），成为顶级种子球队有助于提升球队的比赛结果——在有 32 个参赛队伍参与的决赛中，其排名平均将提高 5 个名次（冠军排名第一，参与决赛的选手排名第二，其他球队则根据他们的相对表现依次排名）。因此，世界杯足球赛为了增加比赛结果的不确定性，降低了第一轮比赛中种子球队之间竞争的公平性，而在后面的第二轮比赛（淘汰赛）中更注重保证夺冠热门球队之间的公平性。但是，这并不能排除一些意外（令人惊讶的比赛结果）的发生，如 2010 年世界杯足球赛中，法国和意大利早在第一轮比赛中就被淘汰了。

尽管种子球队之间的公平性有所欠缺，世界杯足球赛的确比奥运会提供了更多不确定的、更让人惊喜的比赛结果（Torgler, 2004；Paul & Mitra, 2008）。我们以最近的 2010 年世界杯足球赛为例证实了上述经验论据（M. & W. Andreff, 2010）。我们通过对半决赛的决定因素进行经济计量估计所得到的预测模型仍没有表现出良好的预测能力——4 个 1/4 决赛获胜者中只准确预测到了 2 个。与奥运会相比，造成这种较低的可预测性的基本原因有两个：① 对一个国家而言，在奥运会上某些体育项目奖牌的意外丢失与其他项目奖牌的意外获得之间可能会相互补偿，这在一些重要的国家是经常发生的事实；而这在国际足联世界杯上是不可能发生的，因为它是一个单项比赛。② 一个国家队在某个单项运动世界锦标赛中的表现不是或者主要不是由经济变量决定的。一个国家可能将所有的经济和人力资源集中分配到一项运动中，比如足球（或其他任何体育项目），而另一个国家并没有将资源分配给足球，足球完全独立于其经济发展水平、人口或政治制度。在这里，一个国家的体育政策具有重大的影响，尽管到目前为止没有经济学家对此进行实证（经济计量）检验。

除了国际足联规定的将比赛按地理区域进行划分、选拔顶级种子国家队以及在决赛的第二轮比赛中所有种子队所属国家并不完全是随机排列等方面外,世界杯足球赛还需要其他更多规则吗?按常理推断,似乎完全没有必要,因为世界杯足球赛的最终结果常常会因为大量的令人惊奇的(出乎意料的)比赛成绩而相当不确定、不可预知,这些出乎意料的比赛成绩更是导致了世界杯足球赛的电视收视率比夏季奥运会更高。在2010年的世界杯足球赛中,非洲和亚洲的国家队在争夺总决赛第二轮比赛资格的过程中展示了一个正逐步改善的竞争平衡机制。竞争平衡机制的改善不仅仅是由于世界杯新的地理区域划分规则,也考虑到主办国所在大洲的不同(不是东道国南非,而是加纳获得2010年世界杯第二轮比赛的资格)。

世界杯的监管问题也涉及一些别的方面:足球运动员在国际劳动力市场转会后,国家队能够成功使他们所选择的运动员被外国俱乐部放行吗?虽然所有的(包括外国的)俱乐部迫于国际足联的规定必须放行那些被挑选为国家队的球员,但并不总是那么容易。俱乐部会无偿放行球员吗?如果不是,需要收取多少费用呢?如果大量挑选外籍球员,那么国家队之间的实力比拼还真实吗?例如,卡塔尔国家足球队中没有土生土长的卡塔尔人,只有从巴西、摩洛哥、非洲等归化的新卡塔尔人。由于国际运动员转出和转入国籍问题远远超出了世界杯足球赛的情况,我们将在下文中进一步讨论规范运动员市场(和国籍)的相关问题。

欧洲足球冠军联赛(欧冠)与世界杯足球赛有着相同的比赛模式,首先是资格赛阶段,然后是小组赛阶段,最后是主客场淘汰赛。整个赛季似乎比世界杯更能吸引电视观众。然而,在相关规则方面,这两个体育赛事还是有区别的,因为欧洲足球冠军联赛是体育俱乐部球队而不是国家队之间的对抗赛。博斯曼事件后,不再有国籍上的规定迫使球员必须到指定的队伍参加冠军联赛,这件事并不像世界杯足球赛中国籍球员转会的影响那样受人关注。2008年,参与欧洲足球冠军联赛的球员中,有107名巴西人,34名阿根廷人,72名法国人(但不是全部注册在法国俱乐部)……只有30名英国人,尽管英超球队(包括胜利者曼联)在冠军联赛中占统治地位。

欧洲足球冠军联赛中每一场比赛以及整个赛季的静态结果都具有较高的不确定性,相较于英式橄榄球 H–Cup 和欧洲篮球联赛,更是有旗鼓相当或者更高一筹之势(Scelles,2009)。另一方面,如果从动态的角度来看整个欧洲足球冠军联赛,我们会发现其结果的不可预测性并不是很高。自1993年以来,四家俱乐部(曼联、皇马、巴萨、AC米兰)在欧洲足球冠军联赛中获胜的总次数是过去18年的10倍。在举办过的所有比赛中,他们拿走了其中56%的冠军头衔。他们分别是世界上排名前三(曼联、皇马、AC米兰)和第七的(巴萨)最富有的足球俱乐部。其他一些指标进一步确定了这种高集中度。1999—2007年,来自英格兰足球超级联赛(英超)的两个俱乐部(曼联、阿森纳)分别参加了9次冠军联赛,另外两个俱乐部(切尔西、利物浦)参与了6次;三个西班牙俱乐部分别参加了9次(皇马)、8次

（巴萨）和 6 次（瓦伦西亚）；在意大利，AC 米兰参与 8 次，尤文图斯和国际米兰分别参与了 6 次；在德国足球甲级联赛（德甲），拜仁慕尼黑参与 8 次；在法国，法国足球甲级联赛（法甲）里昂参与 8 次。而且，参与冠军联赛的俱乐部 80%与上一季相同，尽管从制度上来说这是一个开放的联赛，但在实践中似乎变得有些封闭。

欧洲足球冠军联赛的电视转播权收入会在参与者之间进行分配，除了这一规则外，最富有的欧洲俱乐部每年还都会接受欧洲足球协会联盟（欧足联）税收补贴，这更进一步加深了与较不富裕的俱乐部之间的财务差距。每年，曼联、阿森纳、切尔西、利物浦、皇家马德里、巴塞罗那、瓦伦西亚、塞维利亚、AC 米兰、国际米兰、尤文图斯、罗马、拜仁慕尼黑、云达不莱梅、沙尔克 04、里昂、波尔图、PSV 埃因霍温等球队在欧冠联赛中可获得的财务收入大概在 2000 万～5000 万欧元。它促使这些富有的俱乐部形成了一个良性循环：他们可以招募更多球员，从而提高其在欧冠联赛下一个赛季的出线机会，进而变得更富裕，再招募越来越多的球员，如此循环往复。但是，对于欧洲大多数俱乐部来说，这变成了一个恶性循环：他们没有资格参加欧洲冠军联赛，导致收入增加得越来越少，球员招募也越来越困难（Andreff，2009）。

因此，这里有两个问题需要合理的补充规定：① 财务收入集中在少数俱乐部身上，这已成为影响欧洲冠军杯比赛结果的太过明显的决定因素，如何应对欧洲俱乐部之间贫富不均的现象，以确保一场比赛结束的时候其结果的不确定性不被破坏呢？这是一个值得思考的问题。② 俱乐部在欧冠联赛中的良好表现会破坏国家级联赛中的竞争平衡，深化财务的不平等，因此国家级联赛越不平衡，它的顶级俱乐部在欧洲足球冠军联赛中表现良好的机会就越高（Andreff & Bourg，2006）。"大五"俱乐部——那些通常排名最好的俱乐部——累积在一起的收入是英超联赛的 50%，是欧冠联赛总收入的 10%。在比利时和葡萄牙等国家举行的一些小型联赛中也可以看到类似的集中现象（Gouguet & Primault，2008）。法甲联赛在欧洲五个最大的国家级足球联赛中最为平衡，因为法国俱乐部（里昂除外）在欧洲级的足球比赛中获胜的次数并不多，所以他们赚不着那些使他们能够不断获得全国冠军头衔的财政收入。电视观众会追随那些因为体育比赛获胜使财务更加集中从而获得飞跃提升的球队多久呢？因为欧洲足球冠军联赛对国家级联赛的财务干扰，冠军联赛迫切需要建立一个对俱乐部财政问题的关注超过体育本身的规则。

4.4 职业联赛规则

北美主要职业体育联赛的名声和电视观众的影响范围远远超出了美国和加拿大地区，他们的比赛在世界许多国家转播。一些欧洲职业体育联赛也出现了同样的现象，如英格兰足球超级联赛、西班牙足球甲级联赛（西甲）、意大利足球甲级联赛、德国足球甲级联赛（德甲）以及法国足球甲级联赛等。一种研究职业团队体育联赛的经济理论就规则问题做了相关说明。自霍迪尼和夸克（El Hodiri & Quirk，1971）针对北美非公开联赛进行研究后，这个理论被密封在 Walrasian 均衡模型中。在这里我们将着重解决一个问题：该理论是如何适用于欧洲公开联赛的，例如上文中提到的那五个联赛？

4.4.1　北美封闭联赛

在北美存在一系列制度规则规定了主要的职业团队体育联赛如 MLB（美国职业棒球联赛）、NFL（美国橄榄球联赛）、NBA（美国篮球职业联赛）以及 NHL（美国冰上曲棍球联赛）等应如何组织、规定和管理，这些规则可总结为 11 个"典型事实"（Andreff，2007b；Szymanski，2003）：

（1）每一个北美职业团队体育联赛都是一个独立的组织，它们由于经销权的出售产生了进入壁垒而被封闭。只有当新加入球队的市场以及它的定位被联盟理事会评估为有利可图时，通过支付特许加盟费才有可能进入这个封闭联盟。此外，进入一个联盟还必须由现任球队中有一定资格的大多数球队投票赞成。

（2）在一个封闭的联赛中，球队的数量和身份是确定的。在进入和退出联赛（产业）的过程中并不存在经济方面的竞争。从较低级联赛提升至较高级联赛（部门）的路径不会出现在封闭的联赛系统中，因为大联赛由上到下都已封闭；同样，一个自上而下至较低级的联赛的路径也不会出现。对现存联赛的进入壁垒绝望的俱乐部所有者们，会创造一个可与之竞争的同种运动的大联赛，这可能是一个封闭联赛唯一需要面对的竞争威胁。自从 4 个北美大联赛成立以来，目前已有 13 个竞争联赛兴起，其中有 7 个与 NFL 竞争，3 个与 MLB 竞争，2 个与 NBA 竞争，1 个与 NHL 竞争。两个处于竞争地位的联赛主体经过多年的竞争之后往往会合并，美国议会往往会同意他们的合并请求，而免予反托拉斯法的制裁。

（3）在一个封闭联赛中，球队享有一定区域内的绝对独占权，在那里它是唯一（在某一职业运动）一支被允许组织大联赛比赛的球队。因此，每一支球队对于它所处的当地市场都具有垄断权。如果当地市场不再有利可图，该球队在联赛许可的情况下可以转移至另一个城市。从成立之初到 2005 年，在 4 个北美大联赛中有 48 支球队已重新安置（NFL 7 个，NHL 9 个，MLB 12 个，NBA 20 个）。因此，俱乐部的流动性是水平的、地理的，而非像欧洲联赛那样在高低部门之间垂直流动。

（4）竞争平衡被期望于通过劳动力市场管理来实现。一个封闭联赛往往会限制招聘规则和运动员的劳动力流动，因为它对人才劳动力市场具有垄断力量。早在 1879 年美国职业棒球大联盟就引入了一项保护条款，以禁止任何球员在没有球队所有者允许的情况下从球队退出，这一情况最早出现于棒球运动中。从 20 世纪 70 年代起，经过一些劳动力冲突（殴打和罢工），老运动员可以在某个大联赛中打球超过一定年限后获得自由球员身份。然而，加入联赛的新人（年轻人和外国球员）是专家根据他们在新手选秀中的运动表现进行排名后挑选出来的。

（5）新法案也可起到反顺序完成草案的功能。如此，职业联赛组织便是北美唯一的代表机构，球队只有有限的权力来选择将要雇佣谁。多数球队的所有者认为这样的限制对于平衡团队之间的体育比赛来说是十分有必要的。所雇佣的运动员也同样受名册定额的数量限制。

（6）在封闭联赛中，对球员尤其超级巨星来说，其流动性更为有限，现金交易受到限制或禁止（NFL从1960年起，MLB从1976年起）。球员队际转移的形式主要是以物易物，因雇佣同一个球员而产生球队竞争的可能性几乎为零。

（7）在封闭联赛中，球员的工作环境和薪水是俱乐部所有者与球员工会集体议价的结果。一些联赛组织（NBA在1983年，NFL在1994年）在交涉"工资帽"的过程中获胜。"工资帽"制度被一些俱乐部所有者提倡，他们视其为避免超级巨星集中在富裕球队，从而保持竞争平衡的一种有效方法。同时，这也成为联赛保持劳动力买方市场垄断的有力杠杆。在某些联赛中，奢侈品税有助于其内部的收入调节。

（8）在联赛层面上联营电视转播权销售，并将收益在球队之间进行再分配，是封闭联赛普遍使用的做法。这种垄断力量也因此保证了联赛衍生产品的市场，如电视转播比赛。职业团队运动在美国享有垄断地位，在这一产业中，从体育广播（1961）开始，一律免除反垄断法的实施。从门票、赞助和商品中获得的收入同样会被联营并进行再分配。当地电视转播收入是唯一一个不被联营和再分配的项目。

（9）美国绝大多数的体育团体都不是股份制。在股份制企业中，股东的份额会随股份交易而随时变动，美国橄榄球联赛禁止股票买卖。俱乐部的所有者也不愿自己被来自股票市场的外来者并购。这也成为他们设置的有关封闭联赛的又一进入障碍。

（10）通过成为一个联赛垄断组织，封闭联赛可使其收益最大化并可与整个团队分享收益。因此可以假设，北美职业运动球队的目标功能是实现收益最大化。尤其是对一支不再处于比赛行列中的球队来说，这一财务目标将比取得比赛胜利更加重要。

（11）由于封闭联赛以收益最大化为目标，对体育人才的投资只有在其增加的收益大于成本时才会进行。小市场球队因为缺乏利润激励机制，不能建立有竞争力的团队，因而不能使联赛收益最大化。这可证明大市场球队资助小市场球队的正确性。

4.4.2 欧洲开放联赛

在欧洲职业团队体育联赛，例如足球联赛中，一个开放的联赛组织可被解读为11个"程序化事实"（Szymanski，2003；Andreff，2007 b）：

（1）在欧洲体育运动中，职业联赛往往会融入全球等级的管理体系中，该体系的顶层是国际体育联盟,其内部包含了每一个国家的全国体育联盟。大多数国际单项体育联盟禁止在同一个国家针对同一运动项目建立不止一个大型联赛。

（2）基于胜者升级、败者降级的系统,联赛的比赛结果每年都会对新进入的俱乐部公开。俱乐部的流动性并非是地理的,而是随着层次（在上级和下级之间）垂直流动的。这取决于俱乐部的体育绩效。一个起源于最低级的业余俱乐部,如果有当地财政的支持,可能会由于它的胜利而爬到超级联赛的水平,还有可能达到参与欧洲级比赛的资格。这种进入是免费的,俱乐部无需为这种特权支付任何费用。新进的俱乐部必须有财务担保。退出的俱乐部数量与进入的俱乐部数量相等,这保证了参与联赛冠军争夺赛的俱乐部数量上的稳定,但是各个俱乐部的身份（提拔与降级）从一个赛季到下一个赛季正逐步发生变化。

（3）把实力最弱的俱乐部进行降级处理,将其替换为较低级别联赛中最强的俱乐部,虽然效果有限,但是借助这一举动,公开联赛系统已成为体育力量的自动平衡机制。同时,它也具有激励机制的功能。考虑到俱乐部在下一个赛季中的未来,他们会做巨大的努力以便在高度竞争的比赛中免受处罚（降级）,或者赢得奖励（包括晋级、获得欧洲赛资格）。与美国封闭联赛相比,没有激烈竞争的比赛要少很多,只有当两个排名中等的团队交手时才会出现没有升级或降级的情况。

（4）在联赛中,每个俱乐部既不具有地域排他性,也不具有在其所在市场上的地方垄断性。

（5）直至1968年,俱乐部均要求球员签订终身劳动合同,这限制了球员的缔约自由和流动性。1995年,博斯曼案件废除了那些阻碍球员自由选择劳动力市场的所有限制,以确保符合罗马条约中有关球员可在欧洲联盟（欧盟）内自由流动的规定。球员与俱乐部老板之间的关系目前被固定期限劳动合同所约束,作为球员缔约自由的凭证,合同保证了整个赛季俱乐部人力资源暂时的稳定性。在公开联赛中,没有新秀草案或名册限制等说法。此外,博斯曼案件还废除了国家球员配额制（1995年足球队员的6/11）,每个俱乐部不得不遵守这个制度以保证其团队可参与官方体育竞赛；同时,它也废除了对球员招募数量方面的有关限制。球员转会将被支付现金,物物交易或球员贷款这两种方式并没有过多使用。

（6）劳动力市场管制的解除引发了较高的球员流动性,巨星尤其如此。球员们从一个国家的主要或次要联赛纷纷转入到另一个国家的任何联赛。团队运动联赛认为体育行业是一个特例（一个非常特殊的行业）,鉴于要避免采用欧洲竞争（反垄断）政策,所以该行业没有那么多的竞争平衡要求；到目前为止,该谈判结果远比不上美国联赛争取免除反垄断法所获得的成功。

（7）球员工会的发展不如美国联赛,集体谈判也不够详尽。除了1900—1961年英国足球使用过"工资封顶制度"外,"工资封顶制度"在欧洲并不是一种常见的做法（Szymanski & Kuypers,1999）。

(8) 在欧洲公开联赛中，电视转播权销售集中在国家层面联合经营，其收入会在俱乐部之间进行再分配。由于欧洲联赛并没有从免除反垄断的过程中受益，他们受到了来自大型俱乐部（有时在法庭被一些俱乐部起诉）的压力，那些俱乐部期望获得电视转播的个人所有权。在希腊、意大利、葡萄牙和西班牙，足球俱乐部已被授予了这种所有权。在其他欧洲足球联赛中，电视转播权的再分配标准也已得到改善；俱乐部之间的平等再分配已转变为，收益的分享与比赛结果以及俱乐部的媒体名声相挂钩（Andreff & Bourg, 2006）。在欧洲足球联赛中，主办方和参与方俱乐部之间已不再共享门票收入。

(9) 对俱乐部首次公开发行股票无任何限制。法国是废除股票交易中禁止浮动俱乐部占有股份这一条例的最后一个欧洲国家（Aglietta, et al. , 2008）。然而，俱乐部财政都是独立的，他们对自己实施的预算各自负责。

(10) 由于俱乐部的目标是晋级或避免降级，因此他们的目标是（体育运动）在预算的约束下取得最大化的胜利。与追求利润最大化的封闭联赛相比，这种投资于运动人才的激励机制更为强大，如果没有预算的约束，其影响力将是无限的。对运动人才的过度投资驱使欧洲俱乐部招募大量球员，超过了他们实际需要的人数以及美国球队必须遵循的名额限制（名册）。

(11) 晋级/降级系统和取胜最大化的目标为俱乐部的军备竞赛铺平了道路（Sanderson, 2002），每个俱乐部都试图在赛季的前夕招募到世界上最好的球员，以改善其与比赛对手的相对实力情况；反过来，对手也将被煽动支付更高的价格。因此，各个俱乐部对人才的需求是过剩的，因为所有俱乐部的目标都是赢得同一场运动比赛。然而，当一个俱乐部尝试利用所有可能的方式来获取相对于竞争对手的优势时，对额外球员招聘的投资是没有效率的。因此，所有的俱乐部为了保持自身的竞争力不得不采取相同的措施。这样的投资只有在绝对质量（不是一场比赛中两队之间的相对质量）领先的情况下才具有社会效率（Lazear & Rosen, 1981）。在这场军备竞赛中，虽然只有少数的胜利者（升级的俱乐部，他们有资格参与欧洲级的大赛），但费用的增加——工资和转会费上涨——却是必然的，更是普及到了所有的俱乐部，利润最大化也不能减缓其发展速度。

4.4.3 封闭联赛与开放联赛的比较

霍迪尼等人（El Hodiri, et al. , 1971）使用了一个包含两个球队的瓦尔拉斯经济均衡模型进行研究，结果表明：在封闭联赛中，趋向平稳的体育优势与球队利润最大化不兼容。这里的关键假设是每个球员具有给定数量的禀赋，其中超级巨星的禀赋要比其他球员的更多一些。禀赋的总量转化为获胜的百分比，对于每个球队来说，这个百分比也同时取决于它的竞争对手所拥有的人才数量。假设一个人承担着固定的禀赋供给量（Fort & Quirk, 1995），球队所有者可使下面这一外部因素内部化：如果他们多招聘一个人才单位，联赛的其他球队便少了一个可供选择的人才单位，这样在竞争力方面存在的不平衡状况将会拉低联赛的整体收入。在这些假设条件下，每个球队将不断招募人才直到禀赋的边际收益等于它的边际成本。从平衡的角度来看，大（市场）球队要比小（市场）球队招收到更多的人才，竞争态势并不平衡。在封闭联赛中，经济均衡产生竞争不平衡。如果达不到足够的竞争平衡度，体育爱好者将对联赛的冠军争夺赛失去兴趣。因此，为了减少竞争的不平衡，球队所有者限制球队招募人员的理由并不是毫无根据的。然而，从买方垄断者的角度来看，劳动力市场的控制力来自于球队所有者对球员的开发。

因此，在封闭联赛中，引进任何规则的一个主要理论基础是更趋近竞争平衡。球队之间的收入再分配，无论是基于共享门票收入或电视转播权再分配，其目的都在于缩小体育力量之间的差距，保证小球队的财务可行性，但是它会降低平均工资，并会使大球队失去投资于人才方面的激励机制。工资封顶制度使得人才在各个球队中分布更加不均匀，降低了工资水平，增加了所有者利润。由于新的经济平衡与追求利润最大化的市场均衡产生了分歧，工资封顶制度带来的工资损失要比利润增长大得多（Kesenne，2007）。由此得出，工资封顶制度降低了整个联赛的收入。

在收集到的所有实证证据中，我们并不能完全证实封闭团队体育联赛的瓦尔拉斯均衡模型。北美四大联赛中最不平衡的 NBA（表 4-2），反而是一个上座人数增长最快的联赛。而在相对最平衡的联赛 NFL 中，广泛的利润分享保持甚至提升了竞争平衡（Vrooman，1995）。在致力于研究结果的不确定性，以求得影响美国封闭式联赛上座率的决定因素的 14 项研究中，其中只有 8 个证实了该模型的假设（Borland & Macdonald，2003）。通过对北美和欧洲的联赛进行比较得出了最矛盾的实证结果。由于较少的管制，后者似乎更接近于完美的经济竞争。因此他们应该比美国联赛更加不平衡。表 4-2 却显示了相反的情况。当面临起诉时，美国体育产业一直使用竞争均势的概念限制经济竞争。然而，竞争均势的概念对于研究欧洲足球来讲并非良策。

表 4-2 在美国主要联赛和欧洲五大足球联赛中的竞争平衡（诺尔—斯卡利指数*）

联赛	1966/1967—1975/1976	1976/1977—1985/1986	1986/1987—1995/1996	1996/1997—2005/2006	1966—2006 年平均值
北美联赛					
美国橄榄球联赛（NFL）	1.70	1.51	1.48	1.54	1.56
美国职业棒球联赛（MLB）	1.78	1.81	1.62	1.90	1.78
美国篮球职业联赛（NBA）	2.71	2.43	2.96	2.77	2.72
美国冰上曲棍球联赛（NHL）	2.42	2.32	1.82	1.74	2.08

续表 4-2

联赛	1966/1967—1975/1976	1976/1977—1985/1986	1986/1987—1995/1996	1996/1997—2005/2006	1966—2006年平均值
欧洲足球联赛					
英超联赛（英国）	1.44	1.46	1.44	1.61	1.49
法甲联赛（法国）	1.22	1.45	1.30	1.30	1.32
德甲联赛（德国）	1.26	1.45	1.35	1.46	1.38
意甲联赛（意大利）	1.46	1.39	1.54	1.67	1.51
西甲联赛（西班牙）	1.21	1.33	1.47	1.38	1.35

* 诺尔—斯卡利指数 $NS = \sigma / (0.5 /\sqrt{N})$ 是指所观察到的胜率的标准偏差 $\sigma = \sqrt{\Sigma i (vi - 0.5)^2}$ 与在理论上达到完全平衡的联赛（其所有比赛为一个独立的获胜概率为 0.5 的二项分布）的标准偏差 $0.5 /\sqrt{N}$ 之间的比值，其中 N 是每支球队参加的比赛场数。NS 越接近 1，联赛越公平。

在公开联赛中，持续几个赛季的财务亏损证明欧洲足球俱乐部的投资持有人没有将利润最大化；俱乐部的所有者只要离开这个行业就可以避免财务亏损，但通常他们会选择留下。封闭联赛的规则略经修改后适用于公开联赛（Késenne，1996 & 2000），同时还提出这样的假设：俱乐部为了使他们获胜的次数（或他们胜利的百分比）最大化，在预算范围内，他们将尽可能多地招聘人才；在解除管制的劳动力市场上，新球员的加入是完全免费的。在这种情况下，一个追求获胜次数最大化的俱乐部对人才的需求比一个追求利润最大化的俱乐部更高。为了招募到更多的人才，前者的招聘开支更多，平均工资更高，竞争不平衡也更深。如果小型俱乐部有短期预算，但人才却不充盈，那么收入再分配能够提升其竞争平衡。在没有收入再分配的情况下，收入共享将会提高平均工资。在公开联赛中，球员可从收益共享中获益。

除了理论模型外，接下来我们将要以之前选择的 4 个体育赛事为例，说明运动、财务以及招聘等规则的改变对比赛可能产生的影响。

4.5 运动规则的调整：案例分析

足球防守战术的发展导致比赛中得分低的比例越来越大，例如 0-0 和 1-0 的得分（Alavy, et al., 2010；Andreff & Raballand, 2011）。在欧洲五大足球联赛中，除了德甲联赛外，得分低的比赛与得分高的比赛（一场比赛中有 4 个或更多的进球）所占的比例差距正逐步拉大。这一演变特征明显地出现在具有最好的竞争平衡指数的法甲联赛中。沿着这一趋势发展下去，足球联赛的平均进球数将呈下滑趋势。此外，任意球得分所占的比例将越来越大，也就是要更加依赖裁判的决定。例如，在2006—2007年度法甲联赛中任意球得分占30%，这与1998年世界杯足球赛中的比例相同。Alavy等人通过实证分析得出，在英超比赛中，1-0的比赛要比0-0的比赛吸引更多的电视观众。

安德里夫（Andreff）和雷柏兰德（Raballand）经过分析得出，得分为0-0和1-0的比赛所占的比例是解释竞争态势和俱乐部地位的两个重要变量。此外，得分低也会影响体育竞赛对观众的吸引力，例如，法甲联赛拥有最少的观众和最低得分，而德甲联赛作为拥有最多观众的联赛之一，其低得分率最低。进球的数量代表着比赛的质量，是吸引球迷和观众的重要组成部分，而贝松（Besson，2008）在关于法国俱乐部核心竞争力的研究报告中忽视了这一层面。

然而，自1995—1996赛季以来，国际足联将取胜后奖励2分的规则修改为3分后，得低分的比例变得相当惊人。新规则的目的是为了增加每场比赛的进球数量，打造更少平局、更有趣以及更具吸引力的比赛。可观测到的低得分比率的上升情况似乎表明新规定还不是足够有效。一些实证测试表明，规则的改变导致了平局的增多（Aylott，2007），0-0平局的减少虽然并不显著（Dilger & Geyer，2009），但可以看到进球平均数的下降（Amann，Dewenter & Namini，2004）以及球场上进攻次数的减少（Hundsdoerfer，2004）。加里夫诺和帕拉西奥斯-韦尔塔（Garicano & Palacios-Huerta，2006）分析得出，3分制规则减少了至少有2分差别的比赛场次，增加了任意球的得分数和有1分差别的比赛场次以及黄牌的数量。这刺激了不公平比赛，所有这些都减少了球迷和观众们的兴趣。布罗卡斯和卡里略（Brocas & Carrillo，2004）基于博弈理论做出了一个关于3分制规则为什么会有反作用的解释。

关于其他可能刺激得分和激发足球魅力的规则的讨论还在继续。安德里夫和雷柏兰德（Andreff & Raballand，2011）建议在法甲联赛的一个俱乐部中试行减少晋级—降级规则，放弃在禁区以外的越位规则，以及引入球员犯规后的暂时罚下规则（像橄榄球和冰上曲棍球赛）。而且，首先要将比赛成绩的奖励分改变如下：胜得3分，平局得1分，0-0平局得0.5分，败得0分。

4.6 体育竞赛的财务规则

体育联赛往往通过收入再分配进行大量的调节活动。欧洲冠军联赛也根据共同责任、比赛成绩和电视观众等标准重新分配财务收入。世界杯足球赛收益共享规则为其引入了一个资金来源，以支持那些成功进入半决赛的球队（Coupé，2007）。每个竞逐决赛的球队平均获得379万欧元（2006）。晋级1/8决赛可再获得159万欧元，进入1/4决赛又可获得额外的190万欧元。另一方面，随着进入决赛程度的增加，显著的财务收益上涨应运而生：进入半决赛可获得额外的633万欧元，接着仅进入总决赛就又有63万欧元，获胜则又会增加127万欧元。

现今，财务规则提出了三个需要明确的问题：① 在足球联赛中收益共享是否能够提高竞争平衡？② 联赛规则是否能够驱动俱乐部平衡财务管理？③ 欧洲冠军联赛是否可以更加平衡，以减少其对国家联赛的不平衡影响？

在欧洲足球联赛中，球迷的出席人数并不与俱乐部在冠军联赛中的地位紧密相关（表4-3）。基尼系数（Gini Coefficients）表明，在意大利和西班牙联赛中，俱乐部的观众出席人数分布并不均匀。一些研究已经发现，就整体收入和工资而言，各个国家足球联赛竞争失衡程度与俱乐部金融财富不均之间存在着重要关系（Szymanski & Kuypers, 1999；Andreff & Bourg, 2006；Gerrard, 2006）。在英国和法国联赛中，与俱乐部地位相关的后两个变量的半对数（Semi-log Regression）回归表现出高度的相关性（表4-3）。"辉煌的比赛，其结果往往具有不确定性"，这句话中所包含的一种民间信仰重回欧洲足球联赛。比赛结果越来越多地取决于俱乐部的收入和工资支出。

表4-3 欧洲足球界各国的财政差距及排名

A：基于俱乐部排名的俱乐部经济变量半对数回归分析

（R^2 的值为回归判定系数）

赛季	参赛国家				
	德国	英国	西班牙	法国	意大利
2004/05	0.05	0.38	0.58	0.02	0.25
2005/06	0.21	0.34	0.42	0.24	0.55
2006/07	0.23	0.23	0.25	0.07	0.28
2007/08	0.28	0.35	—	0.10	0.53

赛季	收益		工资总额	
	英国	法国	英国	法国
2002/03	0.62	0.61	0.60	0.83
2003/04	0.52	0.81	0.47	0.82
2004/05	0.56	0.78	0.39	0.76
2005/06	0.63	0.83	0.56	0.81
2006/07	0.67	0.82	0.57	0.82

第4章 体育赛事的经济影响与规则

B：经济变量分布的基尼系数

赛季	参赛国家				
	德国	英国	西班牙	法国	意大利
2004/05	0.26	0.18	0.30	0.25	0.31
2005/06	0.21	0.19	0.30	0.27	0.35
2006/07	0.24	0.22	0.31	0.27	0.36
2007/08	0.24	0.21	n.d.	0.27	0.26

赛季	收益		工资总额	
	英国	法国	英国	法国
2002/03	0.40	—	0.32	—
2003/04	0.38	0.32	0.36	0.31
2004/05	0.39	0.29	0.36	0.29
2005/06	0.36	0.25	0.33	0.26
2006/07	0.35	0.25	0.28	0.30

资料来源：Andreff, 2009b。

此外，各个国家联赛都希望其最好的俱乐部能够进入欧洲冠军联赛，并且他们愿意支持一个能够选出最好的球队的（晋升/降级）系统。如此，国家联赛加大了整个联赛的财务和运动水平差距。大型俱乐部很快就意识到竞争不平衡对它们极其有利。一个小的欧洲足球联赛的获胜者，如果它想在冠军联赛中有良好表现，就必须先在其国家锦标赛上"特别强大"。那些在欧洲最不平衡的联赛中排名靠前的俱乐部，确实集中赢得了欧洲级竞赛的大量胜利。

另一方面，我们观察到欧洲足球俱乐部并没有严格遵守一个平衡的预算约束，包括法甲联赛中的法国俱乐部（Andreff, 2007c）。尽管他们没有平衡其财务账目的能力，俱乐部依然继续发展自己的活动。预算约束对他们来说是无效的，这是由于一些金融家所支撑的持续救助过程所致，他们愿意承受自己在足球上的财物损失。经常性的财务救助在足球俱乐部中引发了严重的公司治理问题。招聘巨星的军备竞赛造成了工资与转会费的膨胀，而俱乐部只有在赛季末才能知道其招聘战略是否明智，以及能否积累足够的岗位收入来弥补事先的工资支出。因此，治理好俱乐部一直是一个比较困难的工作。一种较为宽松的解决方案是不断地寻找投资者来填补支出与收入之间的差距。该战略旨在软化俱乐部的预算约束，因而更容易在联赛层面上进行管理，因为联赛在足球转播权的供给市场上处于垄断地位。然后，一个对足球联赛来说至关重要的问题是要促进或恢复俱乐部的财务平衡。这些俱乐部被过分鼓动在一个完全放开的全球人才市场上竞争，造成对球员过度需求的紧张形势。

关于大型的西班牙足球俱乐部，阿斯卡里和加格里佩恩（Ascari & Gagnepain，2006）在报道中指出，俱乐部所有者知道 Catalan 和 Castillan 银行总是愿意支付巴塞罗那和皇家马德里所造成的巨额损失，因为他们认为那是真正的国家机构。这些俱乐部的破产不能做简单的设想，甚至根本没有机会出现。意大利足球受益于中央当局对俱乐部财务管理中存在的陋习的宽容（Baroncelli & Lago，2006）。地方当局或赞助商、宽松的银行家以及持有股份的球迷使得俱乐部的预算约束持续软化。大多数欧洲足球联赛和为数不少的足球俱乐部基本上都是蒙混度过了金融危机，这并不是一个奇怪的现象。这就是为什么在公开联赛中会经常提及要对难以执行的财务纪律准备好替代选择：引入封闭式联赛中的相同规则（"工资帽"、奢侈品税、新秀草案）……但是只有当开放联赛系统完全转化成为一个封闭联赛系统时，这才会是一个有效的解决方案（放弃晋级/降级系统，引入进入联赛的报酬等）。

法甲及其俱乐部已经以排名第二的赛绩和相当可观的财务业绩越过了欧洲足球金融危机（Andreff，2007d）。法甲职业足球联赛想提升其作为"欧洲最佳管理联赛"的美誉，并且想在欧洲所有的足球俱乐部中推广它的监管工具。由于其国家监测管理局（DNCG）的有效管理，法国联赛有时甚至被认为是金融危机的例外（Gouguet & Primault，2006）。自 1990 年以来，DNCG 一直是审计法国俱乐部财务账目的机构。尽管有这样一道审计程序，但是许多法国俱乐部在未来将依然深陷于赤字和债务之中。法甲 3/4 的债务来自于供应商的付款拖欠、税务欠款以及延迟社会缴款。付款拖欠的存在是表示公司治理糟糕的一个指数：在 DNCG 监管下，法国无一例外。而在法国之外，即在英国，与 DNCG 在欧洲具有同等基础的金融监管机构却不够有说服力。

我们已经着手对联赛的恶性循环进行一种成功的计量经济学测试（Andreff，2009），在这一恶性循环中，联赛——处于垄断地位——通过协商获得尽可能多的广播电视节目转播权，以资助事后未处理的工资通胀（和超级巨星的招聘），并使俱乐部的财务始终维持在亏损状态。尽管有 DNCG 的监管，但是一些法国足球俱乐部像其他许多欧洲俱乐部一样，依然存在着管理不善的问题，因为考虑到在国家级和欧洲级比赛中取得胜利，对于增加俱乐部收入来说是十分有必要的，他们的招聘策略并不能保证一定会转化为生产力的增长。联赛不得不反复地进行协商以获得更多的电视广播权，以此来弥补俱乐部的财务赤字等。

2004—2005 赛季欧洲足球冠军联赛采用了一个比赛许可系统，参加此次比赛的俱乐部必须具备以下先决条件：为了获得许可证，俱乐部必须提供在审计机构监督下形成的财务报表，并证明其没有出现付款拖欠、工资拖欠等问题。自 2006—2007 赛季以来，这个规定已被不断加强：在许可证有效的前提下，俱乐部必须提供一个能展示其已具备承担流动负债能力的商业计划；如果流动资产不足则需提供一份声明并在其中讲明如何处理这个问题；在许可证的有效期内，如果当前实际的和可预见的预算之间、利润/损失账目中存在着差距，则还要提供相关说明。到目前为止，这种要求更为苛刻的方案并没有成功恢复一个良好的欧洲足球冠军联赛竞争平衡。如此，欧洲足球联赛实施新的"财务公平竞争"的时机已经成熟：目前债务超过4500万欧元的俱乐部将会被禁止参与比赛，将不再符合欧洲足联举办的体育竞赛的参赛资格。这一做法的背景思想是，参赛俱乐部之间的财务差异及由此产生的竞争平衡恶化，不应该得到过于宽松的大型欧洲俱乐部财务管理的支持。这些大型欧洲俱乐部依靠他们自己的能力无休止地寻找摆脱财务风险的途径。如果它的结果是使冠军联赛失去四大英国足球俱乐部、皇马、AC米兰和其他著名俱乐部的参与，这样的财务公平竞争管理能否切实得到执行呢？这个问题值得公开探讨。

4.7　全球体育人才（劳动）市场的放松管制

在全球体育人才市场放松管制的后博斯曼（Post Bosman）时代，人们可以观察到来自东欧、南美、非洲和亚洲的球员加入到欧洲足球联赛，特别是五大欧洲联赛的移民球员数量迅速增加。弗里克（Frick, 2009）已经测定出，"当地球员"（那些非移民）的上场时间已明显减少，但并没有改善进口球员或出口球员在冠军联赛中的竞争平衡。事实上，劳工市场的放松管制虽然已经加快了国际球员的流动性，但没有平衡不同国家的联赛中的体育力量，这与自由主义经济学家（有利于放松管制）期望相反。这方面的证据证实了描述博斯曼案件影响的经济分析（Andreff, 2001、2004 & 2010 d），那些负担不起欧洲超级巨星的俱乐部，只能持续招聘一些成本较低的明星球员的替代品，即从发展中国家进口球员。较不富有的俱乐部倾向于将注意力向未成年（在18岁以下）球员转移，他们在加入球队几个月或几年后注定要成为新的潜在明星。当他们成功后，他们将被转移到更富裕的俱乐部。这种现象在意大利参议院对足球联赛俱乐部的报告中、在东泽尔（Donzel, 1999）对法国足球的报告中，更普遍的是在特希曼加（Tshimanga Bakadiababu, 2001）的一本书中都有据可查。从发展中国家向欧洲足球锦标赛迁移的球员的"肌肉流失"（人才外流的类比）的速度正在不断加快。

从发展中国家，尤其是从非洲迁移而来的大多数球员没有签署任何劳动合同，而他们离开自己的家乡、家人和朋友时，是没有任何收入来源或经济援助的。18岁以下的青少年球员市场早已被打造成为一个"奴隶市场"、"儿童贸易市场"或"人口贩卖市场"。一些年轻的非洲球员已经向法院对职业俱乐部和球员代理商提起诉讼，因为试训失败后，他们已经被俱乐部和球员代理商完全放弃了。而且由于他们是未成年人，他们没有任何劳动合同的保障，也没有一张可以回到自己祖国的预付返回机票，他们实际上成为了非法移民工人。此外，"肌肉流失"将海外那些最有才能的男女运动员转移过来,他们是那些能足够幸运地从他们的祖国,即发展中国家所拥有的较少的教练和可用的体育设施中受益的极少数。同时,它也大大降低了他们本国在国际比赛中将其天才球员运用至最好的能力。

欧盟在受到长期"肌肉流失"局面的困扰后,提出了一种新的足球运动员转会条例,它已经被国际足联采用,并于2001年9月1日开始执行。它主要包含了一条保护青少年球员以及禁止他们在18岁以下进行国际转移的条款。2001年国际足联的规定是在这一良好方向迈出的确定一步(Gerrard,2002)。然而,虽然这现在已经是非法行为,2001年后青少年球员转移现象依旧继续,这标志着仍有一些职业俱乐部、球员代理商和球员的家庭在刻意躲避国际足联的规定。在国际足联的管理下,禁止18岁以下青少年球员在除欧盟以外的世界其他各个地区的一切转会现象这一禁令并不能给球员的祖国,即发展中国家产生哪怕1分钱的收入。另一方面,国际足联规定完全阻止(如果严格执行和监督)市场机制的运行,将青少年球员的流动性(除欧盟以外)减少至零。由于绝对禁止,国际足联的规定已产生了一个(全球性的)青少年球员黑市。国际足联的领导者最近设想重新回归到一种在正式的足球比赛中限定俱乐部所派出的外籍球员名额的形式(所谓6+5规则,即包含6个国内球员)。该方法旨在解决竞争失衡问题,同时对球员的国际流动性及其带来的影响做一定限制。然而,毫无疑问,如此严格的规则一旦被采用,将立刻被博斯曼法律体系判定为无效。

另一种解决方法受所谓的目的在于限制短期国际资本流动的托宾(Tobin)税启发而产生,它包含了顾拜·托宾(Couber Tobin)税[①]的基本原则,安德里夫(Andreff,2004)呈现了其大量细节。这个想法主要是对所有转会费和在劳动合同中定义的第一份工资按1%的税率征税,该劳动合同由来自发展中国家的球员与国外专业俱乐部或球员代理商签署。青少年球员转会的问题将通过对18岁以下球员的转会增收税务附加费的方式解决。转会当天,对于18岁以下的球员,税率会随着年龄的减小而增加。当然,这种方法不是万灵药。该规定如果在国际层面上(政治意愿仍然缺乏支持)使用,一定会存在实施方面的问题,尽管这些障碍最终会被克服。自全球金融危机的前夕起,特别是在欧洲足球金融危机的背景下,这类税的税率已有所增加。欧洲足联非常关注青少年球员转会问题,并且已经开始对建议使用的(税收)规定的相关原则进行信息收集。

有时,一些国际运动员转会的最终结果来源于移民球员对入籍的需求,虽然在足球比赛中比在田径比赛中少。临时或者永久的男女球员移民仅仅是为了从发展中国家转向发达国家这一目标(除了极少数例外),从而产生了改变国籍的需求。由于那些与此相关的运动员是收取报酬的,他们依靠自己的运动成绩生活,因此在要

---

① 一种专门防止球员转会而设立的税种。

求入籍的过程中，运动员的动机往往是为了获取、稳定以及增加他们的财政收入。因此，体育国籍往往会转化为金融资产。

从运动员成功入籍的东道国的角度来看，要充分发挥优势招募到高水平的运动员，以便将他/她选入国家队（如卡塔尔），但是对国外运动员的招聘有可能会削弱（或逐步淘汰）本土年轻球员的刻苦训练。训练一个运动员通常比从国外购入更昂贵（Husting，2004），至少在发展中国家是这样。一个东道国俱乐部，总的来说，有利于移民运动员加入东道国国籍。在球场上，当某一项规则限制外籍球员的数量时，这种方法将避免将他/她计算在外国球员内。那些迁出的年轻体育人才对他们的祖国以及培育他们的俱乐部造成了负面影响：对于发展中国家的俱乐部来说，从国外取得的经济补偿很少能够弥补移民球员的教育和培训成本。如果将来有一天，许多国家都采取与某个职业俱乐部类似的招聘策略，包括依靠运动员入籍，与国家队共同组织奥运会和世界锦标赛的理念将会受到威胁。

到目前为止，除了顾拜·托宾税外，几乎没有任何规定可以阻碍运动员入籍。我们可以把思维扩展至其他运动，在诸如足球、篮球和自行车运动中，有着适用于处理国籍改变问题的规则。国际足联认为，任何曾经被选入某个国家队的足球运动员都不能再被选入另一个国家队，即使他/她已经获得了后者的国籍。FIBA实施了一个类似的规则，以制约已经取得国家队所在国的国籍的球员（年龄在16岁以上）。国际自行车联赛禁止改变体育国籍。被东道国国家体育总会征收后入籍的运动员，一旦被国家队选中，就要被重新分配给原籍国全国联合会，并由原籍国支付工资和奖金。这些年，这一制度减缓了被挑选进入东道国国家队的移民运动员所谓的"体育雇佣军"的移民速度。

4.8　本章小结

体育经济的全球化往往以这样一种方式运作：许多体育竞赛，例如足球比赛，往往是不平衡的。不平衡导致了收入集中，这不利于回到更好的竞争平衡。因此，在面对欧洲足球金融危机时，关于管理的新思路是必要的，甚至是急需的。该金融危机产生于不够有效的规则以及体育人才劳动力市场管制规定的撤销。这两者一直在推动体育经济的全球化。

> 思考题

1. 体育经济的全球化体现在哪些方面？
2. 欧洲、北美等联赛曾采取过哪些策略或作出了哪些调整以图对大型体育竞赛中的不平衡产生影响？你觉得体育赛事是否需要追求平衡？

3. 请你选取某一大型体育赛事，对其财务规则、运动规则、人才流动规则等进行评价，并尝试提出改进措施。

4. 对比北美封闭联赛与欧洲职业体育联赛规则的不同，分析其原因与影响。

5. 体育俱乐部是否应采取工资封顶制度，采取这种制度会造成何种影响？请分析其利弊。

6. 全球体育人才（劳动）市场管制的放松对体育竞争平衡会有怎样的影响？

参考文献

[1] Aglietta M, Andreff W, Drut B. Bourse et football. Revue d'Economie Politique, 2008, 118 (2): 255-296.

[2] Alavy K, Gaskell A, Leach S, Szymanski S. On the edge of your seat: demand for soccer on television and the uncertainty of outcome hypothesis. International Journal of Sport Finance, 2010, 5 (2): 75-95.

[3] Amann E, Dewenter R, Namini J E. The Home-Bias Paradox in Football. Essen: University of Duisburg-Essen, 2004.

[4] Andreff M, Andreff W. Global trade in sports goods: international specialisation of major trading countries. European Sport Management Quarterly, 2009, 9 (3): 259-294.

[5] Andreff M, Andreff W. Economic prediction of sport performances: from Beijing Olympics to the 2010 FIFA World Cup in South Africa. Portland: 85th Western Economic Association International Conference, 2010: June 29th-July 3rd.

[6] Andreff M, Andreff W, Poupaux S. Les déterminants économiques de la performance sportive: Prévision des médailles gagnées aux Jeux de Pékin. Revue d'Economie Politique, 2008, 118 (2): 135-169.

[7] Andreff W. The Correlation between Economic Underdevelopment and Sport Andreff W. (2004) The Taxation of Player Moves from Developing Countries. In: Fort R, Fizel J, eds. International Sports Economics Comparisons. Westport: Praeger, 2001: 87-103.

[8] Andreff W. Pistes de réflexion économique, dans D. Oswald, ed. La nationalité dans le sport: Enjeux et problèmes. Neuchatel: Editions CIES, 2005: 171-191.

[9] Andreff W. Dérives financières: une remise en cause de l'organisation du Andreff W. Régulation et institutions en économie du sport. Revue de la Régulation: Capitalisme, Institutions, Pouvoirs, n°1, varia, 2007.

[10] Andreff W. French football: A rinancial crisis rooted in weak governance. Journal of Sports Economics, 2007, 8 (6): 652 – 661.

[11] Andreff W. Governance issues in French professional football. In: Rodriguez P, Késenne S, Garcia J, eds. Governance and Competition in Professional Sports Leagues. Oviedo: Ediciones de la Universidad de Oviedo, 2007: 55 – 86.

[12] Andreff W. Comparaison entre les prévisions et les médailles gagnées aux Jeux de Pékin, dans INSEP, Pékin 2008: Regards croisés sur la performance sportive olympique et paralympique. Paris: INSEP, Secrétariatd' Etat aux Sports, 2009: 241 – 247.

[13] Andreff W. Equilibre compétitif et contrainte budgétaire dans une ligue Andreff W. Economie internationale du sport, Grenoble: Presses Universitaires de Grenoble, 2010.

[14] Andreff W. Public and private sport financing in Europe: The impact of financial crisis. Prague: 18th European Association of Sport Management Conference, 2010 (September): 15 – 18.

[15] Andreff W. Une taxe contre la misère du football africain? . Afrique Contemporaine, 2010 (233): 89 – 98.

[16] Andreff W, Bourg J F. Broadcasting rights and competition in european football. In: Jeanrenaud C, Késenne S, eds. The Economics of Sport and the Media. Cheltenham: Edward Elgar, 2006: 37 – 70.

[17] Andreff W, Raballand G. Is European football future to become a boring game?//Andreff W. ed. Contemporary Issues in Sports Economics: Participation and Professional Team Sports. Cheltenham: Edward Elgar, 2011: 176 – 222.

[18] Ascari G, Gagnepain P. Spanish football. Journal of Sports Economics, 2006, 7 (1): 76 – 89.

[19] Aylott M, Aylott N. A meeting of social science and football: Measuring the effects of three points for a win. Sports in Science, 2007, 10: 205 – 222.

[20] Baroncelli A, Lago U. Italian football. Journal of Sports Economics, 2006, 7 (1): 13 – 28.

[21] Bernard A B, Busse M R. Who wins the Olympic games: Economic resources and medal totals. Review of Economics and Statistics, 2004, 86 (1): 413 – 417.

[22] Besson E. Accroître la compétitivité des clubs de football professionnel français.

Paris: Rapport au Premier Ministre. Borland J, Macdonald R. Demand for Sport, Oxford Review of Economic Policy, 2008, 19 (4): 478 – 502.

[23] Bourg J F, Gouguet J J. Economie du sport, Repères 309. Paris: La Découverte. Brocas I & Carrillo J D. Do the Three-Point Victory and Golden Goal Rules Make Soccer MoreExciting? A Theoretical Analysis of a Simple Game. Journal of Sports Economics, 2005, 5: 169 – 185.

[24] Buraimo B, Simmons R. Do sports fans really value uncertainty of outcome?: evidence from the English Premier League. International Journal of Sport Finance, 2008, 3: 146 – 155.

[25] Chappelet J L, Kübler-Mabbott B. The International Olympic Committee and the Olympic System. Abingdon: Routledge // Coupé T. Incentives and Bonuses, The Case of the 2006 World Cup, Kyklos, 2008, 60 (3): 349 – 358.

[26] Dilger A, Geyer H. Are three points for a win really better than two?: A comparison of German Soccer League and cup games. Journal of Sports Economics, 2009.

[27] Donzel J. Rapport sur le recrutement. l' accueil et le suivi des jeunesétrangers (hors Union Européenne) dans les centres de formation de football professionnels en France. Paris: Ministère de la Jeunesse et des Sports. 1999.

[28] El Hodiri M, Quirk J. An economic model of a professional sports league. Journal of Political Economy, 1971, 79 (6): 1302 – 1319.

[29] Forrest D, Simmons R, Buraimo B. Outcome uncertainty and the couch potato audience. Scottish Journal of Political Economy, 2005, 52 (4): 641 – 661.

[30] Fort R, Quirk J. Cross-subsidization, incentives, and outcomes in professional team leagues. Journal of Economic Literature, 1995 (33): 1265 – 1299.

[31] Frick B. Globalisation and factor mobility: the impact of bosman ruling on player migration in professional soccer. Journal of Sports Economics, 2009, 10 (1): 88 – 106.

[32] Garicano L, Palacios-Huerta I. Sabotage in Tournaments: Making the Beautiful Game a Bit Less Beautiful. Research paper, Providence: Brown University, 2006.

[33] Gerrard B. The muscle drain, Coubertobin – type taxes and the international transfer system in association football. European Sport Management Quarterly, 2002, 2 (1).

[34] Gerrard B. Analysing the win – wage relationship in pro sports leagues: evidence from the FA Premier League. 1997/98 – 2001/02, In: Rodriguez P, Késenne S, Garcia J, eds. Sports Economics after Fifty Years: Essays in

Honour of Simon Rottenberg. Oviedo: Ediciones de la Universidad de Oviedo, 2006: 169 – 190.

[35] Gouguet J J, Primault D. The French exception. Journal of Sports Economics, 2006, 7 (1): 47 – 59.

[36] Gouguet J J, Primault D. Impact de l' UEFA Champions League sur les championnats nationaux. Revue Juridique et Economique du Sport, 2008, 88: 141 – 160.

[37] Hundsdoerfer J. Fördert die 3-Punkte-Regel den offensiven Fussball? . In: Hammann P, Schmidt L, Welling M, eds. ökonomie des Fussballs: Grundlegungen aus volks-und betriebwirtschaftlicher Perspektive. Wiesbaden: Deutscher Universitäts-Verlag, 2004.

[38] Husting A. La génération mercenaire, Sport et Vie, 1er juillet. Késenne S. League management in professional Team sports within win maximizing clubs. European Journal of Sport Management, 2004, 2 (2), 14 – 22.

[39] Késenne S. Revenue sharing and competitive balance in professional team sports. Journal of Sports Economics, 2004, 1 (1): 56 – 65.

[40] Késenne S. The Economic Theory of Professional Team Sports: An Analytical Treatment. Cheltenham: Edward Elgar. 2007.

[41] Kringstad M, Gerrard B. Beyond competitive balance. In: Slack T, Parent M, ed. InternationalPerspectives on the Management of Sport. Burlington: Elsevier, 2007: 149 – 172.

[42] Kuper S, Szymanski S. Why England Lose & Other Curious Football Phenomena Explained. London: Harper Colins, 2009.

[43] Lazear E, Rosen S. Rank-order tournaments as optimum labor contracts. Journal of Political Economy, 1981, 89: 841 – 864.

[44] Monk J, Husch J. The Impact of Seeding, Home Continent, and Hosting, How Predictable Are the FIFA Worldcup Football Outcomes? 2008.

[45] Sanderson A. The many dimensions of competitive balance. Journal of Sports Economics, 2002, 3 (2): 204 – 228.

[46] Scelles N. L' incertitude du résultat, facteur clé de succès du spectacle sportif professionnel. L' intensité compétitive des ligues : entre impacts mesurés et effets perçus, Thèse de doctorat, Université de Caen, 2009.

[47] Szymanski S. Income inequality, competitive balance and the attractiveness of team sports: Some evidence and a natural experiment from English soccer. Economic Journal, 2001, 111: 69 – 84.

[48] Szymanski S. The economic design of sporting contests. Journal of Economic Literature, 2003, XLI: 1137-1187.

[49] Szymanski S, Kuypers T. Winners and Losers: The Business Strategy of Football. London: Viking, 1999.

[50] Torgler B. The economics of the FIFA Football World Cup. Kyklos, 2004, 57 (2): 287-300.

[51] Tshimanga Bakadiababu E. Le commerce et la traite des footballeurs africains et sud-américians enEurope. Paris: L' Harmattan, 2001.

[52] Vrooman J. A general theory of professional sports leagues. Southern Economic Journal, 1995, 61 (4): 971-990.

第 5 章　体育赞助与品牌化

【学习目标】
- ●理解体育赞助对企业品牌化的作用与意义，掌握体育赞助的四个目标
- ●掌握体育赞助评估的指标以及各指标的局限性
- ●重点理解俱乐部和赛事组织者所采取的营销战略、品牌战略，以及企业赞助的实施

5.1　引言

在当今市场环境下，品牌的重要性是无可争议的（Esch & Langner, 2001; Keller, 2003）。艾德森（Adamson, 2006）将品牌化定义为"创造并管理能够产生品牌形象及品牌感受的集合体的过程"。为了将可交易的产品和服务与具有识别度的品牌结合在一起，必须要筹划一系列有效的营销活动。尽管在过去还是主要采用广告、促销以及公共关系等市场工具来增强品牌联想度和品牌内涵，但近 20 年以来赞助方面的支出一直以每年超过 10% 的幅度不断增长（Pilot Group, 2008）。因此，企业赞助商与外界的主题，尤其是体育、艺术以及社会活动等建立了一定的联系，希望通过这种联系来影响消费者（Koo, Quartman & Flynn, 2006）。时至今日，不仅仅是像德国电信、奔驰等那样的大型公司每年都会将市场预算中的很大一部分用于赞助支出，而且，在区域一级的小型企业对其力所能及的赞助活动也很有兴趣。从这种观点出发，本章的主要目的是探讨体育赞助是如何对企业（不管是大型企业还是小型企业）的品牌化策略提供帮助的。

5.2　体育赞助

5.2.1　体育赞助的意义

在过去的 20 年中，赞助已经从小级别的活动逐步进化成为主要的商业构成（Walliser, 2003; Cornwell, 2008）。尽管在 1990 年德国用于赞助方面的资产仅仅只

有 7.5 亿欧元，但到了 2010 年，其值估计将提升至每年 52 亿欧元（Pilot Group，2008）。赞助的大部分投资被用于联盟、俱乐部、体育赛事以及运动员等体育事业的实体部分。从他们的观点来看，赞助意味着获得了收入的基本来源并以此来保证企业的竞争力。

由于传统的宣传工具，如广告和促销等，在商业环境中存在着信息超载的问题（Bruhn，2003），因此，对于一个品牌来说，赞助比以往任何时候都重要，因为它能够在目标群体内实现良好的品牌宣传（Cliffe & Motion，2005）。莫纳亨（Meenaghan，1983）将赞助定义为"商业组织对某个活动供应资金或者其他形式的资产，以期获得商业上的目的"。这个定义清楚地指出，现在的赞助主要关注它的商业潜力以及对企业收益的贡献，它已经从一种慈善行为转变成了一种商业手段（Gwinner & Swanson，2003）。使用赞助这种间接说服技巧，企业赞助方希望可以借助非常流行的体育实体形象的转移，提高品牌知名度以及打造强势品牌（Quester & Farrelly，1998；Gwinner & Eaton，1999）。

从这一点来说，必须要考虑到赞助在处理与消费者的关系方面，与其他任何形式的营销策略明显不同，例如广告，即使广告和赞助有着部分相同的目标，但它们仍不完全相同，广告的信息交流是直接的、外在的，而赞助却是以一种隐蔽的形式进行的，这样能够克服很多沟通上的障碍（Walliser，2003）。相比于广告和促销，赞助在一项体育活动中锁定的是对体育活动具有强烈的情感联系的消费者目标群体。此外，体育活动从赞助商的投资中所获得的信念，可为公司及其品牌创造良好的信誉与积极的特性（Meenaghan，2001）。因为赞助为非常流行的事物例如体育提供便利，因此赞助方也获得了大众的高度认可，而做广告则被认为是扰乱媒体环境，74% 的德国大众对赞助都持有积极的接受态度。

5.2.2 体育赞助的基础——体育的情感力量

近年来，越来越多的企业选择把体育作为他们实施品牌战略的传播媒介。这是因为体育代表着如乐趣、高兴、娱乐、刺激、美好以及自我实现等现代人生活的关键需求（Hermannns & Marwitz，2008）。因此，与体育有关的赞助通过在体育赛场上悬挂企业标志，为企业提供了提升其品牌认知度的机会（Ccliffe & Motion，2005）。过去，一些与体育事业有关的企业利用体育活动这个平台增加品牌与消费者的情感接触，然而现在，各种各样的与体育事业无关的企业也在努力将他们的品牌与体育活动联系起来。

在当今的消费市场中，大多数产品与服务都具有功能可替代的特点。因此，为了赢得消费者的偏好，各品牌之间竞争的关键往往在于品牌体验的展示过程。而体育运动恰恰是能够展示这种体验的绝佳场合。在其他任何领域都不可能像体育一样，成功和失败如此接近，英雄可一夜成名，迷人的传说仅仅依靠一次完美的比拼就可以铸就。体育的这种情感力量能够产生一种充满刺激的氛围，而这种氛围有助于围绕品牌创建一个情感世界（Kiendl, 2007）。品牌因此获得了一定的附加值，正是这种附加值使得人们将其与其他竞争者区别开来（Pine & Gilmore, 1998）。不仅如此，品牌还获得了赢得消费者闲暇时间为其服务的机会，而他们本来有可能会与朋友或家人共度这段时光。无论是在体育场还是在家中，这一有利条件往往使消费者轻松接受品牌信息（Nicholls, Roslow & Dublish, 1999）。因此，越来越多的品牌意识到赞助活动的价值，它促使品牌以一种更直接的方式与观众进行交流。通过这种方式可形成无可匹敌的接触点，这将有助于创建长期的品牌资产（Jackson, 2009）。

但这当然仅仅是成功的一半。一些评论家认为体育运动本身带给观众的热情、兴奋和享受会抢了赞助商的风头，而因此使他们无法注意到赞助商所要传达的信息（Dolphin, 2003）。许多运动队或者某个运动员的狂热"粉丝"完全没有留出多余的空间去顺便感受一下营销刺激。赞助信息的接收遭受批评的另一个方面，在于许多体育赛事中赞助商的过度刺激。因此，如果一个赛事接受了 10 个及以上不同品牌的赞助，而这些品牌要同时频繁展现时，那么这就需要重新商榷了。这些常规性威胁导致企业需要找出一种有识别度的赞助策略以及有效的评价体系以确保完整地获得体育事件对该品牌的影响，而不致使其淹没在一片广告牌丛林中。

5.2.3　体育赞助的目标

一个顶级的赞助策略的第一步就是确定可审查的目标。赞助只是一系列可相互比较的战略营销传播方案中的一种。理性的市场营销主管只会在赞助比其他方法更能够有效率完成总体目标的时候选择对赞助方案进行投资。经过深思熟虑后，我们发现对赞助活动如何能惠及品牌做更深入的了解是非常重要的。因此，本部分将着力于解决目标设定以及利用赞助实现该目标的途径的问题。调查结果表明大多数企业选择投资体育活动，其目标如下：

（1）提高品牌知名度（Bennett, 1999; Hoek, et al., 1997; Nicholls, Roslow & Dublish, 1999; Tripodi, et al., 2003）。

（2）提升品牌形象（Chien, Cornwell & Stokes, 2005; Gwinner & Eaton, 1999; Quester & Farrelly, 1998）。

（3）增加销售额及市场占有份额（Dean, 1999; Madrigal, 2001）。

（4）获得企业合作的机会（Collett, 2008）。

由于这些目标是大多数企业赞助策略的一部分，并已获得了赞助研究领域的普遍关注，因此，我们在这里只对这些目标做一下简要分析。

5.2.3.1 提高品牌知名度

在当今混乱的媒体市场中,体育赞助为提高和巩固品牌知名度提供了机会(Hermanner & Marwitz, 2008; Nicholls, Roslow & Dublish, 1999)。特别是对于一些特殊的、难以获得的目标群体来说,相比于其他传统的广告形式,赞助由于其综合性而备受青睐。通过单纯的呈现其与受欢迎的人物例如运动员等的亲密关系,营销人员期望他们的品牌获得较高的关注度,这将是对他们产品的第一个考验。一旦这种考验发生后,赞助也能够起刺激消费者购买行为的作用(Hoek, et al., 1997)。此外,赞助也能达到影响传统广告活动这一目的,这是因为它能够使品牌的标志获得关注,然后这一标志可能会出现在电视广告中。但是这一知名度的转变在消费者的脑中实际是如何发生的呢?根据克罗伯-里尔和温伯格(Kroeber-Riel & Weinberg, 2003)以及他们的影响模型,下面的过程能够解释知名度增加的原因:由于赞助商在很多情况下只能获得较低程度的关注,体育观众只能够记得一些简短且易记的信息。因此,为了激活认知过程,高度重复的赞助刺激是十分有必要的。如果曝光频率十分充足的话,企业的名字或者品牌标志就会印在观众的脑海之中。如果消费者在以后购物时认出了该赞助商的产品,并且喜欢它多于其他竞争者,那么这段记忆就会影响到消费者的购买行为(Hermanns & Marwitz, 2008)。

然而,以赞助的方式来提高品牌知名度的机会取决于多个因素。因为不管是在体育运动场上还是在运动员的球衣上都存在大量的不同可能的放置点,而标志牌的位置在很大程度上影响着知名度的高低(Miloch & Lambrecht, 2006)。毋庸置疑,赞助商在电视直播中的平均能见度会因其标识牌位置的不同而大不相同。此外,乔哈尔和帕姆(Johar & Pham, 1999)发现,那些在市场上摆放位置较为突出的品牌比那些不够突出的品牌更容易被识别。进一步的研究表明,消费者并不仅仅只凭他们的记忆识别出赞助商,同时会依据其经验进行资源鉴别(Pham & Johar, 2001)。这种效应能够被另一个称为关联性的重要方面加以缓和,关联性使得品牌和赛事之间的关系合理化。因此,那些与赛事相符合的品牌比不具有这种优势的品牌更容易被识别出来(Johar & Pham, 1999)。

5.2.3.2 提升品牌形象

为了将自己的产品及服务与竞争对手区别开来,拥有一个精心制作的品牌标识是企业成功的关键因素(Bruhn, 2003)。因此,品牌标识应该是一个顶尖品牌策略的起点。在这种情况下,赞助有助于将品牌标识转移至消费者的脑海中(Keller, 1993)。品牌标识反映了企业内部对品牌的自我感知,而目标群体对于企业品牌的外部感知则被称为品牌形象(Kiendl, 2007)。品牌形象是"由消费者记忆中的品牌联想所反映出来"的一个多维结构(Keller, 1993)。为了使消费者能够将特定的联想与一个品牌联系起来，必要要对最初的品牌认知进行约束。因此，品牌认知被看作是拴紧品牌联想的一种手段（Keller，1993）。

为了调查出形象的作用，学者们将各种各样的理论用于消费者行为调查中。然而在这里，我们只简要介绍两种理论的概念：平衡理论和内涵转移。海德（Heider，1958）的平衡理论认为，个体总是在追寻一致性而避免不平衡的情况，如果在某种情况下存在着不平衡，心里的紧张情绪就会上升。因此，在一个赞助活动的背景下，个体会努力去获得赛事和赞助方之间的感知平衡。例如，如果消费者对足球俱乐部持有积极的态度，而对品牌持有中立甚至消极的态度，那么这两种态度的结合必然会产生一种不平衡的状态。为了寻求和谐，赞助的接受者会重新考虑其对于品牌的态度，并最终将其调整至积极的方向。另一个试图解释赞助方形象转移的方法是内涵转移。简而言之，这一理论暗示"内涵"从体育赛事转移到它的赞助方，与此同时它的品牌被曝光（Cornwell，Weeks & Roy，2005）。

5.2.3.3 增加销售额和市场占有份额

越来越多的赞助方追求的并不只是相互沟通的目标，同时还期望能够大范围地探测出他们的"粉丝"群体，并将其作为销售对象。因此，一些俱乐部与那些想利用俱乐部的品牌增加其销量的赞助商们共同制定了一些商业模式。拜仁慕尼黑足球俱乐部和它的一个提供"拜仁足球俱乐部储蓄卡"的银行赞助商就是这样的一种战略伙伴关系。根据该俱乐部进球的数量以及获胜情况，储蓄卡的用户们可获得额外的利润。然而，在一般情况下，赞助对销售带来的影响是很难被评估的，它也因此而备受质疑。结果表明，在公众面前曝光及说教的频率是预测消费者对赞助商产品的购买意向的重要指标。尽管目前还没得到证明，但是赞助商产品的销售额的确高于它的竞争者（Walliser，2003）。

5.2.3.4 获得企业合作的机会

建立、维护和促进业务联系，是关系营销的一个重要领域。因此，很多情况下，在赞助合同中会涉及企业接待安排方面的谈判。一般来说，接待活动适用于那些被企业邀请并受到优待的主要目标受众。为了达到这一目的，体育场内设置了VIP包房和商务席位。由于体育赛事的非正式性以及激动人心的氛围，它常常能为B2B的接触提供有吸引力的招待服务。不过，由于公司招待强调人为的接触以及产出的多可能性，因此其商业价值仍然难以评估（Collette，2008）。

5.3 体育赞助评估及其障碍

5.3.1 体育赞助评估指标

由于营销经理对用于赞助上的支出与其他营销沟通工具一样负有责任，因此评估每一项赞助活动的商业价值是必不可少的程序。当然，在这种情况下最根本的问题是，当投资1元钱用于赞助时，能否为企业带来超过1元的收入。这个问题的回答是一项复杂的任务，因为要面临大量难以分割并且往往难以直接控制的潜在影响（Green，2008）。无论如何，赞助市场中权利的持有者和追求者必须要确定一个合适的价格以获得双方同意。

市场价格与供给和需求情况有关。根据新古典主义学说，赞助商会选择将最大限额的资金投入到可确保获得积极的成本收益比的赞助活动中。此外，该投资也要符合成本效益原则，即其他任何投资都不可能以更低的成本达到相同质量水平上相同的目标。但是，赞助商在做出理性决策时要面临两个至关重要的问题。首先，他对赞助活动的经济收益并不清楚，其行为具有不确定性，因此完全理性的决策是不可能的。其次，他对于赞助以外的其他市场营销方案（如广告）的效果也是不明确的。

因此，赞助市场中的很多商家选择依靠替代评价法，例如媒体监控或者市场调查，它们能够以一种相对简单的方式提供所需指标。使用媒体监控的方法时，媒体曝光的质量及数量很容易就能确定。在这种情况下，可利用的相关参数是屏幕上的可见度以及出现的频率。此外，许多赞助商依据其赞助投资所取得的品牌知名度和形象，对其赞助活动加以调整。因此，那些较为传统的市场调查方法常被拿来进行知名度或形象测试，如通过回忆来获取某项体育运动在"粉丝"中的影响力（Hermanns & Marwitz，2008）。为了对比赞助与其他可选择的营销工具的功效，需要运用各种各样的成果指标。下面，介绍一些常用的方法并对其作简要分析：

1. 可比较的广告空间（CAS）

"可比较的广告空间"的计算方法为，"在印刷媒体上报道某一事件的列表框的大小×每期的读者数"。相似地，电视或者广播的播报时间长短也可以用于确定某一体育赛事的媒体价值。下一步就是要估计可产生同等水平曝光率（时间或者大小）的广告的成本（Jeanrenaud，2005）。这种方法主要适用于冠名赞助商，例如由奔驰冠名的"奔驰国际公开赛"。

2. 每千名的成本（CPM）

"每千名的成本"这一指标来自于广告评估，揭示的是在一个 30 秒的体育广告中获得 1000 名观众的成本。CPM 可确定对一个特定的赛事、运动队或者某个运动员的赞助是否符合成本效益原则，或者判断其他的营销手段是否更经济（Dinkel & Seeberger, 2007）。然而，这两种指标（CAS 和 CPM）都遭到了批判。首先，有效能见度的确定欠缺考虑（例如，在屏幕上只能显示品牌标志的一部分；而广告是 100% 的）。其次，观众的关注点是不断变化的，尽管品牌标志出现在屏幕上，但是不能确定观众是否在观看。此外，这些指标并没有说明赞助对目标客户群的影响（Tripodi, et al., 2003）。最后，CAS 和 CPM 都只能用于测试曝光度。

3. 事件研究法（EMS）

事件研究法依赖于对金融市场的判断。该方法的重点是在公司宣布了一项新的赞助后，测量公司股票价值的变动情况。事件研究法的假设前提是市场运行是有效的，并且投资者本身能够预先评估出某项赞助协议所能带来的利润总和（Jeanrenaud, 2005；Agrawal & Kamakura, 1995）。宫崎和摩根（Miyazaki & Morgan, 2001）运用事件研究法发现赞助奥运会的确能够为赞助商带来巨大的经济效益。然而，股市的行为是否理性仍然受到质疑，它将决定 EMS 是否是一种精确的测量方法。

5.3.2 对销售的影响评估

从赞助方的角度来看，他们最期望能够评估一项赞助投资对产品销售的影响（Cromptern, 2004）。虽然赞助活动能够帮助公司创建一个特定的环境，以推动产品的额外销售，但是只有极少数赞助活动是实现这些目标的直接手段。因此，难以精确评估因赞助活动所获得的销售额的增长量（Jeanrenaud, 2005）。此外，由于其他营销方式可能存在的影响、过去活动的遗留影响以及变化着的经济环境等原因，企业把销售额作为评价赞助活动是否成功的指标是十分不合理的（Bennett, 1999）。尽管赞助方能够收集一些切实的参数来评价他们的赞助活动，但是他们常常会夸大赞助相对于传统形式的营销方式所具有的具体利益和相对优势（O'Relly, 2000）。这些情况存在于举办品牌体验活动，在充满感情的环境中转移品牌形象以及确定固定目标的过程中（Beub, 2009）。同时，赞助方必须考虑到赞助的缺点，因为如果某个赞助方的品牌缺乏足够的曝光度，而同时观众又专注于体育运动，这将使得赞助方的有关信息缺少关注度。

然而，赞助评估的实质性问题在于，在大多数情况下，公司会同时使用赞助及其他形式的营销方式。所以，一个有效的评估设计将不得不把这种情形考虑在内。

因此，要插入一个与被检测的体育赛事无关的对照组，以减少其他营销方式的影响。另一种方法由赛事开始前和结束后分别开展的两份调查与评估组成（Crompton, 2004）。正是由于赞助评估的复杂性，一个统一的可以普遍使用的评估方法还没有被构建出来。到目前为止，很多调查公司都设计出了自己的调查方法以及确定一项赞助投资是否成功的标准。但是随着赞助费用的日益增多，众多公司急需一个合理的、统一的以及有意义的测量方法。这导致了多个体育赞助互相评估以及对比赞助与其他营销工具的需求。

5.3.3 赞助对象的选择

当企业利用体育的情感力量来增加品牌的认知度时，它将面对大量的潜在联系。这种品牌与非产品元素（如运动队或运动员）之间的多样性结合将影响消费者对品牌的感知。实际上，精心挑选的赞助有能力提升特定品牌的价值（Dolphin, 2003）。因此，为了选择一个合适的赞助对象，我们应从详尽的战略因素出发做好决定，而不是仅仅依靠直觉。首先，品牌可以与运动员、运动队、赛事或者运动场所相结合。其次，品牌也可以选择与各种各样的运动项目合作，例如极限运动、赛车或者摩托车比赛等，这些运动项目都与品牌形象和品牌价值相关联（Raynaud & Bolos, 2008）。由此可知，品牌感知与赞助的结合性是取得赞助效益的一个重要的成功因素（Gwinner & Eaton, 1999；Koo, Quarterman & Hynn, 2006）。根据调查表明，如果消费者能够感知到基于功能的或者基于形象的相似性，那么在增加品牌感知度和形象转移方面，赞助的方式会更加成功（Gwinner & Eaton, 1999）。因此，想要通过赞助获得关注，提升赞助商的形象以及增加消费者对赞助方产品的购买意图等，赞助方与赛事的高度适合性是一个必须要强调的重要因素（Koo, Quarternan & Flynn, 2006）。劳力士与高尔夫运动的长期合作以及梅赛德斯—奔驰与F1赛车运动合作等都是拥有这种高度适合性的典型案例，而那些由香烟品牌来赞助田径运动的事件却一直备受争议。图5-1展现的是汽车品牌X通过赞助高尔夫运动所产生的整体形象的语义网络关系。其中虚线椭圆表示具有高度适合性的整体形象（因此昂贵），粗实线则表示可能的形象转移（因此奢侈和高级）。

然而，如果赞助商仅仅依靠在体育赛事中的品牌曝光度，那么即使是一项非常合适的赞助项目，也不一定成为一个利润丰厚的投资。事实上，拥有顶级的战略或者类似信息的赞助仅仅是一个连接品牌与体育赛事的纽带。赞助方和体育实体之间如果缺乏协同性将限制投资回报率。在这种情况下，制定出赞助方和体育实体之间的共同目标是确保他们采取联合行动的必要条件。体育赛事、运动队以及运动员为了提升他们的表现往往将关注点落于资金的筹集上，而企业却主要是为增加品牌知名度和提升品牌形象。但是，在吸引观众和增加媒体覆盖率方面，企业和体育实体之间是拥有共同目标的。他们双方对这些共同目标付出的努力越大，赞助的产出

第 5 章 体育赞助与品牌化

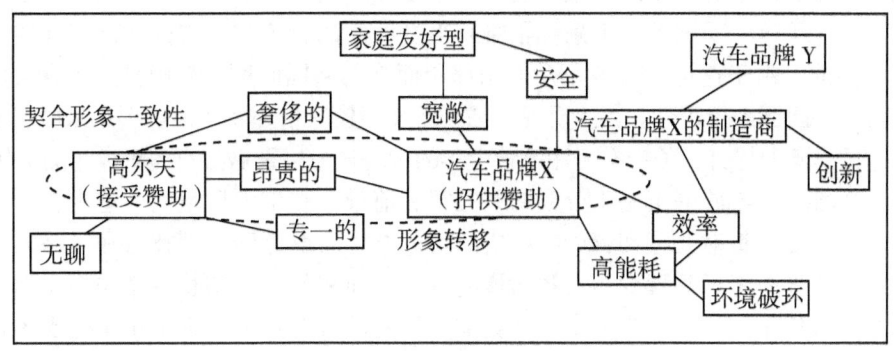

图 5-1 整体形象语义网络图

资料来源：Baumgarth, 2000; Drenger, 2003。

就越大（Adjouri & Stastny, 2006）。

但是，目前大多数调查都聚焦于国家级甚至是世界级赞助活动的管理，只有一小部分关注的是地方级或区域级的活动。尽管所谓的"草根赞助"只能获得很少一部分消费者的关注，但是小企业的投资回报率相对要高很多。在这种最初级的体育投资水平上，地方或区域组织的目标不仅仅是获得观众量，同时包括观众的参与水平。通过将自己的品牌与体育俱乐部的文化相结合的方式，赞助商抓住了获得当地目标客户群的机会。之所以如此的一个关键因素是，相对于一般大型的体育赛事的观众来说，这些赛事的观众和参与者都具有更高的消费者识别度以及对待该体育赛事的热情。通常，参与这些赛事对他们来说就是生活的一部分，这将会使赞助方的品牌感知获得更大的平移，品牌形象获得更显著的提升。此外，这种草根体育赛事的观众和参与者具有更多的共同特征，使得企业对其目标客户群体更有方向性（Miloch & Lambrecht, 2006）。

5.4 案例分析：翁特哈兴足球俱乐部

尽管赞助"草根运动"的费用很低，但是当地的体育俱乐部并不一定能做出有发展性的、有吸引力的安排，以吸引企业合作伙伴参与。相反，企业考虑的是他们是否与活动的利益相关联。如果是的话，就可能会形成一份可持续发展的长期的赞助协议。在本节中，我们将会介绍一个中型的足球俱乐部，它通过创建一种有趣的理念来吸引当地的赞助商。俱乐部对其营销和品牌战略进行详细解释后，当地企业会考虑是否采用赞助来达到品牌推广的目的。

翁特哈兴足球俱乐部是位于德国西北部的一家业余级别的足球俱乐部。它拥有1000多名会员以及30多支由5~19岁孩子组成的、拥有良好的组织竞争机制的青年队伍，使其成为拥有本地区最大的青少年足球队之一的俱乐部。但因为处于业余体育运动水平这一层面上，俱乐部很难获得赞助商的青睐，严峻的经济状况成为其最大的挑战。由于这是大多数业余俱乐部所面临的共同问题，德国科隆体育大学正尝试对这一问题进行研究。其主要观点是，通过创建俱乐部新的品牌形象来吸引赞助商。这种形象的提升，关键在于注重青少年的训练质量以及做好有关青少年的工作。

俱乐部现已实施的策略十分成功并且很有前景。在培训质量的改进上，所有教练都接受了专门针对儿童和青少年在内的目标群体而设计的培训技巧和策略方面的个人培训指导。考虑到青少年自我发展的各个方面的问题，防止滥用酒精、烟草的理念被纳入俱乐部的规章制度中。在更加广泛的教育背景下，青少年学生现场指导（例如家庭作业）的理念以及孩子们的俱乐部理念也已经树立。

因为所有的措施都非常昂贵，所以俱乐部制定并实施了详细的赞助方案。在几家公司的经济支持下，建造两个小型的足球训练场成为可能，这大大地改善了队员们训练的条件。此外，俱乐部的公共关系通过内部和外部的平面媒体以及区域广播等方式，扩展到区域性和跨区域性的水平。另一个优势是，俱乐部坐落在一个企业经济状况良好的地区，这意味着可以获得分布范围广泛的潜在赞助商。

5.4.1 俱乐部的营销及品牌战略

俱乐部第一个比较合理的营销策略形成于 2007 年试点项目启动时。在此项目开始之前，项目负责人认识到许多公司感兴趣的是培养年轻队员，而不是在二流联赛里挣扎的资深球员。因此可以认为，年轻队员应该在战略营销理念中发挥核心作用。品牌战略也是在这个时期第一次形成的。该战略基于两个组成部分：一方面，俱乐部设法利用城市形象（虽然小但经济强，拥有传统文化特色）。因此，俱乐部的颜色和部分标志的确定是以城市标志为基础的（品牌联合）。另一方面，把重视青少年的培训以及年轻人的自我发展作为两个主要目标，这主要是俱乐部实施"大年轻"战略的结果。俱乐部的使命宣言"青年人强大的合作伙伴"也强调了这一理念（图 5-2）。这种形象对赞助商来说非常重要。

俱乐部的基础设施是展现俱乐部品牌形象的一项重要资产。让俱乐部引以为豪的是最近兴建的更衣室以及两个小型的人工草皮训练场。并且这个小型"体育场"也因为有了新的外围广告牌，看起来焕然一新。俱乐部的标志从一个足球运动员改变为城市标志的基本结构。第二个标志"青年人强大的合作伙伴"则是最近形成的。

在业余水平联赛中，比赛球衣作为一种赞助工具，相比于职业运动来说并不那么重要。尽管如此，俱乐部仍会避免只将一个赞助商的标志印到球衣上。相反，俱乐部的使命宣言以及所有赞助商的标识都印在球衣上。此外，俱乐部开发了一个适合所有内部及外部交流的企业设计。例如，其中的一项内容是，期刊头版、俱乐部的杂志、年历和网站等持续出现。这被看作是提升俱乐部品牌的一个重要因素。

图 5-2 俱乐部标志及使命宣言

如前文所述，经济状况是一个制约因素，因为上述措施的实施是十分昂贵的。因此，必须要改善现有的赞助策略。在以培养年轻球员为目标以及市场营销的重点一般在年轻人的前提下，尽管一线球队被降级，俱乐部依然可以获得更多赞助方面的成功。此外，俱乐部的赞助结构已完全改进。此后，出现了三种类别的赞助商："经典合作伙伴"包括传统的赞助工具，而"商业合作伙伴"和"高级合作伙伴"接受单独设计的赞助理念。

总而言之，由于其在增强社会责任感的基础上所形成的卓越的品质理念，俱乐部试图发展成为一个区域品牌。俱乐部的使命宣言及标志"青年人强大的合作伙伴"被放置在外围广告牌、俱乐部官网、俱乐部货车以及一线资深球队的球衣等位置上。

5.4.2 当地企业赞助的实施

俱乐部在提出了创新的营销和品牌战略后，接下来几个阶段将要处理一些当地企业通过赞助 SpVgg Vreden 而想要达到的目标。一般说来，当地企业的目标是通过品牌知名度的平移、品牌形象的提升，以及促进与当地社区的关系（Miloch & Lambrecht，2006）等途径来增加其收入。然而，最终激励俱乐部 19 个合作伙伴参与赞助活动的具体原因多种多样、各不相同，我们将在以下三个案例中加以分析。

俱乐部高级合作伙伴之一的 Fliesen Lepping，是本地的一家瓷砖服务供应商，当 SpVgg Vreden 计划建造新的更衣室时，Fliesen Lepping 公司决定根据其工作投入提供瓷砖以支援这项工程。尽管这项支援不是经济方面的，而是具体的实物，但它使俱乐部受益良多。作为回报，这家公司的标志显示在球队比赛场地外围的广告板上，并且该公司网站的链接也被放在俱乐部官方网站的显著位置。对于 Fliesen Lepping 公司来说，本次赞助的最大意义在于提升了其在俱乐部会员和观众中的本土知名度。尤其是在当地环境下，一个慷慨的赞助通常会形成良好的口碑。并且瓷砖服务的知名度也会因此提升，许多其他俱乐部的成员进入这个新贴瓷砖的更衣室后，会见识到其精湛的手工贴瓷技艺。

另外一个引人关注的赞助是由一家名为 Papierfabrik 的造纸厂提供的。这家公司在大众心目中本是一个过时的形象，但是通过与充满雄心、创新精神的足球俱乐部的合作，能够帮助公司与外部进行信息交流，从而打破其原有形象。因此，这家公司资助了两个小型球场的人工草皮。这两个球场可为球员提供理想的日常训练场地。对于这家公司来说，这次赞助就是他们拥有强烈的社会责任感的有力证明，因为这些场地主要是为了支持年轻一代的成长而建的。

Taka 公司是一家在世界各地都有销售市场的过滤系统制造商。因为公司的主张是"我们把空气放入运动"，其与运动主题的联系是合乎逻辑的。因此，公司品牌的传播完全集中在体育营销活动上，包括对表演赛及处于"草根"水平的运动提供各种赞助。此战略的一个重要部分就是与 SpVgg Vreden 俱乐部的合作。在这种情况下，Taka 公司可以为那些天才球员提供特别的服务，即他们可在专业的监督下现场完成家庭作业。这种名为"Taka 作业支持"的系统，已经在俱乐部很好地建立起来，因为父母知道他们的孩子在那受到了良好的指导。此外，该系统还可以帮助年轻球员平衡学业与运动。Taka 公司利用此次赞助在一些传统领域很好地展示了他们强烈的社会责任感以及对下一代教育事业的特别关注。这一要点与公司整体的营销传播计划完全契合。

促进区域业务往来是"草根运动"赞助商们普遍希望达到的目标。为了满足这一诉求，俱乐部会经常邀请所有的赞助商参加社交性质的聚会。此外，"草根运动"的赞助商们有时并不只是着眼于现时的相关利益，他们还试图从俱乐部招募所需要的人才。这是非常了不起的，因为它揭示了另一个引人注目的实施赞助的领域。

5.5 本章小结

体育赞助提供了可提升品牌战略的各种各样的机会。上述案例阐明了赞助所具有的多方面的能力。为了展现可进一步相互作用的领域，本节对当前管理程序和科学研究的发展状况做了简明扼要的总结。在管理方面，过去的 10 年里，赞助活动的战略、实施及评估经历了一个专业化的发展历程。至少对于投资金额及预定目标来说，大多数赞助商都拥有各自的赞助策略。对于此类活动的实施，公司将雇人去处理赞助活动以及媒体对赞助的报道。而且，还会有大量的体育营销机构提供全方位的服务。由于赞助费用的增长，使用像媒体收视率和响应测试等评估方式的公司正日益增多。然而，由于找不到合适的检测领域或者为了减少成本，仍有不少赞助商根本不会去检测他们的赞助活动。必须指出，一般来说，人们对赞助活动的评估远远落后于其他手段（如广告），到目前为止还没有实现标准化，并且投资回报率在很大程度上取决于会计政策。但是，由于公司需要理性地对待他们的投资，这种差距在未来可能会导致赞助投资的减少，从而导致职业运动的经济基础以致出现危机。因此，许多公司仍在不断追求一种系统性的方法，以期望借助它来权衡使用其他营销工具替代赞助的可能性。确切地说，因为没有清楚地认识到赞助活动如何在消费者心目中发挥作用，以及缺少易于理解的性能指标以支持投资，管理层深受其苦。

在过去的10年中，有关商业赞助的科学研究取得了重大进展。在这一过程中，赞助使用的战略、赞助刺激的感知以及赞助活动的评估等是其关注的主要内容。在回顾了大量的文献后，瓦利泽尔（Walliser，2003）发现了230多个关于赞助的研究。因此，这一具体领域的研究并不贫乏。早期的研究集中在战略方面，用以解决团队的管理问题以及赞助活动纳入整体营销方案的方式。毫无疑问，这些研究发现帮助管理实践完成了向专业化的提升，有助于其充分利用赞助投资。然而，可用于研究赞助影响的、普遍适用的理论框架仍未创建。事实上，目前最迫切的研究空白在于对赞助信息处理过程的解释。为了提供有意义的指导方针，必须要清晰地了解与赞助活动相关的内部流程。因此，更深入地了解赞助的有效性具有很大的好处：第一，它有助于企业更有效地实施赞助活动；第二，它给出了评价这些活动的大量信息。因为广告与商业赞助之间有许多相似之处，所以广告的一些模式就被运用到赞助上面。然而，研究者们并没有就广告与商业赞助之间的关系达成共识，而这个共识是移植一些广告模式的基本前提。为了建立一个有意义的赞助模式，我们需要了解更多的有关内部信息处理的经验性实例以及广告与商业赞助之间的关系。

在此背景下，德国经济实力最强大的赞助商S20集团与德国科隆体育大学（体育经济和管理学院）联合拟定了一个涉及面十分广泛的研究项目。其总体目标是引入一套普遍被人们接受的关于体育赞助评估的标准指标体系。到目前为止，大多数研究人员都使用各自的测量指标，而且绝大多数是对性质的描述，很难进行比较。为了建立一个清楚明确的标准，使所有市场活动参与者能够在统一的标准下对赞助活动做出评价，俱乐部必须要明确与目标客户接触的特殊价值以及多样化赞助手段的价值。这样，赞助收入的获得者，以及为获取先进的品牌战略而寻求标准指标的赞助商们将双双获益。

> 思考题

1. 与一般产品赞助相比，体育赞助有哪些优缺点？针对缺点，应如何克服？
2. 在体育赞助对象的选择上，应考虑哪些因素以确保与企业的高度适合性？
3. 体育赞助对于体育团队与企业分别有什么样的作用与意义？
4. 目前可用于研究赞助影响的、普遍适用的理论框架仍未创建，你觉得在评估体育赞助的效果时，应着重考虑哪些指标？

参考文献

[1] Adamson A P. Brandsimple-How the Best Brands Keep it Simple and Succeed. Houndmills: Palgrave Macmillan, 2006.

[2] Adjouri N, Stastny P. Sport-Branding. Mit Sport-Sponsoring zum Markenerfolg. Wiesbaden: Gabler, 2006.

[3] Agrawal J, Kamakura W A. The economic worth of celebrity endorsers: An event study analysis. Journal of Marketing, 1995, 59 (3): 56 – 62.

[4] Baumgarth C. Methoden zur Markenfitanalyse. Planung & Analyse, 2000, 27 (5): 48 – 52.

[5] Bennett R. Sports sponsorship, spectator recall and false consensus. European Journal of Marketing, 1999, 33 (3/4): 291 – 313.

[6] Bruhn M. Kommunikationspolitik-systematischer Einsatz der Kommunikation für Unternehmen. 2nd ed. Munich: Vahlen, 2003.

[7] Chien P, Cornwell T, Stokes R. A Theoretical Framework for Analysis of Image Transfer in Multiple Sponsorships. ANZMAC 2005 Conference Proceedings, 17 – 25.

[8] Cliffe S, Motion J. Building contemporary brands: A sponsorship-based strategy. Journal of Business Research, 2005, 58 (8): 1068 – 1077.

[9] Collett P. Sponsorship-related hospitality: Planning for measurable success. Journal of Sponsorship, 2008, 1 (3): 286 – 296.

[10] Cornwell T. State of the art and science in sponsorship-linked marketing. The Journal of Advertising, 2008, 37 (3): 41 – 55.

[11] Cornwell T, Weeks C, Roy D. Sponsorship-linked marketing: Opening the black box. The Journal of Advertising, 2005, 34 (2): 21 – 42.

[12] Crompton J. Conceptualization and alternate operationalization of the measurement of sponsorship effectiveness in sport. Leisure Studies, 2004, 23 (3): 267 – 281.

[13] Dean D. Brand endorsement, popularity, and event sponsorship as advertising cues affecting consumer pre-purchase attitudes. The Journal of Advertising, 1999, 28 (3): 1 – 13.

[14] Dinkel M, Seeberger J. Planung & Erfolgskontrolle im Sportsponsoring: Die Medianalyse in Theorie und Praxis. Heidelberg: abcverlag, 2007.

[15] Dolphin R. Sponsorship: perspectives on its strategic role. Corporate Commu-

nications: An International Journal, 2003, 8 (3): 173 - 186.

[16] Drenger J. Imagewirkungen von Eventmarketing: Entwicklung eines ganzheitlichen Messansatzes. Wiesbaden: DUV, 2003.

[17] Esch F R, Langner T. Branding als Grundlage zum Markenaufbau. In: F. -R. Esch (ed.), Moderne Markenführung. 3rd ed. Wiesbaden: Gabler, 2001: 573 -586.

[18] Green A. Planning for effective evaluation: Are marketers really doing it? . Journal of Sponsorship, 2008, 1 (4): 357 - 363.

[19] Gwinner K, Eaton J. Building brand image through event sponsorship: The role of image transfer. Journal of Advertising, 1999, 18 (4): 47 - 57.

[20] Gwinner K, Swanson S. A model of fan identification, antecendents and sponsorship outcomes. Journal of Services Marketing, 2003, 17 (3): 275 - 294.

[21] Hermanns A, Marwitz C. Sponsoring. Grundlagen, Wirkungen, Management, Markenführung. 3rd ed. Munich: Vahlen, 2008.

[22] Hoek J, Gendall P, Jeffcoat M, et al. Sponsorship and advertising: a comparison of their effects. Journal of Marketing Communications, 1997, 3 (1): 21 - 32.

[23] Jackson K. Influencing behaviour towards a brand through experiential marketing and sponsorship. Journal of Sponsorship, 2009, 2 (2): 164 - 169.

[24] Jeanrenaud C. Sponsorship. In: W. Andreff & S. Szymanski (ed.), Handbook on the Economics of Sport. Cheltenham: Edward Elgar, 2005: 49 - 58.

[25] Johar G, Pham M. Relatedness, prominence and constructive sponsor indentification. Journal of Marketing Research, 1999, 36 (3): 299 - 312.

[26] Keller, K. L. (1993). Conceptualizing, measuring, and managing customer-based brand equity. Journal of Marketing, 1999, 57 (1): 1 - 22.

[27] Keller K L. Strategic brand management process. In: F. -R. Esch (ed.), Moderne Markenführung. 3rd ed. Wiesbaden: Gabler, 2003: 83 - 102.

[28] Kiendl S. Markenkommunikation mit Sport-Sponsoring und Markenevents als Kommunikationsplattform. Wiesbaden: Gabler, 2007.

[29] Koo G, Quarterman J, Flynn L. Effect of perceived sport event and sponsor image fit on consumers' cognition, affect, and behavioral intentions. Sport Marketing Quaterly, 2006, 15 (2): 80 - 90.

[30] Kroeber-Riel W, Weinberg P. Konsumentenverhalten. 8th ed. München: Vahlen, 2003.

[31] Madrigal R. Social identity effects in a belief attitude-intentions hierarchy: Implications for corporate sponsorship. Psychology & Marketing, 2001, 18 (2):

145 – 165.

[32] Meenaghan T. Commercial sponsorship. European Journal of Marketing, 1983, 17 (7): 5 – 73.

[33] Meenaghan T. Understanding sponsorship effects. Psychology & Marketing, 2001, 18 (2): 95 – 122.

[34] Miloch K, Lambrecht K. Consumer awareness of sponsorship at grassroots sports events. Sport Marketing Quaterly, 2006, 15 (3): 147 – 154.

[35] Miyazaki A D, Morgan A G. Assessing market value of event sponsoring: Corporate Olympic sponsorships. Journal of Advertising Research, 2001, 41 (1): 9 – 15.

[36] Nicholls J, Roslow S, Dublish S. Brand recall and brand preference at sponsored golf and tennis tournaments. European Journal of Marketing, 1999, 33 (3/4): 356 – 386.

[37] O'Reilly N. Sponsorship evaluation. Journal of Sponsorship, 2008, 2 (1): 8 – 10.

[38] Pham M, Johar G. Market prominence biases in sponsor identification: processes and consequentiality. Psychology & Marketing, 2001, 18 (2): 123 – 143.

[39] Pilot Group. Sponsor Visions. Bonn, 2008.

[40] Pine J, Gilmore H. Welcome to the experience economy. Harvard Business Review, 1998, 76 (4): 97 – 105.

[41] Preuß H. Sponsoring im Spitzensport. In: Breuer C & Thiel A. Handbuch Sport-Management. Schorndorf: Hofmann-Verlag, 2009: 282 – 299.

[42] Quester P, Farrelly F. Brand association and memory decay effects of sponsorship-the case of the Australian Formula one. Journal of Product & Brand Management, 1998, 7 (6): 539 – 556.

[43] Raynaud J, Bolos G. Sport at the heart of marketing: The integration debate. Journal of Sponsorship, 2008, 2 (1): 31 – 35.

[44] Sportfive. Affinitäten 2. Wertigkeit, Sympathie und persönliche Nähe von Marken und Sport. Wirkungsvoraussetzungen für erfolgreichen Imagetransfer im Sportsponsoring. Hamburg: Sportfive, 2003.

[45] Tripodi J, Hirons M, Bednall D, et al. Cognitive evaluation: prompts used to measure sponsorship awareness. International Journal of Market Research, 2003, 45 (4): 435 – 454.

[46] Walliser B. An international review of sponsorship research. International Journal of Advertising, 2003, 22 (1): 5 – 4.

第6章 足球俱乐部设备制造商：战略与国际化

【学习目标】
- 了解体育赞助的一般理论原则
- 深入了解设备厂商如何使体育品牌国际化

6.1 引言（体育营销 VS 营销体育）

从20世纪90年代开始，欧洲体育的商业用途越来越受到重视，许多公司在这一领域进行了大规模投资。体育行业的赢利能力很强，尤其当主队是胜利者时，可为公司带来一大笔收入。这就是为什么乍看起来似乎不合理，但仍有大量公司（保险公司、银行日用品公司、航空公司等）进入体育运动这一市场，并成为这一市场的长期参与者的原因，它们跟随运动器材制造商（如阿迪达斯、耐克、彪马等）进行着更为显著的传统投资。因此我们谈及的"体育营销"（Sports Marketing）是就设备制造商而言的，而赞助商（投资体育却与体育没有一种"固有的"（Natural）或语义性联系的公司）它们只是致力于"通过体育来营销"。

2000年以后情况愈发复杂：市场营销人员发现要实现一项投资的最优化，必须要借助一个成功的"三角关系"，在这一关系中，每一方各代表着一个品牌。球队、设备制造商和赞助商因为一件球衣走到了一起（图6-1）。当然，巴塞罗那—耐克—联合国儿童基金会（FC Barcelona-Nike-UNICEF）这一组合传达的信息与FC利

图6-1 利物浦和巴塞罗那2009—2010年度球衣

物浦—阿迪达斯—嘉士伯（FC Liverpool-Adidas-Carlsberg）并不完全相同，因为 Carlsberg 代表一种啤酒品牌，而 UNICEF 致力于保护全球儿童。

6.2 体育赞助的一般理论

6.2.1 有关体育赞助的经典文献

赞助是基于联盟或耦合的概念，有关赞助的定义大都具备这一特征，在我们已经挑选出来的三个定义中尤为显著。阿尔梅里亚（Sahnoun, 1986）认为，赞助是"一种把一个品牌或公司与吸引了一批既定观众的事件直接连接起来的促销手段"。根据皮奎特（Piquet, 1985）的观点，赞助指的是"一种广告者用来在消费者心中将它的品牌与一件体育或文化型事件相连接的特定促销手段"。1983年英国的豪厄尔报告（UK's Howell Report）视赞助为"与体育活动无关的个人或组织对一项运动、体育赛事、体育组织或比赛参与者等进行的大力支持，以谋求双方的共同利益"。

赞助是一种公共关系手段，常用以使人们信服某项体育赛事与正在做营销的公司之间存在着一定的联系。该体育赛事可能是由一个团队（运动队、俱乐部、厂队等）、一个公共机构（职业联赛）、个体竞争者或者比赛场地（设备、体育场、赛事等）来支持或举办，并以吸引共同的特定观众群体为目标。

赞助的目标是将体育自身部分或全部价值以及与之有关的文化要素转移至公司、产品或品牌，使他们在市场方面更有效率，即更好地满足消费者的需求（图6-2）。

赞助会以物质形态或服务的形式给予财政支持，使得公司、产品、品牌更广为人知，从而凭借良好的形象获得经济收益。

赞助有三种类型：

（1）能见度赞助。

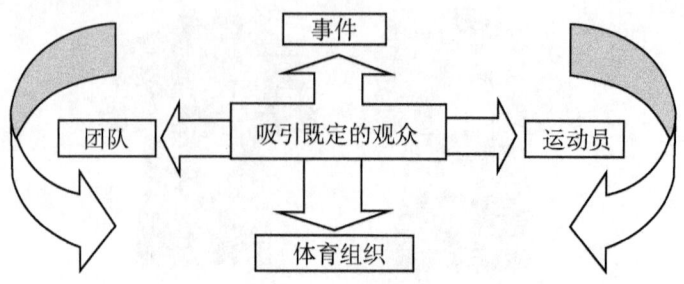

图6-2 赛事成为公众吸引力的焦点

(2) 形象赞助。

(3) 关系赞助（对体育运动的热情）。

大致来说，赞助有两个主要途径（图6-3）：

(1) 商业化途径（贸易赞助，产品展示）。

(2) 机构（公司）或体育赞助途径（社会积极性赞助）。

赞助商会确立自身应优先考虑的事情。科罗里（Crowley，1991）根据赞助商的目标，将赞助分为四种类型：

(1) 消费者导向。

(2) 内部人员导向。

(3) 舆论导向。

(4) 商业化导向。

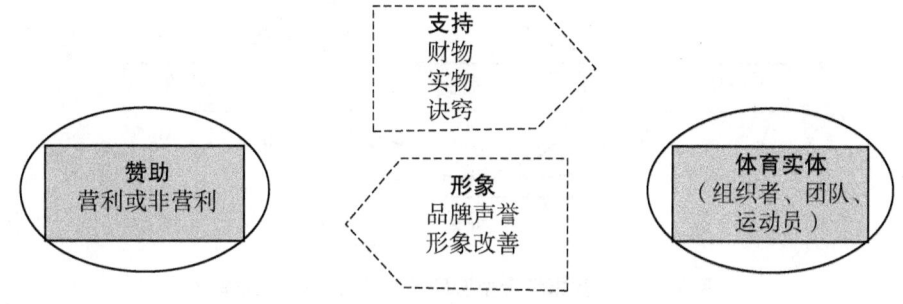

图6-3 体育赞助交换的性质

资料来源：Tribou，2007。

为了准确把握赞助目标，有必要对赛事的直接和间接观众有一个准确的感知。这样的感知必须是定性和定量的：社会人口学特征、人口生活类型和消费概况。受这一方法引导，出现了大量观众调查研究（如索福莱斯民调所、体育市场调查、法国人口研究所、体育实验室、国际体育研究、欧洲数据电视、边界价值评定分析等）。

如果目标中包含着营利目的，那么这种赞助自然而然是为了增加销售量而设置的。然而，购买或重复购买的行为受一系列因素影响，而这些因素与购买者、环境和营销活动有关。更确切地说，赞助将会用以提升品牌的信誉和名声，改善形象，加强销售系统或销售队伍，发展企业之间的关系，等等。

20世纪80年代，将赞助融入公共关系的一体化战略开始出现并逐渐增加。20世纪90年代期间，赞助的概念和应用发生演变。经营者学会了发挥赞助与市场营销组合中的其他变量之间的协同作用。

帕特里克·当布龙（Patrick Dambron，1991）进行了标题为"赞助和营销策略"（*Sponsoring et politique de marketing*）的研究，证明了将"存在于赞助和营销管理之间的关系"合理化的可行性，并着重强调"它与营销组合变量之间重叠的部分：产品、价格、销售和促销"。这份研究主要是基于对法国企业的定性调查，其中还包括一部分对美国或日本企业的子公司的调查。它分析出赞助商和体育组织在未来10年内将要面对的挑战。它运用的是一种综合方法。在这一方法中，赞助与商品的产品、分销、价格、促销等4个要素密切相关（图6-4）。基于这一点，德尔贝、杰勒德和拉迪诺特（Derbaix, Gerard & Lardinoit, 1994）把赞助定义为一种"存在于任何一个组织中，由创造或直接支持一个与其在社会文化上相独立的赛事的行为组成，并运用媒体将组织和赛事联系起来以达到某些营销目标的手法"。

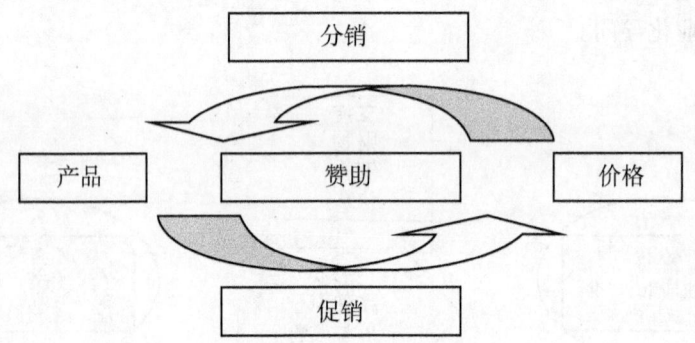

图6-4　在营销组合中赞助和其他因素的相互作用

6.2.2　埋伏营销与设备厂商

根据贝尔斯（Bayles, 1988）的观点，埋伏营销是一种组织用以将其和赛事间接联系起来，以获得和官方赞助商相同利益的策略。第一个明显的例子是伊斯曼柯达公司（Eastman Kodak）在1984年奥运会期间所采取的策略，而当时富士公司是官方赞助商。柯达公司赞助了ABC关于比赛项目的广播，同时也赞助了美国运动队的官方短片。在1988年奥运会期间，每个官方赞助商都至少拥有一个使用埋伏营销策略的竞争者。这种现象的滋生与其效益有着直接关系。在1992年艾伯特维尔冬奥会（Albertville Games）期间，一项由桑德勒（Sandler）和沙尼（Shani）共同完成的研究结果表明，埋伏者通过使用埋伏营销战略，相较于其竞争者获得了更高的知名度。此外，在没有埋伏者的产品策略下的官方赞助商，要比那些身受埋伏营销之苦的官方赞助商取得的成绩更好。

当前，所有大型国际体育赛事都对埋伏营销表示关注。米南汉（Meenaghan, 1994）将埋伏营销的主要方法编制成一份清单：

（1）赞助赛事的广播；

(2) 成为一个赛事的次要赞助商并大规模地利用此身份；
(3) 购买赛事报道空隙中插播的巨额广告；
(4) 在赛事举办期间，从事可提升其赞助活动价值的业务；
(5) 在广告中使用举办地或设备的照片，等等。

考虑到该领域所具有的创造力，这份清单远远不够详尽。然而，在接下来的国际奥委会（IOC）的案例中，赞助商和拥有权利的组织已经学会了如何针对埋伏营销采取相应措施：

(1) 向组织者施加压力来保护赛事；
(2) 开始把场馆赞助和广播赞助连接起来；
(3) 尝试预测竞争者的宣传活动；
(4) 必须申请受保护的赞助权利；
(5) 一旦发现违反规则的行为，可系统地诉诸法律武器。

鉴于赞助合同数量的增加，包括赛事、团队、运动员、裁判员等，这一争论远未结束。1988年，针对其围绕世界杯足球赛举办的活动，耐克声称："我们不是通过这一赛事来进行埋伏营销。我们只是那些要参加世界杯比赛的队伍和球员们的合作伙伴。因此我们的行为是合法的。耐克已经成立一套基于足球的推广计划，而非世界杯。"

埋伏营销策略在足球中十分普遍，因为球员不仅是与设备厂商订有合约的队伍中的一员，而且他们拥有关于他们的球鞋的个人合约——由有竞争力的厂商提供。情况变得越来越复杂。

图6-5 法国队的弗兰克·里贝里
及其个人赞助商耐克广告中的弗兰克·里贝里

如图6-5，这两张图片显示的内容比较混乱。看第一张图片，消费者可能认为这名球员由阿迪达斯赞助，因为这幅"高取景"的照片隐藏了他鞋子的品牌；然而看第二张图片，毫无疑问，是耐克广告中的一幅画面。由于鞋子的能见度较低，尤其在奏唱国歌时（拍特写的最佳时期）劣势尽显，因此一些设备厂商放弃了与个别球员的合同而重新重视团队合约。耐克和法国足球队最新签署的合约目的即在于此，该合约于 2011 年生效。

资料6-1　耐克入股法国队（2008 年 2 月 22 日）

法国足球联盟（French Football Federation，FFF）总裁于星期五宣布，美国公司耐克以每年 4260 万欧元的出价赢得了投标，即将成为法国队在 2011—2018 年期间的新设备供应商。这一变化对于德国公司阿迪达斯来说是一个沉重的打击，其与法国"小型"公司爱尔耐斯（Airness）一起提出的提案以失败而告终。阿迪达斯和耐克的投标书从"质量上讲是非常相似的，但在财务方面有所差异"，法国足球联盟的总裁让·皮埃尔·艾斯卡莱特斯（Jean-Pierre Escalettes）表示："无论从道德或是法律的角度考虑，我都没有理由去作出不同的决定。"艾斯卡莱特斯注意到如果法国队取得参赛资格，仍可能有两项比赛（2008 年欧洲杯和 2010 年世界杯）将使用阿迪达斯球衣。阿迪达斯自 1972 年开始就与法国队合作，联盟对于其与阿迪达斯的长期合作表示赞扬。

艾斯卡莱特斯乐于接受时长七个半赛季，价值 3.2 亿欧元的合约，这"比上一个还多 4.5 倍"。艾斯卡莱特斯宣布，耐克已为每个法国队平均每季度增加了价值 250 万欧元的设备，而且会根据比赛结果提供奖金或红利。合约经过最终更新，已经远远超出 2004 年阿迪达斯支付的 1000 万欧元。而彪马和耐克为购得意大利队和巴西队的标志分别支付 1300 万欧元。这两个队加起来曾拿个 9 个世界冠军。根据负责财务管理的法国足球联盟副总裁诺埃尔·勒·格拉埃（Noel Le Graet）的观点，联盟获得"三个非常不错的投标书，包括爱尔耐斯的那一份"。"尽管我们有非常多的目标，但我们十分明确应该如何使用这笔资金。"格拉埃说。

资料来源：http：//www.france24.com/fr/20080222-nike-equipe-france-football-equipement-vetement-Adidas（最后访问：2010 年 5 月 29 日）。

资料6-2　对于埋伏营销的批评：来自阿迪达斯法国营销总监艾伦·帕赛劳特（Alain Pourcelot）

你如何处理个人合约与团队合约之间的矛盾呢？例如，里贝里现在已和赞助他的耐克紧密联系在一起，但同时他所在的球队是由阿迪达斯赞助的……

艾伦·帕赛劳特（Alain Pourcelot）说："这种情况有些复杂。要想把所有的事情理清楚，你必须是一个商业行家，对于普通消费者来说就不一定容易了。这就是为什么你不得不致力于使用球员营销的原因，就像我们使用本泽马（Benzema）一

第6章 足球俱乐部设备制造商：战略与国际化

样，这是十分有必要的。此外，我们基于俱乐部都签有合同的这样一个市场，例如，直到1998年，只要你是为法国队踢球，你就必须要穿上联赛合作伙伴品牌的衣服，所以每个人看到你从头到脚都是阿迪达斯。

"基于非常简单的原因，同时联系在某些运动中的实际情况，官方决定，某项运动的特定设备的品牌需让运动员自己选择，例如游泳或击剑。因此很快，从20世纪90年代开始，为了刺激商业发展，鞋子，就像泳衣或花剑一样，被认定是运动员的必需品，而且他们应该有选择适合自己的设备供应商的权利。因此，在过去，每个效劳马赛俱乐部（OM）的球员都身着阿迪达斯的衣服，而巴黎圣日耳曼足球俱乐部（PSG）的所有球员都穿耐克，而现在，个人合同与团队合同并存，因而显得比较混乱。在任何事情都可能发生的情况下，胜利者往往是那些能够最有效地把他们的品牌和这些运动员联系起来的人，所以人们开始直接把品牌和运动员联系起来。你还可以选择一种相对不同的策略，称之为埋伏或破坏营销，例如利用在由阿迪达斯赞助的团队中效劳却和耐克有约的球员，并为穿着阿迪达斯衣服的运动员拍摄照片，显然这样容易引发混乱。但这并不是什么大问题，重要的是能够和你想要的球员签约，把他变成你成功的利器。现在的市场不再是固定不变的了，你可以做的事情很多，每个品牌都在尽力管理自身。"

资料来源：作者的访谈，2008年11月23日。

6.2.3 传统营销与设备制造商的战略

表6-1 法国的赞助：2009年平均进入成本

（单位：百万欧元）

运动	赞助方式	价格
一级方程式赛车（F1）	首席合作伙伴 Partner major stable	50
	主要合作伙伴 Partner mid-range stable	15
	常规合作伙伴 Partner average driver	0.4
世界汽车拉力锦标赛 拉力赛（WRC）	首席合作伙伴 Partner major stable	8
	常规合作伙伴 Partner average driver	0.2
自行车赛（CYCLING）	获胜的法国团队的主要合作伙伴 Featured partner winning French team	8

续表6-1

运动	赞助方式	价格
自行车赛 （CYCLING）	环法自行车赛首席合作伙伴 Major partner Tour de France	5
足球 （FOOTBALL）	英格兰足球超级联赛首席球衣合作伙伴 Jersey partner major League – 1 club	6
	法国杯首席合作伙伴 Major partner French Cup	4
	法国队首席合作伙伴 Major partner French team	2.5
英式橄榄球 （RUGBY）	法国队官方合作伙伴 Official partner French team	3.5
	联赛的高级合作伙伴 Top partner of the League	2
	法国联合式橄榄球 Top – 14 联赛球衣合作伙伴 Jersey partner major Top – 14 club	1.65
网球 （TEUNIS）	法国网球公开赛高级合作伙伴 Top partner Roland – Garros	3
帆船 （SAILINE）	大型连体船首席合作伙伴 Major partner big multihull	3.25
	单体船首席合作伙伴 Major partner single hull	1.9
田径 （ATHLETICS）	联盟首席合作伙伴 Major federation partner	1
手球 （HANDBALL）	联盟官方合作伙伴 Official federation partner	0.8
篮球 （BASKETBLAA）	职业球队的球衣合作伙伴 Jersey partner of a Pro A team	0.3
高尔夫 （GDLF）	法国公开赛的官方合作伙伴 Official partner, French Open	0.5
滑雪 （SKIING）	联盟合作伙伴 Federation partner	0.25

续表6-1

运动	赞助方式	价格
马术（HORSERIDING）	法国卡西欧马术障碍赛首席合作伙伴 Major partner of a French CSIO	0.3
游泳（SWIMMING）	联盟合作伙伴 Federation partner	0.3
攀登（CLIMBING）	联盟合作伙伴 Federation partner	0.08

（包括折旧）

资源来源：TNS Sport，2009。

此表仅体现了法国的基本情况。如果我们将范围扩至欧洲，可以发现国家之间存在着相当大的差距：在意大利，赞助商要比在西班牙多支付5倍的价钱，比在法国、德国和英国多2倍。

投资有一种传统的交替规律：在萧条年份减少（奇数年份），然后在繁荣年份实现赶超（伴随着奥运会和足球比赛的偶数年份）。

当一支国家队遭遇挫折时，专家们经常会呼吁赞助商要避免停止赞助，雪上加霜。然而到目前为止，赞助市场仍未成熟：它在1990—2007年增长了4倍，每年大约增加10%。而且，现在促销手段有了新的发展方向，例如赞助在虚拟游戏中的提升以及欧洲网上投注的发展。

依据所采用的定义内容的不同，赞助金额会发生相应改变：当赞助只包括冠名权时，只有4%的营销开支，而当我们为某一赛事增加了支持以及与活动相关的其他业务（公共关系、海报和直接营销）时会增至大约10%。这里可用一个概测法来优化合作关系：每购买1欧元的权利，赞助商都将为配套措施支付2～3欧元。

体育管理机构的角色变得越来越重要。他们参与营销和电视转播权的谈判，开展咨询工作，以及出售公共关系管理方案。在法国，汉威士体育（Havas Sport）及五环体育（Sportfive）两大领头羊正与麦考马克国际管理集团（IMG McCORMACK）及八方环球公司（Octagon）（美国第二大、世界第四大广告与传播集团）的法国子公司相竞争。同时有一大群小型和中型公司也在相同的环境下经营，它们拥有体育营销代理的身份。

从赞助的严格意义上来讲，体育营销代理具有四个主要功能。

（1）营销经纪人：将相关赞助权益销售给广告商，以换取佣金（销量的10%～20%）。

（2）咨询：当广告商想通过体育来推销自己或进行谈判时，帮助其作出战略决策。

(3) 测量投资回报率的研究（如媒体能见度，地区生产总值等）。
(4) 外勤工作：组织赛事和公关活动。

但这里仍然存在着道德上的问题，因为中介会同时给购买者和销售者提供建议。

6.3 管理层面：体育品牌的国际化

足球俱乐部、国家队、职业联盟以及大型体育赛事凭借他们自身的实力已成功打造出品牌。他们在一个金融风险巨大的竞争环境中找到了自己：他们尽一切力量来提高其在国际层面上的知名度，并最终通过营销获得新的收入。在此环境下，法国网球公开赛（法网）（Roland-Garros）的网球锦标赛与温布尔登（Wimbledon）网球公开赛展开了激烈的竞争；曼联为了比皇马销售更多的球衣，举行了亚洲环游活动；而美国篮球职业联赛（NBA）为了胜过美国橄榄球联赛（NFL）选择进军中国。当前，竞争已十分激烈，欧洲和美国的一些品牌面对日趋饱和的竞争市场，其发展已停滞不前（图6-6）。

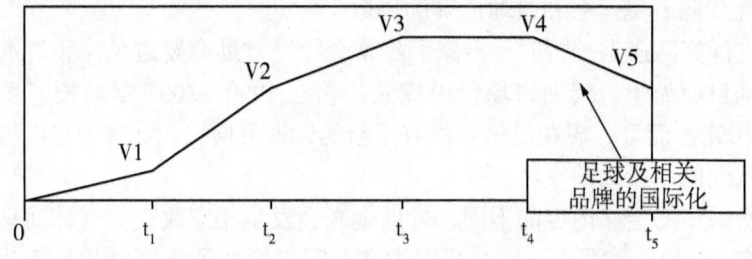

图6-6 体育产品的生命周期（销量与时间）

资料来源：Andreff W, 1989。

注：
V1 表示高层次竞争对手的需求量。
V2 表示覆盖全部赛事业务的销量。
V3 表示覆盖整个国内市场（包括非体育的购买和更换需求）的销量。
V4 表示衰退阶段开始时的销量。

基于安德里夫（Andreff，1989）提出的生命周期理论（表示体育产品的销量随着时间发展的变化情况），我们发现企业在衰退时期尝试将其产品出口，以便通过国际化来弥补该阶段的损失。对亚洲市场的进军（巡回宣传，电视转播权的销售，网上商场和网站的开发）似乎符合该理论解释。考虑到欧洲足球市场已部分饱和，亚洲似乎为俱乐部寻找新的财务资源以及寻求品牌国际化提供了一条可靠的脱险通道（Desbordes，2006）。

第 6 章　足球俱乐部设备制造商：战略与国际化

6.3.1　欧洲与美国的职业体育：体制差异影响体育品牌

欧洲职业体育由一种与美国体育非常不同的样式构成。在美国，大学为团队运动培养运动员（一般18～22岁），然后将最出色的运动员转为专业运动员。在欧洲，橄榄球和足球俱乐部都是利用自己的训练中心来担任这一角色。

美国的体制受到更加严格的管制。过去数十年，执政当局尝试在联赛中保持一定程度的不确定性，以此来保护比赛的价值。当总是同一支队伍取得胜利时，电视收视率会下跌，进而导致广告收入减少，同时各频道愿意支付的电视转播权的价格也会降低，此外，票务收入也相应减少。为此，美国体育决定要有弹性地控制他们的比赛，不能放任市场自由发展。

美国职业联盟（以NBA为例）是一个独立完备的组织，拥有以下两个目标：

（1）组织一场比较均衡的体育比赛（通过同等水平的队伍之间的比赛来保持结果的不确定性），从而增加收入。

（2）建立一场公平的经济竞争，在此每支队伍都能基于自身对联盟的贡献来获得一个合理回报。

简答地说，NBA有以下三个基础规则：

（1）选秀。这是一个共享正在进入NBA的大学球员的体系。大致来说，即在上个赛季表现最糟糕的球队将在招募时拥有优先权，所以选秀中去年表现最好的球员将会去最差的球队。

（2）电视转播权的公平分配。无论这一年的广播节目有多少，对于网络和有线电视，NBA都切实对每个球队的电视转播权进行公平分配。因此，即使在这一年内某支球队的比赛从未播出，它与冠军球队之间的分配权利实际是相等的。

（3）最高工资限额。为了避免薪金竞价给球队带来财政危机，从1980年开始，每年的工资总额都设有上限。

总的说来，这套体制使美国的锦标赛具有了不确定性，因此它比欧洲体育锦标赛更具不可预测性。在欧洲锦标赛中，俱乐部之间的巨大差距导致了他们赛果的悬殊性。为此，欧洲当局近年来尝试设立一套财政公平竞争方案。

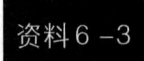　UEFA（欧洲足球联盟）正式通过一项财政公平竞争政策（世界报，2010年5月28日）

米歇尔·普拉蒂尼（Michel Platini）自接管UEFA以来，一直对该计划表示支持，如今它终于取得了丰硕成果：星期四，欧洲足坛当局接受了这项财政公平竞争政策，意图削弱俱乐部的成本膨胀。该政策将逐步生效，首次处罚可能在2014—2015赛季得以实施。"这是对欧洲足球的一次彻底改变。"UEFA主席宣布。

此项政策的目标是通过强迫俱乐部停止入不敷出的经营以确保欧洲足球的财政健康。最后，UEFA 声称："在既定时期内，俱乐部没必要去支付多于他们创收的花费。"为了获得新球员，他们不得不大量花费其通过电视转播权、门票销售、推销、赞助以及赛事组织者支付的奖金等方式所赚取的钱财。富裕的投资者的资金注入将会有一个上限。

"如果俱乐部想要花费五六千万欧元甚至7千万欧元，当然可以，但前提条件是他们拥有足够的收入以确保他们未来的发展。"UEFA 的秘书长詹尼·因凡蒂诺（Gianni Infantino）解释道。他对记者说，这些新法规已由欧洲当局的执行委员会全体一致通过。

从 2014—2015 赛季开始，凡不遵守这些规则者，都将受到处罚，即失去参与 UEFA 组织的欧洲比赛如欧洲冠军联赛的资格。与此同时，财政公平竞争政策将于 3 年（2010—2012）内逐步实施。"它的基石，财政稳定的原则，将会对在 2010 年年底发布的财政报告产生影响，且将会在 2013—2014 赛季接受 UEFA 的评估。"欧洲足球当局解释说。目前，已委派比利时前任首相让-卢克·德黑尼（Jean-luc Dehaene）带领一个团队负责检查这些俱乐部的账目。

星期四，米歇尔·普拉蒂尼解释说，问题的关键不在于处罚这些俱乐部。"我们致力于在与俱乐部紧密合作的过程中提倡财政公平竞争的理念。我们的目标不是去处罚他们，而是去保护他们。我们和他们已经达成协议。"他说。随后，他声明这份协议是足球俱乐部"财源的新开始"，并且它将使得"稳定和经济常识的重建"成为可能。

根据 UEFA 最新研究，接近一半的欧洲俱乐部都已处于负债亏损的困境，而且有 1/5 的俱乐部财政状况堪忧。欧洲俱乐部联盟乐于接受这项决定。"这是一个巨大的成功之举。"联盟主席、德国前国际球员卡尔·海因茨·鲁梅尼格（Karl Heinz Rummenigge）说，"这些措施将会带领欧洲足球进入一个更加可靠且可从根本上实现可持续发展的经济体系。"

资料来源：http://www.lemonde.fr/sport/article/2010/05/28/l-uefa-adopte-le-fair-play-financier_1364225_3242.html（最后访问：2010 年 5 月 31 日）。

我们注意到各主要俱乐部的收入之间存在巨大差距（图 6-7）。皇家马德里的收入是在此衡量标准下处于第 8 位的尤文图斯队的 2 倍，而且是位于第 20 位的纽卡斯尔联队的 4 倍。在其自己国家举办的西甲联赛中，皇家马德里有时会与预算为它的 1/20 的对手抗争。在这种情况下，竞争平衡作为体育经济分析的主体及赛果不确定性的保证，受到了严重威胁。

总的说来，现代足球俱乐部的资金主要来源于门票销售（现在门票销售往往只占收入总金额的一小部分，但从历史上看它是俱乐部最主要的财源）、电视转播权以及商业资源（包括赞助和公共关系空间销售、VIP 包厢和商务座）（图 6-8）。

第 6 章 足球俱乐部设备制造商：战略与国际化

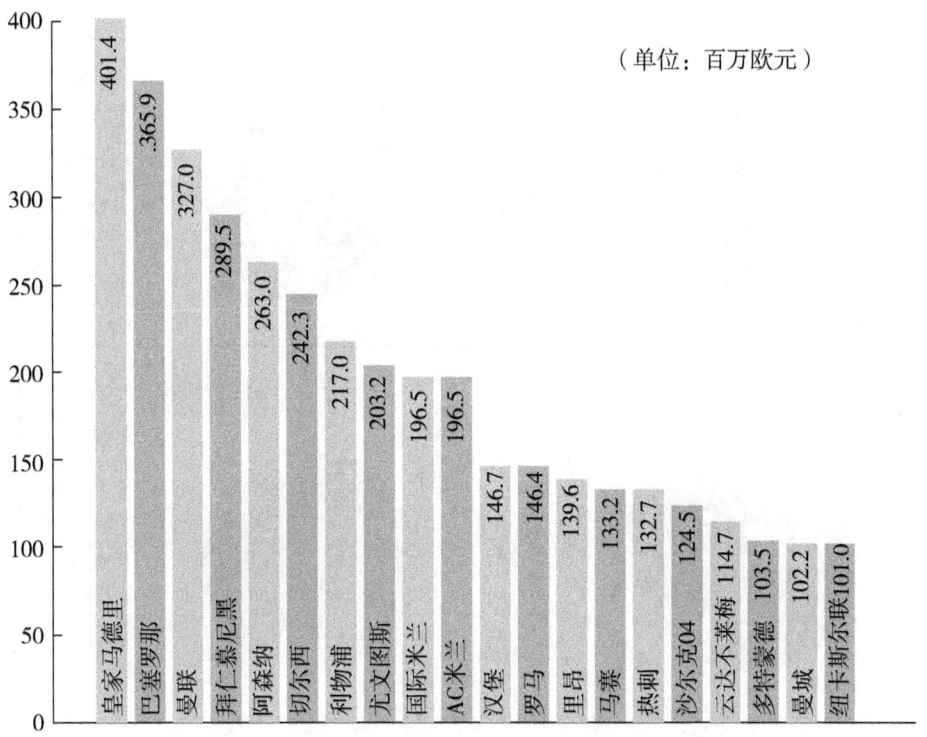

图 6-7 欧洲主要足球俱乐部在 2008—2009 赛季的收入

资料来源：德勤足球财富榜（Deloitte Football Money League），2010。

在欧洲足坛，赞助仍然是俱乐部的一个不断增长的收入来源，但是，我们可以看到，各球衣赞助合同在金额上存在显著差异（图 6-9、图 6-10）。

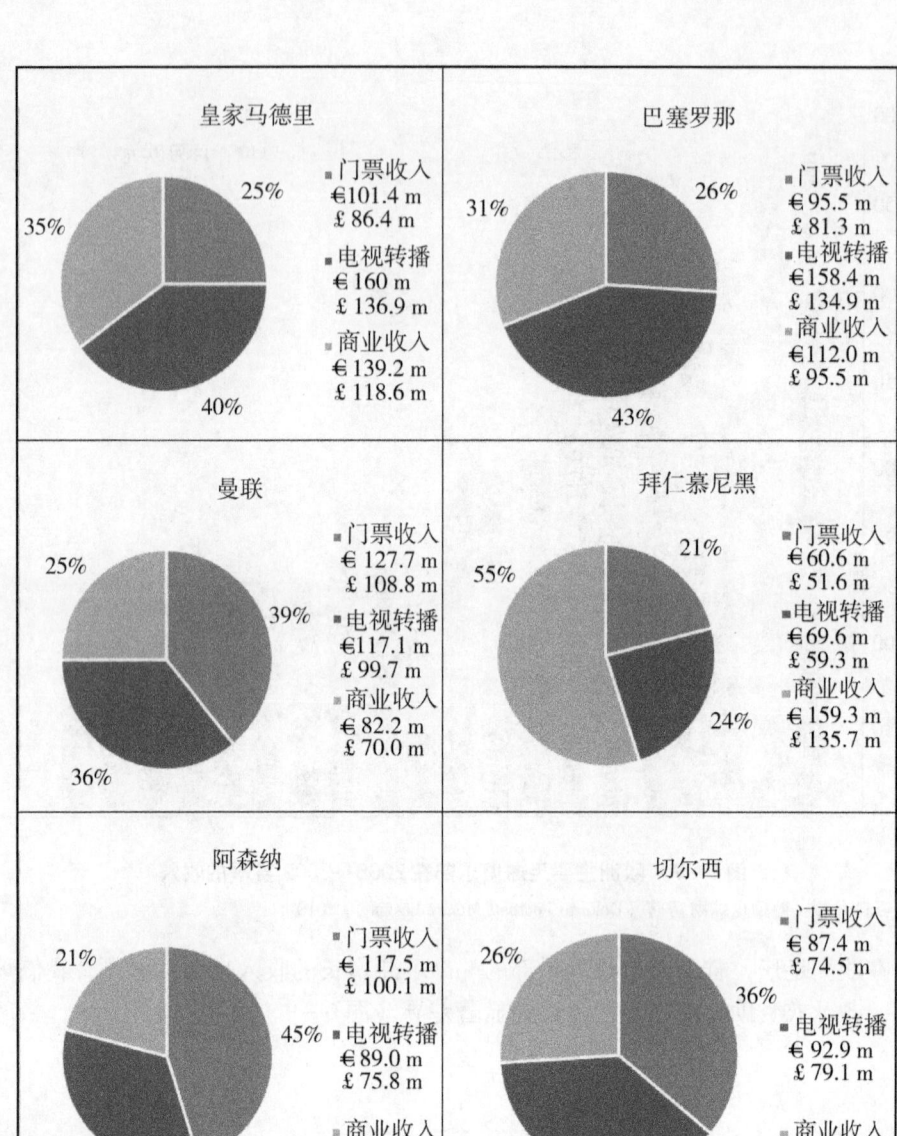

图6-8 2009年六大欧洲足球俱乐部的收入分配

资源来源：德勤足球财富榜（Deloitte Football Money League），2010。

第6章 足球俱乐部设备制造商：战略与国际化

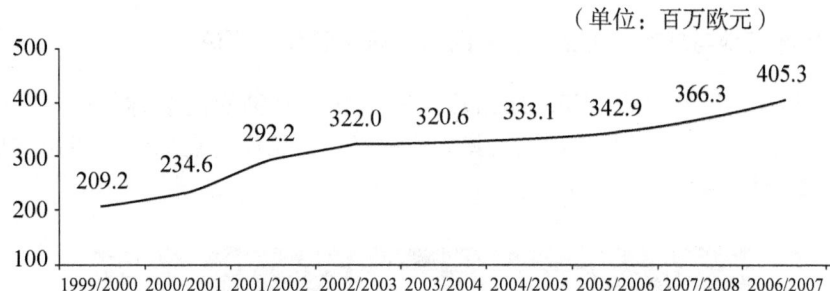

图6-9 欧洲六大足球联赛中球衣赞助收入

资料来源：Sport + Markt AG 市场调查公司，2007—2008 赛季欧洲泽西报告，2007年10月。

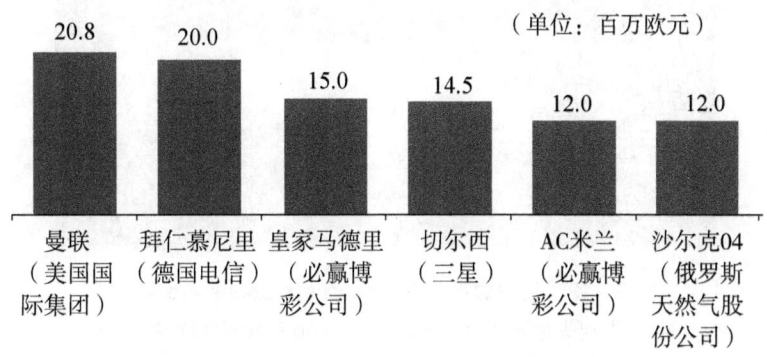

图6-10 欧洲足坛六大俱乐部球衣赞助额

资料来源：Sport + Markt AG 市场调查公司，2007—2008 赛季欧洲泽西报告，2007年10月。

由图6-11可知，收入差异在2010年变得更为明显。一种赞助趋势已越来越普遍，即品牌在较少的目标上下更大的赌注。此现象表明当前财政效率及其在赛事、运动员和球队中的应用是一个十分重要的问题。

球队	赞助商	2010年赞助额度（百万欧元）	上升幅度
皇家马德里	必赢博彩	15～20	33%
曼联	有源光网络	23	42%
拜仁慕尼黑	德国电信	24	10%～20%
利物浦	渣打银行	23	167%
AC米兰	阿拉伯联合航空公司	12	—
汉堡SV	阿拉伯联合航空公司	7	27%

图6-11 2010年欧洲足坛主要俱乐部赞助合同的增加

数据来源：德勤足球财富排行榜（2010）。

1. 比赛场地与球衣的神圣化:美国篮球职业联赛(NBA)

近几年来,虽然 30 个 NBA 球馆均已冠上私人赞助商的名称——众所周知的"命名"现象——但联盟非常重视对其品牌的保护,无论是在球馆内还是在球衣上(图 6-12、图 6-13)。

图 6-12 快贷球馆(The Quickens Loans Arena):
NBA 克利夫兰骑士队(the Cleveland Cavaliers)的主场

资料来源:http://farm3.static.flickr.com/2461/3553433196_fabb83ecf8_o.jpg(最后访问于 2010 年 5 月 31 日)。

图 6-13 保罗·皮尔斯的球衣
(2009—2010 赛季期间波士顿凯尔特人队服装)及 NBA 标志

资料来源:http://nationalbasketblogassociation.files.wordpress.com/2008/06/nba_pierce_400.jpg 和 http://gschassebasket.perso.sfr.fr/nba-logo.jp(最后访问于 2010 年 6 月 12 日)。

第 6 章 足球俱乐部设备制造商：战略与国际化

在 NBA 的比赛中，几乎没有任何电子广告牌或可见性广告，只有通过扩声器播放或大屏幕显示的公告。这与在欧洲足坛尤其在职业联赛中看到的相距甚远。另一方面，电视转播的重转也已通过使用赞助商广告牌或广播赞助（broadcast patronage）的方式，被斥巨资赞助。

NBA 认为球馆是绝对神圣的，而保护球员球衣的行为则更加激烈。

NBA 球队的球衣上没有任何商业赞助标志，甚至连在 2006 年签署了一份长达 11 年、价值 4 亿欧元的合约的阿迪达斯也不例外。此外，NBA 成为"三条纹"品牌在美国市场上实现国际化的最快捷的方式，这也是阿迪达斯在同一年收购锐步的最主要原因。

只有在球员的热身衣服上及在商场中卖的翻版球衣上才印有阿迪达斯的标志（图 6－14），但在运动员的正式球衣上品牌标志是完全被隐藏的。

图 6－14　波士顿凯尔特人队保罗·皮尔斯的翻版球衣

资料来源：http://www.fansedge.com/Images/Product/41-53/41-53046-F.jpg（最后访问于 2010 年 5 月 31 日）。

2. 中间案例：美国冰上曲棍球联赛（NHL）

就赞助商和厂商在运动员的球衣及球场上的可见度而言，美国冰上曲棍球联赛（NHL）位于美国篮球职业联赛（NBA）与欧洲足坛之间（图 6－15）。

从图 6－15 中我们可以看到球衣背部印有锐步（Reebok）标志，手套和球棍上也有。

图 6-15　锐步在美国冰上曲棍球联赛球衣和配件上的可见性
资料来源：http：//www.nhl.com/ice/gallerylanding.htm#？navid=nav-photo-main（最后访问于 2010 年 5 月 31 日）。

同样，球场内也充斥着大量的广告标识（图 6-16），它们随着球场位置的变化而变化，即根据地点来选择国家或地方品牌。

图 6-16　芝加哥黑鹰队球馆——联合中心被改装成一个用于 NHL 曲棍球比赛的溜冰场
资料来源：http：//www.nhl.com/ice/gallerylanding.htm#？navid=nav-photo-main（最后访问于 2010 年 5 月 31 日）。

最终，像在 NBA 一样，设备厂商的可见性通过传统推销产品——翻版球衣的销售得到保障（图 6-17）。

第6章 足球俱乐部设备制造商：战略与国际化

图6-17 华盛顿首都队的翻版球衣（2009—2010赛季）

资料来源：http：//shop.nhl.com/product/index.jsp?productId=4012157&cp=3169596&clickid=body_bestsell_txt（最后访问于2010年5月31日）。

3. 相对独立自由：欧洲足坛

欧洲足坛的环境是不同的。俱乐部各自就其球衣赞助以及与设备厂商的合同进行谈判。同样地，体育场内的电子广告牌由他们负责。因此，他们在市场营销方面比 NBA 球队拥有更高的自由度。在美国体制中，联盟掌控大权，而在欧洲，尤其在 G14 联盟（欧洲足球的 G14 集团）的影响下，俱乐部相对更有权势。

6.3.2 设备厂商的一般战略

总体而言，耐克、茵宝和阿迪达斯这三个品牌是欧洲大部分合同的选择对象（图6-18）。经分析，我们得出三大趋势：

（1）随着时间的流逝，以准垄断者的身份进入20世纪90年代的阿迪达斯现已开始逐步消退。首先，合同支出的不断增加意味着企业已支撑不了与从前一样多的合同（从2007年开始，每年需支付皇家马德里3000万欧元；2010—2020年期间，根据里昂队的比赛成绩每年向其提供700万~1000万欧元）。此外，设备厂商的市场营销定位使其能够更合理地去集中赞助一些顶尖球队（如西班牙的皇家马德里、法国的马赛、英格兰的利物浦和切尔西、意大利的 AC 米兰和德国的拜仁慕尼黑）。

（2）20世纪90年代期间，耐克取代阿迪达斯成为世界排名第一的体育设备制造商。该品牌不再无视世界最流行的运动——足球。它以一种非常规的形象向前迈

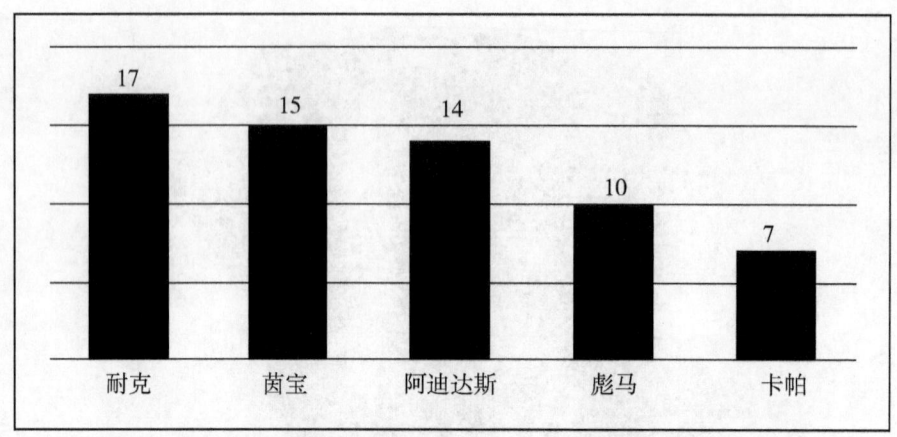

图6-18 欧洲足球俱乐部与设备制造商签署的合同数
资料来源：Sport + Markt AG 市场调查公司，2007—2008赛季欧洲泽西报告，2007年10月。

进：埃里克·坎通纳（Eric Cantona），一名反复无常、充满挑衅的法国球员，成为它的主要代言人。今天，耐克在欧洲拥有一些最大最好的合约（如与巴塞罗那足球俱乐部签署的每年3000万欧元的合约，与国际米兰足球俱乐部的每年1800万欧元的合约，以及与尤文图斯足球俱乐部在2009—2016年期间每年1200万欧元的合约）。

（3）最后，局外人彪马，在其品牌几乎消亡时，于21世纪初以一种生活型为定位重新出现在大众视野前。在非洲，它通过成为喀麦隆（Cameroon）和科特迪瓦（Côte d'Ivoire）等国家的设备制造商，给自身平添一份传奇经历。

6.3.3 案例研究：阿迪达斯、耐克和彪马

通过分析体育品牌与俱乐部、国家队以及他们赞助的体育赛事之间的品牌合作关系，我们对品牌国际化的前景做了广泛评价。为了达到这一目的，我们采用了案例研究法，同时为了汇编定性信息采访了共22名专家。这22名专家的名单载于附录1。

在此次研究中，我们首先引用了下面这一通用定义："品牌联合是指两个或更多的品牌为了发展、市场营销以及一项产品（或服务）或他们即将共同推出的一系列产品（或服务）的促销而联合在一起。"

1. 阿迪达斯

在以下内容中，我们将看到阿迪达斯品牌是如何通过对俱乐部、联盟、国家队、赛事和运动员的赞助来开展其国际化进程的。

"品牌联合是一个特定术语，我们借以形容两个真实品牌的联合，然而当联合

第 6 章　足球俱乐部设备制造商：战略与国际化

对象是一个俱乐部或赛事时，我们称之为合作伙伴或赞助。"

——阿兰·布尔什洛（Alain Pourcelot）

"品牌联合将产生众多优势，名声及品牌形象的提升亦在其中，尤其是品牌形象，无论我们到哪里它都会对我们有所帮助。这是在法国的情况，在全球范围内可能也是一样。最近的一项研究调查表明，阿迪达斯是最受喜爱的品牌［达能（Danone）第二］。所以如果你自称为阿迪达斯会比自称为茵宝更容易进入其他国家。"

——克里斯托弗·根特（Christophe Gante）

一直以来，阿迪达斯在欧洲比较强大，在北美洲却相对较弱，为此，阿迪达斯正试图通过合作伙伴关系来补救失地。

"之所以优先考虑北美，是因为其市场容量巨大，而阿迪达斯在这里的市场占有率非常小（6%左右）。类似于有一块更大的蛋糕，而他们当前只占有相当小的一部分，不得不说这是一个巨大的机会。"

——克里斯托弗·根特（Christophe Gante）

阿迪达斯正试图补救的这一失地是由品牌亲近度的缺失造成的。尽管在欧洲由于历史原因阿迪达斯的品牌亲近度较高，但在美国其亲近度却相对较低。

"在品牌亲近度方面，它是一个相当强大的品牌，一个与消费者有显著亲近关系的品牌。这种亲近性在欧洲是一个真实的影响因素，因为它是一个欧洲品牌。同样，鉴于它在亚洲的发展情况，在那里也具有影响力。但是，在南美洲和美国影响力要小一些，因为它不属于当地领先品牌之一，离领先品牌还差得很远。"

——阿兰·布尔什洛（Alain Pourcelot）

"非洲是一个特殊的大洲：国与国之间的发展水平存在很大差别。当前，这块陆地由我们欧洲队掌控。国际足联世界杯（the FIFA World Cup）允许我们将重点放在非洲，并投入资源，以制定发展战略。"

——伊莎贝拉·马岱克（Isabelle Madec）

自"二战"以来，阿迪达斯将自己与各体育机构（FIFA、CIO 和 UEFA 等）联合起来，以确保品牌的全球扩张。这是一个非常有远见的政策，因为在当时一个主要的问题在于要向联盟免费提供设备，即使他们的赛事很少受到媒体的关注。

"当你与世界杯或奥运会形成合作伙伴关系时，你离成为一个受欢迎的品牌已不远了，因为这两者拥有三四十亿电视观众。所以从真正意义上来讲，你正在拥有全世界。"

——阿兰·布尔什洛（Alain Pourcelot）

阿迪达斯为了成为国际奥委会（IOC）北京官方合作伙伴，支付了7亿多欧元，这一赛事为该品牌举行宣传活动提供了良好契机。这家德国公司（阿迪达斯）正是依靠奥运会在中国市场上成功超越了其竞争对手耐克。这是一场涉及数亿欧元支出的战斗。

即使在"次要"运动中，阿迪达斯都会通过合作伙伴关系保证它以世界级的水平存在。但在这种情况下，只有最强大的团队能使它感兴趣。

"……例如全黑队（the All Blacks），它是一支橄榄球队，而橄榄球不是一种全世界流行的运动，当然如果把全世界作为一个整体来看，它是一个观众数量相当有限的运动。为什么我们选择全黑队，是因为在这个有限的运动中有一支突出的球队，即全黑队。所以如果我们谈及品牌联合，它可能是唯一一支拥有国际影响力的球队。例如，耐克选择法国橄榄球队，在那里是一条大新闻，但在法国以外，它并不意味着什么。另一方面，全黑队的黑人们，他们的历史，易穿的球衣，很明显我们要去追逐他们。但毕竟，它的业务是非常有限的，只有有限的影响力。"

——克里斯托弗·根特（Christophe Gante）

当一个品牌形成合作伙伴关系时，重要的是不要仅仅过于紧密地"覆盖"一个国家，而忽略了其他国家。应该与旗舰合作伙伴联合，以确保其存在于每个国家。

"他们已在具有国家影响力甚至国际影响力的俱乐部中入股投资：这就是为什么品牌决策者们希望在每个国家有一个杰出的俱乐部来代表其品牌的原因。如果我在西班牙，我需要皇家马德里或巴塞罗那；如果我在意大利，我需要AC米兰或尤文图斯；如果我在法国，我需要马赛或者巴黎圣日尔曼，等等。其他事情也是一样的，如果我展开欧洲地图，品牌覆盖面应该是均匀的。"

——克里斯托弗·根特（Christophe Gante）

除了提供全球可见性以外，这些合作伙伴始终维护阿迪达斯的价值观，尤其坚信它对运动的深刻承诺。这些俱乐部都是传奇，在足球世界里赋予品牌真正的公信力。

下面我们以法国足球队为例进行分析：

这里以法国为例显得特别有意思。尽管在1998年世界杯，阿迪达斯与法国队的合作伙伴关系成为赞助领域的伟大成就之一，但它却刚刚把国家队输给了它的劲敌——耐克。这份新合同将在2011年或南非世界杯1年后开始生效，阿迪达斯在未来几个月的态度将会十分有趣。它必须在加大力度推广球队（这最终可能有益于耐克）与通过合作关系来获得回报的愿望之间取得一个可以接受的平衡。

"耐克以每年4260万～4500万欧元的价格购买了2011—2018年的合约，其收入必然将是一笔相当可观的金额，它明确表明了对联赛的形象及业务方面的极大

第 6 章　足球俱乐部设备制造商：战略与国际化

兴趣。"

——克里斯托弗·根特（Christophe Gante）

与运动员的合作伙伴关系要比与一个俱乐部或机构合作的风险更大，因为它要承担更多的风险，如球员受伤、球员的表现失常等。

"至于运动员，情况会更加复杂，因为要冒更多的风险：他们会受伤，然后永远销声匿迹。除此之外，还要考虑这样一个事实：运动员更难被控制，而且有很多无法预料的问题出现。例如他过去在德国，然后出现在西班牙，控制显得愈发困难。"

——克里斯托弗·根特（Christophe Gante）

"两三年前与 NBA 签约，看起来是一个非常有决定性意义的事件，因为阿迪达斯在北美相当薄弱，而篮球是那里的三大运动之一。"

——克里斯托弗·根特（Christophe Gante）

然而，还有一个问题，冠军品牌直到 2010 年仍属官方赞助商所有。因此，阿迪达斯不能充分利用球衣获得能见度。当时，只有在短裤的最上方才能看见标志。因此，阿迪达斯致力于在比赛期间增加自己的曝光度，例如出现在替补席上（经常在电视屏幕上看到），大屏幕上（被观众看到），或者在电视播出比赛期间，使用电子广告牌。

然而，该品牌已开发出大量的商品，例如所有球队的球鞋和衣服。

阿迪达斯意图在篮球领域以及北美区域巩固自身地位。该品牌着重强调其独特的品牌定位。在这方面，与 NBA 的合作伙伴关系合同是其最重要的资本。

这份独家许可协议，包含了对纺织品的占有权，此外，还保证了阿迪达斯在所有 NBA 比赛中的能见度。它还允许阿迪达斯宣传和利用球员，如凯文·加内特（Kevin Garnett）、德怀特·霍华德（Dwight Howard）、蒂姆·邓肯（Tim Duncan）、昌西·比卢普斯（Chauncey Billups）、特雷西·麦格雷迪（Tracy McGrady）和吉尔伯特·阿里纳斯（Gilbert Arenas）。目前有超过 20% 的 NBA 球员穿阿迪达斯运动鞋。

由于日益增长的知名度以及篮球在世界各地的普及，这一合作伙伴关系成为将这项运动和阿迪达斯传输到其他大陆（例如亚洲和欧洲）的重要传播媒介。该品牌也将能够在北美以外的地区进行销售。

目前，NBA 的球员来自 32 个国家，而且主要是外国球员，例如吉诺比利（Ginobili）、帕克（Parker）、加索尔（Gasol）、姚明（Yao Ming）和基里连科（Kirilenko），这些球员分别在阿根廷、法国、西班牙、中国和俄罗斯有着相当大的影响力。

NBA 和阿迪达斯通过举办巡回赛的方式打入其他大洲：NBA 巡回赛，NBA 欧洲巡回赛，无边界篮球赛（印度、土耳其和南非）以及中国赛。

2. 耐克

在本部分内容中，我们将看到耐克是如何通过对俱乐部、联盟、国家队、赛事和运动员的赞助来开展其国际化进程的。可以看出，那些最大型的体育赛事对于这个在1972年创立的年轻品牌来说是非常重要的，因为它的劲敌阿迪达斯从20世纪初就开始存在了。声誉和知名度的需要，实际上是品牌从事赞助活动的主要动机之一。

"我们是灵感的源泉，并给每一位足球运动员带来新产品。"耐克关于足球的愿景如下，"在2010年，我们将是足球场上最激动人心的品牌，成为世界的领头羊"。在这句话中，"领头羊"一词意味着到2015年在业务方面实现25亿美元收入。

借助壮观的比赛场景以及青少年球迷的渴望，耐克找到了自身在足球中的定位。总体而言，该品牌瞄准年龄在12～20岁的足球运动员：他必须是一个想要他的球队获得胜利，想在梦幻球队中赢得一席之地的人，他要成为赛场上的最佳球员，他是足球以及与足球相关的一切事物的超级"粉丝"。

耐克的足球赞助以传统的方式围绕三个概念展开：与最大的俱乐部联合，国家队的赞助以及优秀球员的赞助。在各大俱乐部中，我们知道曼联已签订了合同（15个赛季4.4亿欧元），还有阿森纳、博卡青年队、巴塞罗那队（每赛季3000万欧元）、国际米兰和尤文图斯队等也与耐克签订了合同。

在国家队中，法国自然在其中（从2011年开始，每赛季4260万欧元，为时7年），还有巴西、荷兰、葡萄牙和比利时。

代言该品牌的优秀运动员通常在球场内外都是十分优秀的，他们往往是"外形俊朗"，或口才很好。例如，耐克赞助了克里斯蒂亚诺·罗纳尔多（Cristiano Ronaldo）、马尔蒂尼（Paolo Maldini）、皮尔洛（Andrea Pirlo）、卡卡（Kaka）、里贝里（Franck Ribéry）、鲁尼（Wayne Rooney）、伊布（Zlatan Ibrahimovic）、罗纳尔多（Ronaldo）、马卢达（Florent Malouda）、图拉姆（Lilian Thuram），以及罗纳尔迪尼奥（Ronaldinho）。

为了补充已经建立的赞助业务，需要建立一个完整的宣传系统，特别要包含重大的广告活动。最近的一次是在2008年欧洲杯，标题为"提升到新水平（Take It To The Next Level）"的广告被选为年度最佳广告。耐克针对每一个重大足球赛事，推出了一系列非常引人注目的产品。例如，在1996年英国举办欧洲足球锦标赛（Euro 96）时，通过"曼联大帝（God）"（由埃里克·坎通纳演绎）对抗魔鬼的高调广告活动，特别推出了气垫技术（Air Zoom）的应用；最后，"曼联大帝"凭借新鞋子的优势取得胜利。

在美国，耐克被公认为是一个主导品牌。在南美洲它也占据了领先地位，但在欧洲它则更像是一个挑战者。它与一个年轻的、颠覆性的形象联系在一起，"比其

第6章 足球俱乐部设备制造商：战略与国际化

主要竞争对手阿迪达斯更具颠覆性"。［伊莎贝拉·马岱克（Isabelle Madec）］

至于亚洲市场，阿迪达斯与耐克并驾齐驱。"耐克正在和一种制度竞争。"［文森特·迪吕克（Vincent Duluc）］。这句话是说，阿迪达斯在法国一直是最受青睐的品牌，而耐克正在登上法国舞台，现已获得了一些大型合同，例如与PSG（巴黎圣日耳曼队）签订的合同。

迪吕克（Duluc）说，耐克公司"已经来到阿迪达斯的领地——欧洲和法国足球"。还应当补充一点，该品牌以一种独特的方式进入，即与个人签订球鞋合同，而不是与集体合作。

根据伊莎贝拉·马岱克和克里斯托弗·根特（Christophe Gante）的观点，耐克正在制定一个非常明确的战略，旨在加强其在足球、运动员和生活型纺织品市场中的地位。其运作方式如下：采取直接性、攻击性战略，其中包括选择极其引人注目的标志，并购买下来，一旦需要就立即投入使用。

克里斯托弗·根特将耐克使用的综合战略描述如下：

（1）产品是关键因素，而且它通常是完美的。
（2）所实施的战略通常旨在打造高端产品定位，但如果为了应对激烈的竞争，有必要进行重新定位时，还是应以实用为先。
（3）广告活动是创新和颠覆性的。
（4）赛事必须是罕见且大规模的。
（5）分销以关系为基础。

"其口号'想做就做'（just do it），自20世纪80年代开始，在美国时尚界已发展成为一种名副其实的精神状态，与一个自我奋斗者的格言相一致。当然现在这句话仍与品牌相联系。"

——诺门（Nomen）

可以肯定地说，其最新球鞋之一Vapor的成功推出，是一个对市场有影响力的例子。这的确是一个全方面的活动，换句话说，此次活动包含了良好的促销活动，当消费者在销售点发生购买行为时，与产品有关的某些东西能触动他们，通过这种方式产品得以起飞。它是一种针对消费者而设计的多渠道行动战略。

所有评论员就以下观点达成一致：耐克从其经营开始就建立了一个真正的品牌战略。

"每一件商品都是俱乐部与品牌之间相联系的使者。"

——伊莎贝拉·马岱克（Isabelle Madec）

当一个品牌与一支顶级球队或运动员签订合同时，最根本的问题是要使人们注意到品牌和标志之间的关联。围绕这一目标，我们进行宣传和广告活动，或者推销能够提升这一认识的产品，与此同时，赚钱——因为促销活动价格昂贵。

"欧洲市场都或多或少被冻结。"

——文森特·迪吕克（Vincent Duluc）

可以争取并投资的市场主要在海外。这就是为什么各体育品牌及由他们提供设备的俱乐部到亚洲巡游的另一个原因。这些行为促进了俱乐部和体育设备制造商的推广，同时也增加了产品销售量。俱乐部和球衣赞助商之间存在着一个利益汇合点。

根据 I. Madec 的观点："在我们努力寻求产品国际化的同时，存在一个小问题，即在任何一个俱乐部或联盟背后总有一点点沙文主义。无论在欧洲内外，他们的目标都是将产品集中起来以对市场营销目标产生更多影响。除此之外，很多国家对法国比对其他国家更有兴趣，所以有很多人们可以套现的元素和趋势，但创造趋势并不是一件容易的事情。"

3. 彪马

在本部分内容中，我们将看到彪马是如何通过对俱乐部、联盟、国家队、赛事和运动员的赞助来开展其国际化进程的。这一过程对彪马来说是非常必要的，因为在 20 世纪 90 年代末，在彪马品牌改变策略之前，它已是奄奄一息，几乎消失殆尽。

资料 6-4 彪马品牌的历史

第一阶段（1993—1996 年）致力于集团重组和建立健全的财务状况，以巩固品牌及其形象。为此，彪马选择利用足球及其明星的形象，因为该运动一直是世界上最流行的体育运动（例如赞助贝利、克鲁伊夫、马拉多纳）。

第二阶段（1997—2001 年）致力于在产品营销、研究和发展领域的大量投资。这是一种有针对性的在研究与开发领域（R&D）进行的投资。该阶段的重大举措有彪马概念店的发展，与领先设计师（例如 Nuala 和 Icana）合作伙伴关系的确立，以及品牌网站的创建等。

这些不同的举措，包括彪马产品独家分销系统在内，旨在确立彪马在体育生活方式中的定位，并弥补其在国际市场上知名度的缺失。

第三阶段（2002—2005 年）旨在开发品牌潜力。试图让它"有吸引力且性感"。

为了做到这一点，彪马从三原康裕（Mihara Yasuhiro）、亚历山大·麦昆（Alexander McQueen）等设计师处收集灵感。

赞助政策以运动员，如塞雷娜·威廉姆斯（Serena Williams），尤其是非洲足球队为中心展开。彪马也逐渐开始赞助一些欧洲人士,例如保罗·努提尼(Paolo Nuttini)、杨·巴尔泰斯(Yann Barthès)和辛克莱(Sinclair)。这些举措主要使用了生活形象,同时保留了运动的风格。

第四阶段(2006—2010年)忙于新类别的发展(高尔夫和帆船),同时为了实现加快品牌国际化扩张的目标,在营销活动方面加以投资。

彪马试图通过使用"差异化战略"给公众带来惊喜。因此,该品牌为其不同的合作伙伴如高尔夫球场、赛车运动、帆船(沃尔沃环球帆船赛)等开发了一系列商品。在赞助方面,它也是仔细地寻找目标,选择能够作为该项运动象征的运动员和运动队(如橄榄球界的沙巴尔和世界足球冠军队意大利国家队)。最后,彪马维持其选择性分销的策略,特别是因为该品牌已成为春天集团(PPR)中的一员。

关键统计数据:

彪马:排名第三的运动品牌,仅次于耐克和阿迪达斯。

2007年法国销量:223万欧元。

2010年(彪马国际):4亿欧元销售额。

来源:法国彪马,2010。

如今,彪马是一个非常规的原创品牌。这清楚地显示在其定位和最喜爱的格言中:"成为最想要的运动生活品牌。"(To be the most wanted sports and lifestyle brand.)

它的赞助和品牌合作的策略显然遵循了这一计划。球队、运动员和品牌合作伙伴的选择主要在他们非传统和知名度的基础上作出决定。该品牌以三种体育类型为特色:

(1)团队运动(如足球和橄榄球)。

(2)赛车运动(如一级方程式)。

(3)田径运动。

以足球为例,主要原则就是在每一个国家都要有一个高知名度的团队或运动。要符合上述标准,它们必须容易被发现,有一个新的形象。例如,法国足球甲级联赛中的摩纳哥和波尔多就是法国的代表。在国际层面上,意大利是他们的旗舰团队。2006年的世界杯极力强调该球队的形象,其传奇般的"厚脸皮"使它受到彪马的大力追捧。未来,它有另一个决定性主题,即非洲球队。在非洲大陆,有很多球队都是赢家,也不墨守成规。这为促销活动提供了一个强大的且新颖的主题。喀麦隆、塞内加尔、加纳和科特迪瓦为其主要代表。

田径运动是彪马突出的另一种运动类型。牙买加队就是最好的例子。正如大卫·迪尼兹(David Diniz)所说:"在2001年,当他们被签约时,人们问:'签约牙买加的目的何在?'现在,在2010年,我们看起来几乎像梦想家。"在这支球队中,乌塞恩·博尔特(Usain Bolt)成为品牌及其价值的最佳代表。这些价值在他取得北京奥运会 100 米短跑冠军后，兴奋地展示那双使他获奖的鞋子时，鲜活地表现了出来。根据一项由体育市场研究公司（TNS Sport）进行的研究，这种"自由"式的品牌推广，相当于在一个星期内插播 80000 个时长 30 秒的广告，或约 2.5 亿欧元的广告投入，但它实际上并没有花一分钱……

最后，在一级方程式赛车的运动主题中，彪马为其提供了若干赛车棚设备。这里，它主要为车手和车队生产运动鞋，同时也生产大众型和生活型商品。它的模仿者都已成为最畅销的商品，如 Speed Cat 和 SPARCO。

除了运动领域，彪马正在努力发展与设计师如塞乔·罗西、亚历山大·麦昆和三原康裕的合作伙伴关系，旨在联合两个品牌的形象来获得一个集奢侈和体育于一体的高档形象。正如大卫·迪尼斯所说："运动离不开生活方式，同样的，生活方式也离不开运动。"

关于彪马的关键词是："桀骜不驯—值得拥有—与众不同—不墨守成规。"

彪马的目标是保持其第三的位置，同时试图削弱两大巨头——耐克和阿迪达斯的市场份额。

彪马的国际扩张战略通过赞助行动早已确定。未来，彪马将每隔两年投资一项新的运动，始终保持同一目的：发现非典型运动，在意想不到的领域表达品牌的价值观，从而迅速实现合法性和投资回报。彪马因此选择通过并行开发一系列专用服装产品参与到运动中来，如帆船、高尔夫和赛车比赛等。

"例如，为什么尝试并投资于网球运动？在这里，必须将大笔资金投入在产品的研究和开发以及赞助中以获得合法性；这将是一笔超巨额支出……这是不值得的，因为投资回报太慢。在帆船运动中，你可以有一个比网球更快的投资回报。"

——J. R. 圣弗卢（J. R. Sainflou）

根据圣弗卢先生的观点，驱赶耐克和阿迪达斯两大巨头是没有用的，尤其是在一个他们早已完全掌控了的地区。

（1）非洲足球。

彪马希望在足球界保持其正统地位，并维持其在能够表达品牌所追求的价值观的团队中的投资：对非洲足球的风险投资是一个长期承诺。

彪马当时迫不及待地等待着国际足联 2010 年南非世界杯的到来："这将是我们的世界杯！"（Sainflou, 2008）该品牌设备制造商赞助了十几支非洲球队。"非洲足球代表了我们多年以来一直在努力传达的所有价值观。"这届世界杯很早就由彪马加以推动（2009 年 10—12 月），该品牌致力于利用其所有商品（复制品及纺织品）。

（2）沃尔沃环球帆船赛（The Volvo Ocean Race）。

彪马在 2000 年后开始了在新类别运动中的发展。彪马一直在寻找长期性投资，但总是面临着品牌定位的目标问题。考虑到这一点，它选择了对帆船运动进行投资，即"沃尔沃环球帆船赛"（传达强有力的价值观，如生态、自由、孤独、巨大、等等）。围绕长达一年的帆船大赛，彪马共开发了三类产品。

彪马帆船系列包括：

① 航行者的专业类型。

② 生活方式型（分销到百货公司）。

③ 处于中间的限制类型（赛事举行期间，为期一年）或与"赛事"相关的商品。

（3）"大奖"：飞人博尔特（Usain Bolt）。

设备制造商的另一个目的是利用博尔特的知名度和形象，并将例如"特殊金牌"（Special Gold-Medal）的市场营销和承载着"闪电侠"（the Lightning）形象的促销活动落实到位（海报、新闻和电影），通过一系列新产品的开发，更具体地表现彪马的差异化战略，优化投资回报，震惊世人。

（4）其他类型的品牌联合。

该品牌一直试图开发非常专业，非常"小众"，从根本上说是"时尚"的产品，以专门针对一些精英人士。这些产品决不能平庸无奇，决不能成为"无足轻重的东西"。

因此，彪马试图进行一次创意世界和体育世界之间的合作，以求登上金字塔顶端，同时保持存在于时尚界和生活式运动界之间的密切联系，但并不是两者的融合。

措施：

①提出在全球范围内遴选设计师——例如塞乔·罗西（Sergio Rossi）、亚历山大·麦昆（Alexander MacQueen）、三原康裕（Mihara Yasuhiro）、诺阿拉（Nuala）以及胡森·卡雷安（Hussein Chalayan）——创造一种新的生活运动基准。

②寻找已在高端市场工作的设计师（如PPR集团和Gucci品牌的MacQueen）。

③开发体育—生活式产品系列，例如英格兰足球超级联赛的官方舞会。

（5）亚洲市场。

彪马的另一个目标是使自身立足于亚洲市场。为此，彪马已为15个中国队提供装备，创造和开发了一系列适合亚洲市场的产品，建立了网上销售策略（通过一个中文网站），并且发展了与专业运动员的合作伙伴关系。中国市场的潜力是巨大的，PPR集团目前正在对其进行评估。该公司在中国的土地上迅速扩大。

6.4 本章小结

当我们对这一章进行总结时，我们确信，在案例研究中选择最佳实践案例是非常重要的。我们选择引用巴塞罗那队的例子来加以说明，其运动的成功和原创性已成为传奇。巴塞罗那俱乐部使得耐克公司能够在国际市场上进行商品销售，因为它是一个伟大的具有国际知名度的俱乐部。它在西甲联赛和欧洲冠军联赛中的比赛由众多世界各地的媒体转播。我们还应该补充一点，事实上，该俱乐部将1个多世纪以来（成立于1899年）累积的信誉借给品牌，以提升其在世界各地的影响力。

我们也知道，巴萨多年来拒绝为其球衣寻求赞助商。这是为了保持其产品的稀有性和独家性。但自2006年以来，联合国儿童基金会（the UNICEF）的标志出现在其主场和客场的球衣上。此外，巴萨也每年支付给联合国儿童基金会150万欧元以将其标志印在与俱乐部相关的纺织品上。

耐克正在革新它与巴萨俱乐部之间的关系，因为他们正共同设计和开发称为"Mes"的纺织品，巴萨的著名格言将写在每件球衣的衣领上"Mes que un club"，意思是"不仅仅是一个俱乐部（more than a club）"。这是指联合国难民署（UNHCR）和俱乐部之间的关系。联合国难民署为世界各地的难民儿童设立了专门的教育和体育方案。这种伙伴关系的目标是为俱乐部和耐克品牌塑造世界公民的形象。产品将通过巴塞罗那基金会（FC Barcelona Foundation）、联合国难民署网站以及耐克专卖店销售。

为什么巴塞罗那队在2006年以前从未有过针对球衣的赞助商？"因为其主席，何塞普·路易·努涅斯（Josep Lluis Nuñez）实行一种优秀的经济管理制度。"根据J. 吉尔·拉富恩特（J. Gil-Lafuente）的观点，"巴塞罗那已成为世界上最富有的俱乐部，而非受公众约束的公司。"主席之所以如此保护"纯洁（virginity）"的球衣，有两个原因：

（1）差异化：成为世界上唯一一个拥有"干净"球衣的俱乐部。

（2）对未来的保护：主席向每个人解释道，假设巴萨在未来遇到严重的财政困难，球衣在赛事中便可成为一种资源。

与联合国儿童基金会的合作伙伴关系是一个惊喜吗？是的。这一合作关系被期待有某种"法力"，能够帮助俱乐部支付其债务，以及让"赞助商"增加其财政资源。

据官方统计，这一赞助行为被作为巴塞罗那品牌的一项投资。和联合国儿童基金会的关系是否改变了支持者和赞助商对俱乐部的看法？根据海梅·吉尔·拉富恩特（Jaime-Gil Lafuente）的观点，答案是否定的。该俱乐部已变得越来越受欢迎，同时继续收获冠军殊荣（2009年，巴萨赢得了它所参加的6个锦标赛的所有冠军）。

这种三方关系显然颇有争议。然而，它仍预示着赞助的未来。三个标志或品牌共存于一件足球球衣上：俱乐部的、设备厂商的和赞助商的。巴塞罗那在2008年推出的宣传方面的革新可能尚未得到广泛应用，但它仍然是一个值得被其他俱乐部探索的途径，作为"社会驱动型赞助（socially-motivated sponsorship）"的一部分，受到越来越多品牌的使用。

思考题

1. 何为埋伏营销？它与官方赞助所采取的措施、产生的影响有何不同？请具体地列举一些与体育运动相关的例子加以说明。
2. 如果你所在的公司在争夺一场大型体育赛事的官方赞助权的竞争中落败，你是否会采取埋伏营销的手段？如何开展？
3. 何为体育产品的生命周期理论？不同时期应采取哪些相应的措施以促进体育产品销量的提升？
4. 欧洲职业体育与美国职业体育在体制上有何差异？对各自的体育品牌有何影响？请举例说明。
5. 近年来设备厂商的战略发生了哪些变化？有何特点？
6. 请你对阿迪达斯、耐克和彪马的国际化进程进行对比，总结其对俱乐部、联赛、国家队、赛事和运动员的赞助方面的异同。

参考文献

[1] Andreff W. économie du sport. Paris：PUF，1989.

[2] Bayless A. Ambush marketing is becoming a popular event at Olympic Games. The Wall Street Journal，1988（2）：8.

[3] Dambron P. Sponsoring et politique de marketing. Paris：éditions d'Organisation，1991.

[4] Deloitte I. Football Money League，2010.

[5] Derbaix C, Gérard P, Lardinoit T. Essai de conceptualisationd' une activité éminemment pratique：le parrainage. Recherches etapplications en marketing，1994，2：43-67.

[6] Desbordes M. Marketing and football：An international perspective. Londres：Elsevier，2006：544.

[7] Ferrand A, Torrigiani L, Camps i Povill A. Sport et sponsoring. Paris：éditions INSEP，2006：377.

[8] Howell D. Committee of inquiry into sport sponsorship. London：Report prepared for the Central Council of Physical Recreation，1983.

[9] Meenaghan T. Point of view：ambush marketing, immoral or imaginative prac-

tice? . Journal of Advertising Research, 1994, (9 – 10): 24 – 32.

[10] Piquet S. Sponsoring. Paris: éditions Vuibert, 1985.

[11] Sahnoun P. Le sponsoring: mode d'emploi. Paris: éditions Chotard et Associés, 1986.

[12] Sandler D M, Shani D. Sponsorship and the Olympic Games: the consumer perspective. Sport Marketing Quarterly, 1993, 2 (3): 38 – 43.

[13] Sport + Markt AG, European Jersey Report 2007—2008, October 2007. Tribou, Sponsoring sportif, Paris: éditions Economica, 2007.

附录

本章采访的 22 名专家详细信息

1. Thierry Batteux, Lifestyle Manager, Le Coq Sportif
2. Sébastien Bellencontre, Manager, Sports Marketing, Reebok France
3. Johann Bondu, Marketing Manager, Puma France
4. Nathalie Caron, Marketing Director, Reebok France
5. Philippe Dardelet, Former Marketing Director, Reebok Europe
6. David Dinis, Product Manager, Puma France
7. Marta Espejo Fiaz, Marketing Director, Le Coq Sportif
8. Vincent Duluc, Sports journalist and manager of the football section, l'équipe
9. Alain Ferrand, Professor of Marketing at the University of Poitiers (France)
10. Gilles Gabillet, Former International Director, Reebok France
11. Christophe Gante, Key Account Manager, Adidas France
12. Jaime Gil-Lafuente, Professor of Sports Economics at the University of Barcelona (Spain)
13. Amandine Girny, Junior Footwear Developer, Le Coq Sportif
14. Sophia Huynh-Quan-Chieu, Manager, International Strategy, Nomen (specializing in the consulting on and creating brand strategies)
15. Thomas Lanis, Brand Manager, Football, Nike France
16. Isabelle Madec, Business Development Manager, Adidas France
17. Julien Pierre, Journalist, Sport Stratégies
18. Alain Pourcelot, Marketing Director, Adidas France
19. Christophe Quiquandon, Brand Manager for Rugby, Tennis, & Basketball, Nike France
20. Jean Roger Sainflou, Director, Major Accounts, Puma France

21. Gary Tribou, Professor of Sports Marketing at the University of Strasbourg (France)

22. Hubert Weiss, Hardwear Manager (1982—1989), Le Coq Sportif

第7章 世界摔角娱乐联盟的营销战略和经济模式

【学习目标】

- 了解世界摔角娱乐联盟从地方发展到全球的过程
- 深入理解世界摔角娱乐联盟的商业模型
- 掌握体验式营销的概念、意义以及与传统营销的差异
- 了解世界摔角娱乐联盟体验式产品的特点及其发展过程

7.1 引言

"做好兴奋的准备,做好娱乐的准备,做好面对任何事情的准备。"世界摔角娱乐联盟明星选手约翰·塞纳(John Cena)在联盟的宣传片中骄傲地说道。世界摔角娱乐联盟是一家专职体育娱乐的公司,坐落于美国康涅狄格州的斯坦福德,其主要业务是摔角职业赛事的组织与商业化运营。它于1999年在纽约证券交易所上市,在美国《福布斯》杂志小型企业200强排名中位列第182位(2008年是第122位),拥有员工585名(不含摔角手)。与职业体育联盟相反的是,它的主要作用不是规范该体育产业的运营,而是策划该项运动以帮助其吸引更多人的注意。世界摔角娱乐联盟的前首席执行官琳达·麦克曼(Linda McMahon)这样描述公司的发展战略:"我们公司要想成为美国东北部的体育巨头,还有很长的路要走,我们努力将它打造成为一个全球品牌,我们生产娱乐,我们创造娱乐,我们拥有娱乐,我们出售娱乐。"世界摔角娱乐联盟已经从一个本地企业成长为一个全球性的生活型品牌,在许多平台上它都会发布原创的内容,由此起到了协同作用。它采用"自制(Made at Home)"模式来控制娱乐产品的创造直到发布,它是一家真实的综合媒体娱乐公司。

虽然摔角是一种非常流行的运动,但是它很少成为学术研究的对象。我们有很多理由来解释这一现象。首先,摔角不是一个"体面"的或者合理的研究课题。这是一种预知结果的剧本式的娱乐,而不是一项运动。其次,研究体育领域的学者认为这不是一个恰当的研究课题。最好的情况也不过是当对"真正"的运动下定义时,摔角被拿来做对照。尽管摔角中的对抗确实受到裁判的监督,但是它的结果是

预先决定的。这导致体育经济学家和营销人员都对它丧失了兴趣。实际上，体育赛事的吸引力主要体现在其结果的不确定性上，它激发爱好者的兴趣并通过门票和转播权来获利（Fort & Maxcy, 2003; Sanderson & Siegfried, 2003）。最后，由于体育经济学家们都将重点放在通过建立监督管理工具来保证竞争平衡上面，因此而忽视了摔角。尽管如此，世界摔角娱乐联盟仍然是一个有趣的课题，这主要有以下两个原因：

（1）摔角的前景越来越好，联盟也在稳步发展，销售量一年比一年高。这一增长特征需要通过从历史视角重新定位企业发展，并描述其商业模式来解释清楚。

（2）世界摔角娱乐联盟认为它是在给体育产品进行化妆，这样做的结果是它通过精密计算得到营销策略，最终将弱势转化成为了优势。查阅过体验营销的相关理论后，我们接下来将考察世界摔角娱乐联盟是如何带给受众以良好的消费体验的。

7.2　世界摔角娱乐联盟：从地方性到全球化

世界摔角娱乐联盟是一家小的家族企业，这一点我们可以从多方面看出。首先，联盟的所有者是文斯·K.麦马汉（Vince K. McMahon）的祖父，他在20世纪早期组织了很多场比赛。麦马汉的家庭至今仍然在公司占据关键地位。麦马汉目前出任联盟的首席执行官，而他的女儿史蒂芬妮（Stephanie）掌管着创新发展与运营部，他的妻子琳达曾出任联盟的总经理，在任期间她投入了很多精力。他的儿子辛恩曾经掌管全球媒体事业部，负责国际市场的拓展，于2010年离任。经过以上分析，世界摔角娱乐联盟应该是一个家族企业，但它仍然是一个具有国际知名度的组织。虽然没有列出其发展的全部历程，但我们仍然可以找出其中起到决定性作用的战略选择。1948年，6位摔角创始人一起建立了国家摔角联盟，他们承诺不在彼此的领域内进行恶性竞争。他们也同意共享最有天赋的选手，禁止那些问题选手参赛。最后，6个组织共同认定唯一的世界冠军，而他将在其他联盟中继续捍卫这一头衔（Greenberg, 2000）。基于这一点，创始人们决定像一个专业体育联盟一样组织起来，通过专有系统来保护其特许经营，利用保留条款限制运动员的权利。在这种模式下，国家摔角联盟将其影响范围扩展到40个地区，其中包括一些外国国家。1953年，由杰西·麦马汉（Jess McMahon）和图斯·芒特迪（Toots Mondt）创建的国会摔角公司（CWC）加入了国家摔角联盟。在1963年与联盟签订协议后，国会摔跤公司更名为全球摔角联盟，1979年又改名为世界摔角联盟。在文斯·麦马汉先生掌管联盟期间，联盟仅在美国东北部活动，在纽约、华盛顿、巴尔的摩、费城、匹兹堡和波士顿都有现场演出。1982年，创始人的孙子文斯·K.麦马汉与他的妻子琳达从他父亲手里买下了价值25万美元的世界摔角娱乐联盟的股份。他的目标是让联盟发展成为一个国际知名品牌，他将转播权卖给出价最高的频道，对大型赛事进行收费，挖掘明星选手，这违反了之前联盟之间互不干涉的"君子协定"。

1988年，世界摔角娱乐联盟已成为一家国际知名公司，这一年，媒体大亨泰德·特纳（Ted Turner）创办了世界冠军职业摔角（WCW）。真正的竞争开始于1995年，世界摔角锦标赛当天，在TNT频道和世界摔角娱乐联盟的旗舰广播Monday Night Raw同步直播了比赛全过程。与世界摔角娱乐联盟相比，世界冠军职业摔角更加可靠，这导致许多优秀的选手流向了世界冠军职业摔角。在世界冠军职业摔角更加大胆地推出具有故事情节的比赛后，收视率更是远超世界摔角娱乐联盟。世界摔角娱乐联盟在20世纪90年代早期丧失了名誉和大量观众，这次比赛的出现恰好给文斯·K.麦马汉一次重整旗鼓的机会。在这一段被称作"态度时代"的时期，比赛的故事情节越来越复杂，内容越来越粗俗血腥，选手的服装也越来越单薄。虽然节目变得只重视视觉性（垃圾节目的开端），但是它还是吸引了一大批的青少年观众，甚至在2001年让世界摔角娱乐联盟摘取了星期一夜战的桂冠。

比赛结束后，世界摔角娱乐联盟吸收了一部分来自现已解散的世界冠军职业摔角的选手，出任首席执行官的文斯·K.麦马汉做出了建立两个独立节目的战略选择。他这样描述道："现在我们成功收购了世界冠军职业摔角，我们目前需要将它发展下去，我们拥有足够的能力来建设两个引人瞩目的、层次分明的、在黄金时段播出的节目。"2002年，摔角选手们被分配到这两个节目Raw（红色品牌）和Smackdown（蓝色品牌）中，每个节目都有其自己的故事情节。世界摔角娱乐联盟的这种品牌延伸战略实际上更是一种范围扩张。Raw和Smackdown都是世界摔角娱乐联盟旗下的产品，很难区别它们：它们提供类似的娱乐产品，有着一样的节目受众。这首先可以增加其旗下活动的数量，当然也可获得更多的电视合同，更增加了对于包括国际市场在内的更大市场的覆盖。除此之外，每年联盟都会有一个选秀大会为每个节目重组队伍。

2000年4月，世界自然基金会起诉了世界摔角娱乐联盟，因其使用"WWF"作为其缩略词。他们认为世界自然基金会自1961年建立以来在全球范围内一直使用WWF作为其缩略词。而世界摔角娱乐联盟是在20世纪80年代才逐步建立起声望的，其部分业务依赖于具有"WWF"标志的商品的销售。在1989年和1994年，双方签订了缩略词的使用协议。世界摔角娱乐联盟被严格限制缩略词的使用，特别是在海外。这对于联盟是一个巨大的约束，因为世界摔角娱乐联盟的这一商标在美国和国际上是如此的出名，所以他们无视了协议。2001年，英格兰高等法院表示赞成自然保护组织的做法（联盟2002年继续上诉）。从2002年11月开始，世界摔角娱乐联盟被禁止在任何商务领域（大型赛事、商品、网站等）使用缩略词或者标识。联盟被迫修改了名字，它选用了"WWE"作为自己新的名字，自我解嘲是在"让'F'滚出来"。

经过协商，世界摔角娱乐联盟将自己重新定位于国内市场，同时减少了暴力内容以规避与自由搏击节目的竞争。自 2008 年以来，世界摔角娱乐联盟根据美国电视节目所采用的父母引导制系统调整了计划，这使得联盟更加文明专业，成功由 14 岁以下需要父母陪同的节目进阶为 13 岁以下需要父母陪同的节目。尽管这一周期被称作"PG 时代"或者"小孩时代"，一些倍感失望的球迷们开始转向竞争性强的节目，但是它毕竟帮助联盟签订了新的赞助合同。联盟特地为年轻观众制作了一份杂志（世界摔角娱乐联盟孩童杂志）和一个专门的网站（www.WWEKids.com）。根据琳达·麦马汉所说，这一"从摇篮到坟墓的战略"帮助联盟在很长一段时间保持受欢迎品牌的称号，不过联盟仍然保留着多元化的公共模块（Ashley，et al.，2000）。

7.3 世界摔角娱乐联盟的商业模式

在过去，摔角界典型的商业模式是依靠门票销售赢利。而世界摔角娱乐联盟将会运用一个更加复杂的模型来运行这项事业（表 7-1）。他们认为产品对于顾客的吸引力受明星影响力的控制（Rein，et al.，2006），例如超级明星的迷人风采，他们在赛场上展现的过人技术等。像其他传统体育项目一样，世界摔角娱乐联盟必须要吸引观众进入赛场或者在电视机前观看。许多电视节目（Monday Night Raw, Friday Night SmackDown, WWE NXT and WWE Superstars）在世界各地播出。虽然这些节目相对来说比较容易被收看到，但每年有 10~20 个按点播次数收费的大型赛事。联盟明星的影响力当然也延伸到了许多物质产品上，一个认同品牌价值的爱好者不仅会观看比赛，同时也会购买玩具人模型、视频游戏、录像片、传记、杂志、纪念服装、音乐甚至明星出演的电影等。这种习惯在虚拟世界中也发挥着同样的作用，爱好者们可以在互联网上访问这些内容。

表 7-1 世界摔角娱乐联盟的商业模式：多渠道原创内容营销

内容	人才：100 位超级明星和著名女歌手（知识产权）		
演出	2009 年 342 场演出	四大电视节目： - Raw - Smackdown - NXT - Superstars	2009 年 14 场按点播次数收费的演出
商品	全球 160 种持有该商标的产品： 视频游戏、玩具、公仔、服装、书籍、杂志、音乐、录像片等		
电子媒体	电子商务、互联网、手机		

2009年，联盟的销售额共计4.752亿美元，其中包括电视转播权（24%）、门票销售（23%）、周边商品销售（21%）以及付费节目（17%）等（图7-1）。每周都会有1600万美国电视观众观看全部或者部分长达7小时的世界摔角娱乐联盟的节目。联盟2009年在美国北部举办了268场节目，平均每场6500名观众（平均票价为37.64美元）。联盟旗下还有14个按点播次数收费的节目，由此带来了8000万美元的收入。其金牌节目第25届狂热摔角秀吸引了大批观众，在全球有超过一百万人次的购买量，足足收入了2250万美元。

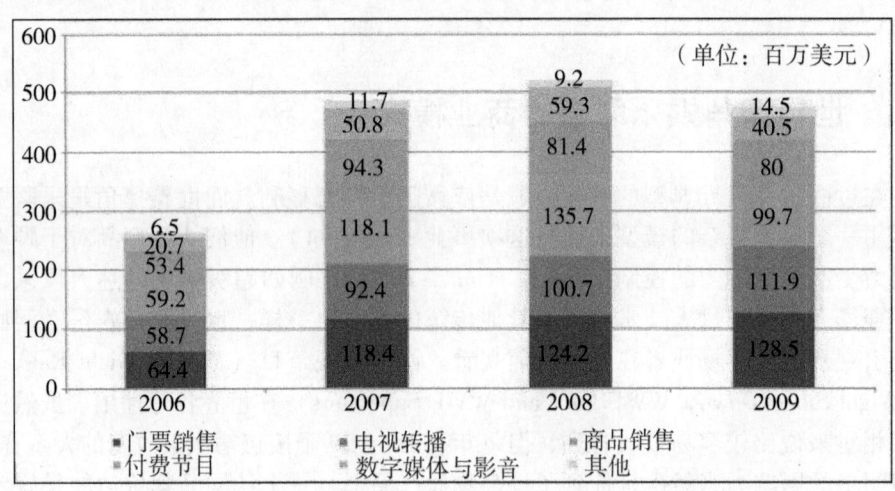

图7-1 世界摔角娱乐联盟的收入构成（2006—2009年）

最后，我们看到，在体育市场上，收入低于5亿美元的世界摔角娱乐联盟与其他间接竞争对手相比还有着很大差距。让我们来比较一下，同一年，国家美式橄榄球大联盟的32支球队创造了76亿美元收入，皇家马德里仅靠自己也取得了5.76亿美元的收入。不过，联盟还是具有一定优势的。尽管赛事质量的差别导致它的业务具有周期性，但是它仍然在努力经营并一步步繁荣起来。2006年联盟的收入还未到3亿美元，1996年更是低于1亿美元。再者，联盟是一个极富盛名的品牌，其定位——"全球生活方式品牌"受世界公认。根据福布斯网站的调查，"现在世界摔角娱乐联盟已成为一家全球性企业，占据着12亿美元的市场，其中有30%基于它的品牌价值"。

品牌全球化是联盟目前的首要目标。从2000年到2009年，联盟在北美以外的收入由900万美元增长至1.271亿美元，占据销售总额的1/4。它的电视节目在全球145个国家播出，使用了30多种语言，并且还在伦敦、悉尼、东京、上海和新加坡设有联盟办事处。去年有74场演出在北美以外的场地举办，平均每场有8500名观众到场观看，平均票价高达66.08美元。

第 7 章　世界摔角娱乐联盟的营销战略和经济模式

据绍特和马莱斯克（Shuart & Maresco, 2006）报道，联盟市场部的科特·施耐德（Kurt Schneider）认为旗下产品目前倾向于全球化：这本身并没有什么特定的规则。要注意，联盟的全球化战略并不是现在才制定的。在 2000 年早期，曼联足球队和联盟签署了一项协议，协议规定两者可以在彼此的产品上给予联合和支持。与此同时，曼联准备与纽约洋基队合作投资北美市场。最终曼联与联盟的合作取得了更好的效果，因为除了北美，英国是世界摔角娱乐联盟最大的市场，大约有 3650 万美元。

依靠这种方式，联盟从一个当地的传统狂欢节发展成为了在世界舞台上经营的项目。尽管文斯·K. 麦马汉的战略选择有时会引起争议（Assael & Mooneyham, 2002），但是这已经可以充分证明，已有的相关理论是不能完美解释这一现象的。我们试图揭示它的本质，摔角是一种侧重用户体验的项目，它可以运用新型的营销工具来提升自己。

7.4　体验式营销

喝啤酒，嚼口香糖，刷牙，剃须，看电视，这些行为在我们的日常生活中都是司空见惯的。然而，它们已升级为"体验式"水平的财产。我们必须承认这个词很容易被混淆，因为它有很多的意思（Carù & Cova, 2002）。我们当然不是指这是在学习一生中的关键技能（经验的学习或接收），而是指去感受或尝试某事的行为。有人或许会说大脑中有体验，在心里面也有体验。第一个体验，从本质上讲是正式的或科学的，导致知识的形成。而第二种基于现实生活和感觉，导致人们知觉和感受的形成。我们感兴趣的是第二种体验，因为在购买行为中，情感发挥着基础性作用。体验式营销不再是像给口渴的人水、洗澡或放松那样满足人的基本需求，而是让人们体验新鲜感和舒适感，并唤醒一个人的需求。现在有无数品牌邀请我们去享受或体验他们的产品和服务。最终，它帮助我们将产品合理融入到背景中，与此同时，顾客再也不是仅仅被物理需求所驱动，他们同时还需要通过感情来满足自身需求，获取愉悦的体验。

在未来的日子里，为一个产品或品牌正确定位，确定好适当的顾客群，与顾客适度对话，这些仍是十分有必要的，但已无法满足企业的营销需求。消费者市场分析一直关注的是交易机制和关系机制这两个元素。交易营销更明确地满足了购买行为，关系营销主要处理客户满意度和忠诚度。然而，在这两个极端之间，消费者对于购买产品有着丰富的经验，这一中间区域就是体验式营销领域（Hetzel, 2002）。它起源于一篇由霍尔布鲁克（Holbrook）和赫希曼（Hirschman）联合发表的文章，这个关于体验的新观点成为了解消费者行为的一个至关重要的因素。研究者们过去形成的理论，即消费者通过从产品中获得实用的或物质上的利益来满足自身的需求或愿望，现在已经过时，至少它是不完善的。事实上，信奉享乐主义的消费者也寻求舒适、幸福、五官的参与、情绪的满足（表7-2）。

表7-2 传统营销与体验式营销对比

	传统营销	体验式营销
产品	了解物品的功能（优点和特性），它因为实用而被售出	产品出于自身的缘故被售出
消费者	理性选择：他们获取所需信息，评估性价，做出最佳的选择以及满意后的二次购买	情感因素引导下的购买

注：此表建于施密特（Schmitt, 1999）之后。

施密特（Schmitt, 1999）观察到传统营销专注于产品的性能和优势，不再迎合消费者的新期望。他从五个方面（感官、情感、思考、行为及关联）来解释一种新的营销方式——体验式营销。派恩和吉尔摩（Pine & Gilmore, 1999）拓展了体验的概念，将经济学融入其中，并且发现在一个完全竞争的环境下，仅提供优质的服务或产品是远远不够的，将产品附加体验是非常重要的。后一种元素从根本上改变了消费的方式，它创造了一种新的方式来细分市场，开发了一个新的定价政策。例如，以下几种享受咖啡的方式在产品、服务和体验（除了原料）方面完全不同：在传统咖啡馆中饮用，用一个老式咖啡机在家里自制，在星巴克饮用。这说明消费体验并不局限于产品的消费，还可以分成多个阶段（Arnould, et al., 2002）：消费前（我们对体验进行预算、想象和梦想）、消费中（购买、购买场所的环境、产品或服务的使用）以及消费后（回忆、叙述、分享经历）。

现场活动从本质上讲就是一种体验式产品，因此目前已经有许多艺术文化学科领域的研究（Bourgeon-Renault, et al., 2003）。然而，在体育学科领域内的研究却很少。至于参与性运动，莱德文（Ladwein, 2005）认为登山越野是参与者的一种体验和展示，参与者不是在自找麻烦而是让自己变成体验的主人。至于观赏性体育节目，高等人（Kao, et al., 2007）调查了观赛的一些体验元素（出乎意料、参与、沉浸），它们让观众产生满足感并忠诚于台湾职业篮球联赛。调查显示，虽然惊喜和互动对观众有着明显的作用，但是沉浸的影响更大。根据这些作者的说法，提升体验意味着提升接待设施、改善设备让观众得到更好的体验（声音和灯光）。最后，关于体验方面，Fox Kids频道的营销总监艾伦·斯坦豪斯（Allan Stenhouse）描述了一个很实际的例子：福克斯儿童杯。他展示了2002年国际足球比赛如何引导体验，并最终提升了频道的整体形象（Stenhouse, 2003）。

从那时起，很多体育俱乐部都接受了这一概念，保证给球迷们大赛般的体验，使越来越多的人可以在舒适的包房内观看比赛。同样，消费者/参与者也参与到整个体验的形成过程中，观众/参与者也成为了体育利益相关者。正如瑞恩（Rein）等人所说："随着其娱乐价值的提升以及球迷预期的上升，人们对于程序化、一体化的场地和全面的娱乐体验的要求也在增加（Rein, Kotler & Shield, 2006）。

7.5 世界摔角娱乐联盟体验的力量

根据庞斯和黎塞留（Pons & Richelieu, 2004）的研究，体育赛事是无形的、短暂的、不可预知的以及主观的，这些特点使得消费者具有极高的参与性。作者强调"对待体育赛事的态度主要基于对情感需求（兴奋或快乐）、交流需求（交换和社会化）以及体育知识需求的满足情况"。体育赛事的消费和生产具有同时性，具有体验式产品的多种特性。它是合作生产的、戏剧化的，是情感的载体，而且是共享的。它有时甚至称不上是一项运动，在这里我们将展示世界摔角娱乐联盟提供的娱乐产品的特点。

在名为"W.T.F."的片集里面，南方公园的孩子们在参加一次联盟活动后准备建立摔角娱乐联盟，这一系列影片的编剧特里·帕克（Trey Parker）谐仿了摔角活动，特别是联盟的一些活动，表演相当夸张，戏剧本身甚至遮掩了巨星本来的光彩，甚至有一个情节是针对男性工人阶层（Jenkins III, 2005）。联盟做这些系列影片是为了强调这一娱乐活动的基本特征："摔角就是戏剧。"（De Garis, 2005）联盟的娱乐产品中的一些戏剧冲突和吸引力来源于电视连续剧的启发。因此，当联盟要招募一个有创造力的作家时，我们可以在广告中读到联盟从肥皂剧、脱口秀、动感电视或戏剧借用了很多东西。

如此便引发了下面的问题：这些事情是真实的还是在作弊（Mazer, 1998, 2005）？在他的自传中，摔角手迈克·弗利没有给我们留下疑问："我会回答你的问题或者至少确信这是你的想法。是的，摔角是一种语录，但是实际上我并没有'赢'得金腰带，其实世界大赛以及超级杯才是赢家。"（Foley, 2001）但是事实上，真实性并不重要。正如罗兰·巴特（Roland Barthes, 1957）所说，比赛是根据脚本进行的，这对观众并无很大影响。它是一项有着大量从希腊悲剧中提取的戏剧冲突成分的赛事。根据罗杰·凯洛依斯（Roger Caillois, 1958）有关游戏的基本分类，我们可以说，摔角糅合了多种游戏类型，是对抗型和模拟型的结合体，囊括了运动和戏剧两大内容。

有一个很重要的问题即摔角是否是虚假的。巴纳比·蒙斯（Barnabé Mons, 2009）指出，摔角艺术是给人以打击幻觉，就像真正打了一样，同时还会产生痛苦感。著名摔角选手布雷特·哈特（Brett Hart）解释说，他以一种以假乱真的方式击打对手。真实感是摔角比赛的基本要素。因为即使他们从不怀疑比赛是固定的，他们还是会对选手们假装的行为、过激情绪、惊天逆转买账，就像一项真正的运动。

比赛被严格限制在已经写好的脚本下进行。最后，由于缺乏不确定性而加入的很多掩饰，使得摔角越来越受欢迎。在日常生活中，人们所处社会有着不确定性和风险。在体育赛事中，不确定性可能导致正压力（积极的压力），但是它也可能导致失望（降级、过早淘汰、不公平）。在摔角比赛中，结果并不重要。正如对于产品的叙述在消费体验中扮演着重要的角色（Filser，2002），在摔角中就是被告知的故事主线。事实上，若在"对抗"或"伪装"之间权衡，摔角更倾向于是一种"伪装"表演。故事主线和它的叙事才是这项娱乐活动成功的决定因素，如果说联盟销售的娱乐体验是发动机，那么故事就是它的燃料。根据克里斯蒂安·萨尔蒙（Christian Salmon，2007）的研究，讲故事"是一种基于现实的人为叙述，模块之间交流紧密，由一系列的故事来填充象征空间。它从不讲述过去的经历，它记录并引导情感的变动……讲故事是建立在人们被引导来识别模型并遵循真实的叙事机制上的。"

世界摔角娱乐联盟给每个演员赋予相应的性格状态（观众、摔角手、广播员和评论家）。联盟创造了一种永不停歇的戏剧活动的体验，让观众沉浸在虚拟世界当中。摔角活动缺乏不信任和对抗，它需要观众的忠诚度，特别是那些假装上当受骗的观众。显然观众很喜欢这种现实的幌子（Cova & Cova，2004）。根据克里斯蒂安·萨尔蒙（2007）的研究，我们可以将联盟称作迪斯尼的翻版，这是一个生产各种情绪同时贩卖成人童话的产业，这个了不起的定位使得世界摔角娱乐联盟成为一个电视节目而不是一项运动。此外，其本质上是提供一场盛大的体验秀。卡如和科瓦（Carù & Cova，2006）通过三点总结了体验式产品的特点：

（1）消费者被置于一个特定的环境下以提升节目的舞台效果，特别是通过多重感官来进行刺激：举办联盟比赛的场所都会尽最大努力让客人得到最佳体验（巨大屏幕、超级巨星戏剧性的入场、灯光和焰火效果）。

（2）观众的踊跃参与：正如劳伦斯·德·加里斯（Laurence De Garis，2005）强调的那样："比赛必须建立于摔角者和观众之间的对话（或者讨论）上。"更广泛地说，我们需要通过灵活使用麦克风来激发观众的反应，观众可以举起写有鼓励心爱选手信息的牌子，并且高呼欢迎选手的到来。当然，观众也可以羞辱扮演坏人的选手，或者同情扮演好人的那一方。

（3）故事让消费者想要购买纪念品（重要赛事场合）：在比赛进行的时候，联盟会销售其带有超级巨星标志或者公司标志的周边商品（如T恤衫、帽子、各种糖果）。联盟声称："联盟的粉丝体验并不会在他们离开赛场或者关掉电视后就结束。"在2009年，这些销售帮助联盟取得了1980万美元的收入，除了门票费用（北美37.6美元，海外66美元）外，一个摔角爱好者平均在周边商品上花费9.58美元。

就这样，"联盟建立起了诚信。他们不仅让爱好者了解到他们经营的运动是戏

第7章 世界摔角娱乐联盟的营销战略和经济模式

剧化的，而且还设置高标准来保证爱好者的娱乐体验"（Rein，et al.，2006）。因此，联盟的目标又包括了将这种体验转换成为一个持续的对话。联盟的网站被用来"提升我们的品牌，创建爱好者社区，营销并销售我们的线上、线下和移动产品，当然也出售在线广告"。每个月都有1400万独立用户登陆WWE.com查看网站上的4.23亿个网页和2200万个视频。2008年，联盟创办了自己的在线社交网络，名为"世界摔角娱乐的宇宙"。此平台允许爱好者注册账号、创建博客或者参加座谈会。最后，联盟提供两个分开的空间来和爱好者们进行交流沟通：一个制度空间是提供给联盟本身的（WWE.com），另一个是提供给爱好者的，代表了相应的需求（WWE Universe）。联盟启用了全部社交网络来迅速扩大网络营销的影响力。两个空间地址在Facebook和Twitter上都有账号。联盟在这上面展示了其Business-to-Fan（B2F）的市场运作模式，与传统的客户关系管理战略不同，联盟使用这些工具是为了定位一部分特殊人群：那些热心于产品，忠于品牌，习惯于多任务处理的爱好者。此外，联盟还鼓励运动员开通自己的Twitter账号。Twitter可以帮助爱好者打造与他们最爱的运动员之间的联系平台，它成为了一款可以联系基层、电子市场，推广后期比赛，在停赛期也可以保持活跃的简单工具。

一些爱好者使用了联盟的品牌来设计产品，这种做法并不少见：一部分公司邀请这些人来帮助设计个性化产品，或者通过广告活动让他们成为代言人。然而，联盟的方法很有趣，因为联盟并不愿意授权爱好者涉足其产品。在其网站上，联盟清晰地表明了政策："请勿邮寄或者发送任何资料（包括脚本、剧本、故事主线、创意、音乐、商业建议、营销观念等）并试图在故事主线或赛场活动上做出个性化发展。联盟并不会将这些资料纳入考虑范畴。现在我们还不允许顾客干涉我们赛事的举办，但是我们愿意与顾客一起成长。付费节目'Cyber Sunday'允许爱好者在网站上投票选出比赛场地、选手和胜利者称号。"联盟的交互设计副总裁乔纳森·则顿（Jonathan Zerden）说："我们收集顾客给到我们的反馈，从而修改相关的故事主线来适应消费者。这使得我们能够围绕客户做360°营销。我们可以看清他们是怎样利用移动平台与我们交流，他们怎样与我们互动，他们如何与赛场互动，还有他们如何通过电视来交流。"

尽管爱好者们很少有机会参与到联盟的产品设计中，但是他们可以在由THQ发布的视频游戏"SmackDown VS Raw"中体验根据自己的意愿来编写故事主线。这个游戏可以在很多通用平台上运行（索尼游戏机、PSP、Wii和DS、Xbox360，甚至是苹果手机）。2008年和2009年，游戏销售为联盟赚取了4500万美元。自从在1999年推出了"SmackDown VS Raw"系列，全球总共售出了5100万份游戏，创造了15亿美元的收入。游戏按照玩家设定的故事流程运行（Costantino & Gordon, 2009）。在其2010年推出的游戏版本中加入了两大基础系统：识别和定制。玩家可以选择成为一个超级巨星，就像电视节目中的一样；或者可以接管一条故事主线，赋予选手自己的性格。联盟当初使用"现在这是你的世界了"这一口号来为游戏促销，这可以鼓励爱好者根据自己的爱好延长其体验时间。

表7-3 接触世界摔角娱乐联盟的多种方法

识别它（品牌意识）	认同它的价值（品牌认同）	了解它的优势（品牌优势）	保持忠诚度（品牌偏好）	购买它（品牌购买）	享受它（品牌体验）
发现联盟与它的直接或间接竞争者的不同	一个引领全球生活方式的品牌创造的家庭活动，一家与观众联系紧密，专注员工、爱好者和社区活动的企业	一场作为情感向量的赛事；赛事是双方共同努力下完成制作的，有时观众还可以参与到故事脚本制作当中	接受赛事的不真实性，收看相关电视节目	购买周边商品，收看付费节目	到现场观看比赛，加入电子社区（论坛、博客、WWE Universe），关注品牌动向（Twitter 和 Facebook），通过视频游戏体验它

如表7-3所示，这些策略是我们能看到的世界摔角娱乐联盟品牌与爱好者发生关系的方式。在起始阶段，潜在消费者必须能够识别联盟并将它与其他摔角联盟区别开来。这方面的推广工作主要是通过各种电视节目宣传，在美国还会通过摔角明星参与的广告片和各种节目来加强推广。接着，消费者必须了解品牌的定位和价值。联盟强调自身的慈善行为（鼓励年轻人投票，参与祈愿基金会，重新定位美军在伊拉克和阿富汗发动的战争在人们心中的形象等）来防止产生一些坏的形象（激烈的、暴力的或是与死亡打交道的摔角手等）。然后，消费者必须能识别产品的优势。在联盟播放的短片中，我们听到一句话："是的，先生，我们保证今晚给您一场绝佳的赛事。"这就是联盟的产品优势所在。因为它让你不再烦恼脚本化的比赛，它可以以戏剧化的方式给爱好者们绝佳的体验。只有上述三个步骤顺利完成，品牌忠诚才可以实现。这一步没那么容易，因为成为或自称是一名摔角爱好者有时会被那些非爱好者蔑视。消费者一旦成为摔角爱好者，就会购买与此相关的一系列产品。最后，爱好者们在电视节目以外还有很多其他体验的方式。他们可以参加联盟的比赛，与同龄人分享感受，和品牌进行互动，确定他们最喜爱的摔角明星或者在游戏中亲身扮演摔角明星。

7.6 本章小结

尽管世界摔角娱乐联盟已经成为了一个全球性品牌，但是它不会忘记它的第一次多元化尝试在2000年以失败告终的教训。联盟第一家在纽约时代开张的主题餐厅生存了四年，在2003年倒闭。联盟解释这是因为"他们需要重新配置资源来保证全球业务的增长，而不是集中在某个单一地点或本地项目"。在 2000 年建立的由美国全国广播公司和联盟合作投资的 XFL 是一支职业足球俱乐部，这支队伍的建立是为了同时吸引足球和摔角的爱好者。尽管开始时球队的每场比赛平均有 23000 位观众出席，但是他们很快就丧失了兴趣不再参加。因为这是由一个摔角推销商建立的，其产品缺乏可信度，XFL 仅仅维持了一个赛季就宣告破产。美国娱乐和体育电视台将 XFL 评为第二大失败的体育项目。

"从边缘到主流"，为了吸引更多的家庭观众，联盟增加了其在潜在顾客方面的投入，同时降低了对老爱好者们的关注，以至于他们只有有限的几个选择来满足自己的期望。例如，"荣誉戒指"（ROH）是一家位于费城的独立联盟，它主要吸引那些喜欢观看长时间比赛，强调技能甚于娱乐的观众。目前只有永不停歇的摔角联盟（TNA）有能力与世界摔角娱乐联盟竞争。他们挖掘了很多世界摔角娱乐联盟的明星，他们甚至尝试重新播出周一晚对战，与同一时间段播出的世界摔角娱乐联盟的 RAW 节目竞争，虽然这没有成功。

事与愿违的是，缺乏竞争构成了联盟最大的威胁，正如我们所见，在世界冠军职业摔角出现的时期，联盟努力创新，联盟的出勤率达到新高。在完全竞争的、分散的娱乐市场上，我们需要确保产品永远流行。因此，尽管之前联盟成功拓展了一批新的海外年轻爱好者，但是它不能以为这就足够了，它现在必须小心开发有效的营销策略以保持这批人的忠诚，否则就会陷入与其他联盟竞争的窘境。

思考题

1. 分析世界摔角娱乐联盟的商业模型，并尝试以某一大型体育赛事为例总结其商业模型，并与世界摔角娱乐联盟作比较。

2. 何为体验式营销？它与传统营销相比有何差异？请具体地列举一些与体育运动相关的体验式营销的例子进行说明。

3. 对于世界摔角娱乐联盟所提供的体验式产品，你认为还应做哪些改善，以提升其竞争力？

4. "摔角就是戏剧"，与世界摔角娱乐联盟相比，从事真正的体育赛事的联盟在打造其体验式产品方面会有哪些不同？试举例说明。

参考文献

[1] Arnould E J, Price L, Zinkhan G M. Consumers. New York：McGraw-Hill, 2002.

[2] Assael S, Mooneyham M. Sex, Lies and Headlocks. In：The Real Story of

Vince McMahon and the World Wrestling Entertainment. New York: Three Rivers Press. 2002.

[3] Ashley F B, Dollar J, Wigley B, et al. Professional Wrestling Fans: Your Next-Door Neighbors? . Sport Marketing, 2000.

[4] Barthes R. Mythologies. Paris: Editions du Seuil, 1957.

[5] Bourgeon-Renault D, Filser M, Pulh M. Le marketing du spectacle vivant. Revue française de gestion, 2003 (142): 113 - 127.

[6] Caillois R. Les jeuxet les hommes. Paris: Gallimard, 1958.

[7] Carù A, Cova B. Retour sur le concept d'expérience: pour unevue plus modeste et plus complète du concept. Dijon: 7èmes Journées de Recherche en Marketing de Bourgogne, 2002.

[8] Carù A, Cova B. Expériences de consommationet marketing expérientiel. Revue française de gestion, 2006 (162): 99 - 113.

[9] Costantino O, Gordon C. Fake Rules. Real Fiction: Professional, 2009.

[10] Cova B, Cova V. L'expérience de consommation: de la manipulation à la compromission?. Les troisièmesJournéesNormandes de la Consommation. Rouen: Colloque "Société etConsommation", 2004.

[11] De Garis L. The "Logic" of Professional Wrestling. In: Sammond N. Steel Chair to the Head: The Pleasure and Pain of Professional Wrestling. Durham and London: Duke University Press, 2005.

[12] Filser M. Le marketing de la production d'expériences: statutthéoriqueet implicationsmanagériales. Décisions Marketing, 2002 (28): 13 - 22.

[13] Foley M. Foley is Good: And the Real World is Faker Than Wrestling. New York: Harper, 2001.

[14] Fort R, Maxcy J. Competitive Balance in Sports Leagues: An Introduction. Journal of Sports Economics, 2003, 4 (2): 154 - 160.

[15] Greenberg K E. Pro Wrestling: From Carnivals to Cable TV. Minneapolis: Learner Publishing, 2000.

[16] Hetzel P. Planèteconso: Marketing expérientielet nouveaux univers de consommation. Paris: Editions d'Organisation, 2002.

[17] Holbrook M B, Hirschman E C. The experiential aspects of consumption: consumer fantasies, feelings, and fun. Journal of Consumer Research, 1982, 9 (2): 132 - 140.

[18] Jenkins III H. "Never Trust a snake": WWF Wrestling as Masculine Melodrama. In: Sammond N. Steel Chair to the Head: The Pleasure and Pain of Pro-

fessional Wrestling. Durham and London: Duke University Press, 2005.

[19] Kao Y F, Huang L S, Yang M H. Effects of experiential elements on experiential satisfaction and loyalty intentions: a case study of the super basketball league in Taiwan. International Journal of Revenue Management, 2007, 1 (1): 76-96.

[20] Ladwein R. L'expérience de consommation, la mise en récit de soiet la construction identitaire: le cas du trekking. Revue Management Etavenir, 2005 (5), 105-118.

[21] Mazer S. Professional Wrestling. Sport and Spectacle. Jackson University Press of Mississippi, 1998.

[22] Mazer S. "Real" Wrestling/ "Real" Life. In: Sammond N. Steel Chair to the Head: The Pleasure and Pain of Professional Wrestling. Durham and London: Duke University Press, 2005: 67-87.

[23] Mons B. Les corps à corps du catch. Vacarme, 2008 (48).

[24] Pine B J, Gilmore J. The Experience Economy: Work is Theatre and Every Business a Stage. Harvard: HBS Press, 1999.

[25] Pons F, Richelieu A. Marketing stratégique du sport. Le casdune franchise de laLiguenationale de hockey. Revue française de gestion, 2004 (150).

[26] Rein I, Kotler P, Shields B. The Elusive Fan: Reinventing Sports in a Crowded Marketplace. McGraw-Hill, 2006.

[27] Salmon C. Storytelling, la machine à fabriquer des histoireset à formater les esprits. Paris: La Découverte, 2007.

[28] Sanderson A R, Siegfried J J. Thinking about Competitive Balance. Journal of Sports Economics, 2003, 4 (4): 255-279.

[29] Schmitt B H. Experience Marketing: How to Get Customers to Sense, Feel, Think, Act and Relate to Your Company and Brands. New York: Simon and Schuster Inc, 1999.

[30] Shuart J A, Maresco P A. World Wrestling Entertainment: Achieving continued growth and market penetration through international expansion. The Sport Journal, 2006, 9 (4).

[31] Stenhouse A. "Experience" marketing in action: the Fox Kids Cup. Young Consumers: Insight and Ideas for Responsible Marketers, 2003, 4 (4): 11-16.

第8章 体育场馆的建立和管理：一种新的营销方式

【学习目标】
- 深入了解体育场馆的理论：
  体育赛事产生的新营销方式
  顾客行为和球迷消费需求
  社区体验型娱乐中心
  地理营销和定位技术策略
- 掌握体育场馆的管理：
  实施球迷政策，优化体育场馆经营
  顾客关系管理策略
  赛事营销中收益管理方法的引入

8.1 引言

多年以来，门票收入一直是赛事收入的唯一方式。20世纪初，欧洲足球比赛和美国棒球比赛的资金仅仅来自观众。赛事经营的商业模式中，观众是体育赛事的最终消费者；观众或多或少间接支付专业运动员的工资。循环赛事是唯一的例外，它是免费的，因此它早期需要采取不同寻常的获利方式，比如赞助（Desbordes，2006）。20世纪60年代，体育活动的商务开发改变了当时的情形，使得运动收入在某些程度上形成一个体系，收入主要来源于四个部分：门票收入、电视转播费、赞助和其他收入（主要是商务开发收入）（表8-1）。

表8-1 主要运动赛事的资金来源

体育赛事	电视转播费	赞助	公共机构	门票收入	其他收入	预算（百万镑）
世界杯足球赛（1998）	38%	24%	0%	38%	0%	370
阿莫里体育组织（2001）	43%	40%	5%	0%	12%	90

续表 8-1

体育赛事	电视转播费	赞助	公共机构	门票收入	其他收入	预算（百万镑）
盐湖城奥运会（2002）	41%	47%	0%	10%	2%	2 100
巴黎—达喀尔拉力赛（1988）	39%	60%	0%	0%	1%	76
法国网球公开赛（2001）	38%	23%	0%	28%	11%	82
雅典奥运会（2004）	37.5%	27.7%	12%	9.3%	13.5%	1960
环法自行车赛（1998）	28%	65.5%	6.5%	0%	0%	42
世界杯橄榄球（1987）	20%	50%	0%	30%	0%	9
赛跑（2004）	15%	65%	15%	0%	5%	23
世界杯田径（2003）	0%	22%	48%	21%	9%	56.8

资料来源：Bourg & Gouguet (2004)，Halba (1997)，组织机构数据（包括投资成本）。

从表 8-1 中我们发现，近年来主要赛事的门票收入占总收入的 40% 以内。在足球比赛中情况也大抵如此：电视转播在系统中处于中心角色，相比直接观众（运动场内的观众）的数量，间接观众（电视观众）的数量之大减少了门票收入，使它只占俱乐部资金中少量的份额（表 8-2）。

表 8-2　2007 年欧洲主要足球比赛门票收入

（单位：百万欧元）

国别	比赛日门票收入
英国	40.1
德国	17.2
西班牙	17.2
苏格兰	10.8
意大利	8.7
法国	6.9

续表 8-2

国别	比赛日门票收入
荷兰	6.6
葡萄牙	4.9

资料来源：Ineun Consulting，2008。

大型赛事的全球化更加强调电视的重要性，电视已经成为顾客与赞助商所投资的品牌之间的真正链接者或者驱动力（图 8-1）。既然互联网模型还没有替代电视，那么目前运动员的工资主要来源于电视转播费。

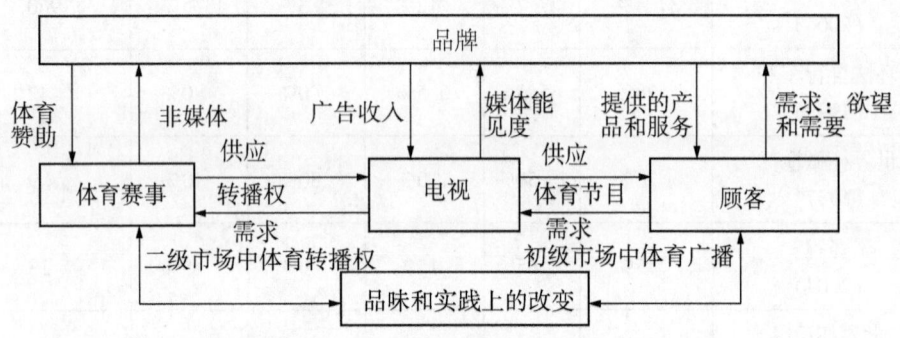

图 8-1　体育活动中电视的角色

资料来源：Desbordes M，2008。

在这种情形下，我们合理提出以下问题：既然观众的门票收入在目前的体育商业中只是一个边缘化项目，那么这些观众是否还值得关注？

尽管出现上述事实，说"否"将是毫无意义的，我们不能忽略掉体育服务市场的某些特殊性，体育服务市场是一种围绕体育赛事展开的市场。电视公司支付电视转播费，电视转播数和比赛人群数是不成比例的，但是他们也想直播高质量的节目。高质量的体育赛事是一项热闹、气氛活跃的比赛，体育馆的活跃气氛由观众创造，这是体育市场的特别之处：消费者同时也是生产者（Tribou，2007；Eiglier & Langeard，1987）。但是这些观众需要帮助，如果他们能在体育场馆内尽情享受，并且场馆能够提供让他们创造这种氛围的服务，观众将会更加放纵自己。一个舒适、高容量、有高级安保措施的体育场馆，将会吸引整个家庭前来，而且会让人感觉很舒适。家庭偏好和谐氛围，这使得体育赛事转播赢利更多，也能提高广播电视产品的市场价值。同样，观看率较高的体育赛事能够增加体育赞助，因为企业通过这种方式有更好的机会提高品牌知名度，如果有更多的人在体育场馆现场或者观看电视，那么品牌就能更好地利用体育赛事的价值（Tribou，2007）（图 8-2）。

因此，体育赛事营销很关键，远远超过营销组合中的 4P。体育场馆不能仅仅

第 8 章 体育场馆的建立和管理：一种新的营销方式

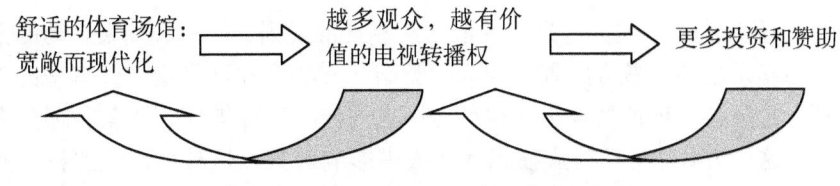

图 8-2 职业体育融资的"良性循环"

被看成是一个适应其他 3P 的分销途径，而应看成一个娱乐中心或是真实生活秀，这样才能够增加产量，它能够影响市场的组成。为了欣赏体育场馆的完整性和复杂性，新营销环境下体育赛事应被视为变量（Badot & Cova，1992）。本章所采取的阐述方式为：通过一些理论模型说明顾客、球迷和观众的概念（第一部分），以及如何优化体育场馆管理工作（第二部分）。

8.2 体育场馆的理论层面：体育赛事产生的新营销方式

8.2.1 顾客行为和球迷消费者需求

习惯上，有价值的顾客（吸引营销人员的唯一顾客类型）被定义为有需求需要满足，有购买物品和服务的经济能力的顾客。体育消费者不是观众就是运动员。过去很少研究"传统"观众，对支持者研究较多，支持者在盎格鲁-撒克逊文化中被认为是球迷，他们拥有以下几个特点：

（1）他们以某一支球队或某一位球员定义身份——在场上场下都忠于该球队。
（2）他们拥有球队商品。
（3）他们经常购买门票。
（4）他们花费大量时间和那些兴趣相投的人讨论俱乐部中的生活。

根据普利（Pooley，1978）的观点，球迷和观众之间的不同点主要如下：

"体育观众在观赏一场比赛后会很快忘记它，但是球迷依然继续他的爱好，永远觉得球队强大，每天心里想的要么就是这个团队，要么就是运动本身的广泛性。"

但是体育观众的消费方式与"传统"消费者不同。浩特（Holt，1995）在其开创性研究工作中，花费两年时间，对芝加哥箭牌棒球队现场观众的行为进行研究，定义了四种消费方式：

（1）体验型消费方式。这是一种个人心理状态，每个人都会提出一些法则来解释他们的消费行为，然后他们会评估他们所购买的产品或服务，喜欢或是不喜欢。在体育赛事中，情绪反应是主要的评价标志。

（2）合作型消费方式。这种消费方式的顾客将他们购买的产品和服务定为她/

他日常生活的一部分。

（3）娱乐型消费方式。这是一种依据某些日常规则，能够和别人互动的消费方式。浩特将娱乐型的消费方式划分为两种类型：分享型和社会型。分享型的消费方式是指顾客共享某一种消费经历，这种经历也许作为团体效应，以某种形象存在于团体中。在这种方式中，"观众在相互交流中影响对方，这种交流能够提高感情强度"。社会型的消费方式是指顾客的消费经历引起顾客之间的交流，顾客因此能够明白自己的品味和价值观。

（4）分类型消费方式。在最后一种消费方式中，顾客通过物品区分自己和别人。例如，我们能够区分会员与非会员，球迷穿着他们喜爱的球队的队服与对手区分，提高自己的集体荣誉感。

与浩特的工作一样，其他一些学者也研究球迷消费者，尝试着测量他们参加团队的迫切感和真切感，这是根据消费者的信念和行为进行的分类。王和布朗斯科比（Wann & Branscombe，1993）通过引入四个变量（理解运动、谈论运动、运动知识、接触球员及球队）提出了SSIS模型（体育观众认同量表）；其他学者（kahle, Cambra & Rose，1996）则强调鉴定团队、自我投资、感情寻找和社会互动的重要影响，情感和运动结果紧密相连。

这些模型表明体育运动的消费者和球队有着不同的关系。消费行为的产生不仅仅是通过接触球队，还应该通过"娱乐"，或者通过寻求社会互动。

通过总结，影响体育赛事消费水平的因素如下：

（1）比赛的吸引力：球员、球队、排名、竞争力、同盟等。

（2）经济因素：观众收入、门票收入、俱乐部的商业策略等。

（3）环境因素：行程表、天气、基础设施等。

（4）人口统计因素：性别、年龄等。

（5）情感因素：球队识别度和动力源。

因此，体育赛事的消费行为是一种复杂现象：不是所有的观众都似球迷般热情，不是所有人都以他们的球队标榜自己的身份，也不是所有球员都相信他们的球队。有多种行为，因此也有多种消费方式。

从营销角度分析，进行观众分类能够帮助定义产品，这些产品分类可能满足每一个细分市场要求，重新定义促销活动，调整价格（门票或产品），或只是逐渐适应"体育消费经历"。这种消费经历将成为激发潜在顾客的中心因素。

2007年，穆林（Mullin）、哈代（Hardy）和萨顿（Sutton）进行了一个针对2215位NBA球迷消费行为的研究，他们将顾客分为三个等级（图8-3）。

（1）等级1：轻型用户。这些观众第一次参加这样的活动，且往往是抓住免费进入的机会而来的。他们能被对手、天气、工作日或周末、球队的表现以及其他观众等因素影响。这一类型用户约占被调查人数的18.7%。

（2）等级2：中型用户。他们观看了10%～30%的比赛。他们按计划表和价格的多种选择而观看。这一类型用户约占总人数的3.9%。

（3）等级3：重型用户。这些观众观看所有的比赛（或者一半的比赛）。他们有时候有一定的领导地位。这一类型用户约占总人数的0.6%。

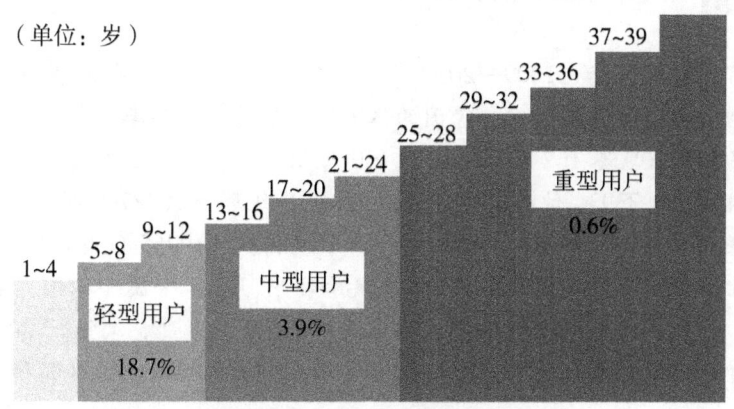

图8-3 体育观众阶梯结构图

资料来源：Mullin, Hardy & Sutton, 2007。

如图8-3，"这个阶梯图生动地展现了顾客作为运动员或是球迷高度参加某一体育活动的情形。它表明体育组织者应该更多投资于现有消费者，而不是努力创造新的顾客"。

需要有吸引政策，如舒适、服务、互动和促销，以奖励顾客的忠诚度。此外，媒体是使顾客阶梯上升的重要因素。例如2006年的世界杯，体育馆的建设和制度改革使德国提升了其顾客参与度，增加了季票持有者。总之，所有因素都同等重要（表8-3）。

表8-3 欧洲大型锦标赛门票清单

（单位：百万欧元）

国家	2003/2004	2006/2007	增长
英国	588	802	36.4%
德国	207	310	49.8%
西班牙	275	344	25.1%
意大利	186	156	-16.1%
法国	120	139	15.8%

资料来源：Ineum咨询，2008。

由表8-3可知，德国门票销售的增加最显著，这种增加要归功于德国增添了5种新设施，更新了7种，总共花费14.11亿欧元；而1998年的世界杯，法国只增建了1个体育馆，更新了9个，总共花费6.12亿欧元（Ineum咨询公司，2008）。

资料8-1 上座率：德甲信息反馈

德甲官方网站显示，2009—2010年前半赛季，在欧洲五大联赛（英国、西班牙、意大利、法国和德国）中，德国的体育馆拥有最高上座率。

德国足球甲级联赛162场比赛中，平均每场吸引42630位观众，远远超过英格兰足球超级联赛（33934位观众），西班牙足球甲级联赛（28706位观众），意大利足球甲级联赛（25169位观众）和法国足球甲级联赛（19965位观众）。

每场比赛平均观众人数最多的20个俱乐部中，有8个属于德国：多特蒙德足球俱乐部、拜仁慕尼黑足球俱乐部、沙尔克04足球俱乐部、汉堡SV足球俱乐部、门兴格拉德巴赫足球俱乐部、科隆足球俱乐部、法兰克福足球俱乐部和柏林赫塔足球俱乐部。

德国俱乐部中，多特蒙德俱乐部以75311位观众位居第一，排在第二和第三的是拜仁慕尼黑俱乐部（68896位观众）和沙尔克04俱乐部（61050位观众）。

总体来看，多特蒙德足球俱乐部的平均上座率在世界体育锦标赛中排第三位，位于美国橄榄球联赛和印度超级联赛（板球）之后。

甚至多特蒙德的乙级联赛平均每场都吸引了14944位观众，成为令人羡慕的西部冠军，而且只比法国足球甲级联赛少5000位观众。

毫无疑问，这些"成绩"不仅仅取决于那些参赛的德国足球队员的精神，当然也取决于2006年世界杯的基础设施建设最终呈现出的高质量比赛过程。

资料来源：http：//mad-marcus.over-blog.com/artcle-affluences-quand-la-bundesliga-s-auto-congratule-42069726.html（2009年12月30日的论文，最后访问于2010年3月16日）。

8.2.2 社区体验型娱乐中心

体育赛事的推广者和生产者将体育场馆内现场体验的营造作为优先考虑的事情之一（Van Uden，2004；Apostolopoulou，et al.，2006）。新营销方式下，媒体和商业杂志在描述体育赛事的内容时会关注其"娱乐性"。夏洛特山猫队的前业主罗伯特·约翰逊（Robert Johnson）说："体育和娱乐是不能分开的，要将它们结合起来，创造新的市场。"

球迷、媒体和公众认为，这种特质使得体育组织、俱乐部和体育赛事十分具有吸引力并充满意义。北美NFL、NBA、NHL、MLB等联赛的运营商最先将这种体育赛事的体验型产品引入潮流，摔角比赛中"臭名昭著"的WWE的推广者甚至通过

第 8 章 体育场馆的建立和管理：一种新的营销方式

夸张的方式提高其体验性。体育赛事产生，然后被记录，变得越来越专业，与演唱会和大众流行娱乐活动等现场活动有很多相似之处。的确，舞台经营和专门租用或生产音频设备和烟火设备的供应商们处于高度需求中，他们能组织一场麦当娜演唱会，也能组织一场篮球赛或者乒乓球比赛。

体育赛事的消费者已经变得非常苛刻，他们不再仅仅被体育赛事所吸引，同时也关注是什么使得此次观赛经历成为一次特殊体验。凡·于登（Van Uden，2004）研究荷兰足球俱乐部维迪斯·阿纳姆（Vitesse Arnhem），他认为其在管理上发生了巨大变化。现在，组织机构被重新定义为"娱乐性的足球公司"。

体育消费体验由此引发了很多新的方面的关注，这些方面都与比赛者表现紧密相关。两个球队或两个球员之间物化的表现显然是比赛的重点，同时也是组织者或专业体育组织管理者花费成本的主要部分。然而，这种作用在一系列赛事营销中明显被"放大"，此种赛事营销能够加强和扩大体育消费经历。

目前体育赛事将体育和娱乐结合，最引人注目且最著名的例子即不可阻挡的北美体育对抗赛，代表有全明星赛（特别是篮球比赛）和总决赛（尤其是"超级碗"）。全明星比赛包括赛季中期的全明星周末，它是一种非比赛性质的以娱乐为主的友谊赛，比如来自美国东部和西部最具人气的篮球运动员将被公众或是教练选为NBA球员。在这样的比赛中，娱乐性是赛事的重要吸引力，而球员的表现则在其次，因此竞争压力十分小。全明星周末，观众在各种活动和巡演中有参与比赛的可能。这一比赛源于《世界篮球争霸赛》电影中的哈林篮球队，其广告效应十分明显，哈林篮球队十分注重世界巡演时的展示和表现。很多比赛以娱乐为主，他们的竞争力不强；球员和观众喜欢这种纯粹的比赛之外的娱乐。例如，在亚洲和纽约组织的桑普拉斯和罗杰费德勒的网球友谊赛，又如法国足球队2008年6月12日于法兰西体育场举行的世界杯夺冠十周年庆，这些活动都以娱乐为主。体育消费者能够在这些比赛中达到怀旧的高潮。

"超级碗"（美式足球联盟赛）的竞争更加激烈，它将质量和兴趣融合，使消费体验更加特别且更具娱乐性，由此保持了其无可争议的黄金标准地位。阿普斯托普罗等（Apostopoulou, et al., 2006）从体验式营销的角度研究"超级碗"，这种体验式营销在霍尔布鲁克和赫希曼（Holbrook & Hirschman, 1982）、派因和吉尔默（Pine & Gilmore, 1999）、凯勒（Keller, 2003）的相关文章中也有讨论。在对"超级碗"所提供的娱乐因素进行识别和分类的研究中，相关作者表明，排除比赛的竞争本性和争夺冠军头衔的球队的身份——这些当然是重中之重——那些专门为体育赛事打造的商业广告，如中场休息时的演唱会和展览，是最吸引和娱乐消费者的因素。这样的赛事体验所带来的益处可分为两种。

（1）强化体育赛事：包括球队的介绍和入场，比赛结束最有价值球员（MVP）奖展示，统计数据，专家评论，裁判和教练音频供稿，慢动作回放，现场采访等。

（2）扩展体育赛事：包括赛前表演（杂耍表演、吉祥物展示等），演唱会和中场体育名人的介绍，特殊插播广告，赛后焰火，休息时间拉拉队等。

因此，体育馆应该鼓励这种消费体验。早期商品交换的时代已经结束：有人将体育赛事作为迪斯尼乐园的竞争者，这就是为什么表演应该提升这些难以忘怀的消费体验的原因。场馆经理至关重要，商业模式在变化，我们正处于娱乐时代（Desbordes & Falgoux，2007）。然而，欧洲不同于北美，体育成绩对于观众和组织者来说依然是原始动力，这种"传统"体育运动向体育赛事改造并不是很顺利。巴黎法兰西体育场橄榄球俱乐部主席麦克斯·瓜齐尼（Max Guazzini）是法兰西体育场著名展览的组织者，他经常被传统橄榄球"纯粹化论者"批判。

"从经济和媒体角度来说，这是十分有意义的。可以肯定的是，法兰西体育馆内五光十色的巴黎演艺圈绝不会改变橄榄球的地位。"

不过，改造对于欧洲体育来说是不可避免的。

8.2.3　体育场馆的地理营销和定位技术

本章尽管已经讨论过观众的动机和赛事组织者的市场营销战略，但仍然有一个重要的问题待解决：体育馆如何选址？

地理营销是营销的一个分支，其中包括地理概念和经济人行为分析（Cliquet，1992）。我们需要将营销学和地理学技术相结合。

地理营销应用广泛，比如顾客集中区研究（销售点吸引力）、业务本土化研究、潜在顾客研究、部门划分、优化直销方式（直邮、电话活动等）、网络优化等。地理营销经常充分利用 GIS 系统，用电脑处理地理数据。盎格鲁－撒克逊人对术语"地理商业智能"的使用，有利于营销方式的分析，在社会经济研究背景下，这有助于制定土地利用规划。

实现地理营销需要雇佣一些软件公司，尽管地理营销应用绝不依赖其中任何一家，但是掌握其专业知识及应用模型依然十分重要（Baray，2003）：

（1）定位技术和地理编码软件。
（2）地理信息和空间分析系统。
（3）数据处理和统计软件。
（4）综合操作系统。

然而，很少有商业项目能够处理这些复杂的学科，很多项目只是将其作为一个简单的操作工具。

北美的一些职业联赛早已将地理营销运用于职业体育比赛中。一支球队的成立和转移以市场为基准，顾客集中区大小、商业潜能和当地市场潜在竞争者将会引导我们做出决定。美国冰上曲棍球联赛中的魁北克省北部队，在遭受了金融危机的打击卖给丹佛队后，变成了科罗拉多雪崩队，而丹佛距离魁北克省北部达 2800 千米。

第 8 章 体育场馆的建立和管理：一种新的营销方式

魁北克省北部队的球迷受到精神创伤，因为他们看到市场被传统的加拿大体育队——"这些该死的美国人"——所占有。目前南美冰球的发展是一种市场需求：冰球越来越流行，从商业角度出发，在这些拥有众多球迷的地方成立一支球队是合理的，因为这有利于提高社会水平。迈阿密创建的佛罗里达豹队将球迷目标定位于在佛罗里达过冬的退休工人，这些工人大部分来自于美国东北部和传统冰球之乡加拿大。圣何塞、坦帕和亚特兰大同样在 20 世纪 90 年代成立球队。20 世纪 10 年代，美国有 24 支队伍（加拿大 6 支），其中 10 支队伍来自南部各州（加州、佛罗里达、德州、格鲁吉亚、北卡罗莱纳、田纳西州和亚利桑那）。然而，这些南部球队在商业上的成功并不总能达到期望，因为在热带很难成功打造一个传统的北方冬季运动，而且有些球队只有靠 NHL 的收入再分配才能维持下去。

同样的思路，地理营销能够表明欧洲体育运动的变化，从中我们能发现其中的不平衡：2010 年，法国橄榄球队前 14 名中只有 2 支队伍来自国家北部，其他有 9 支都来自西南部。相反，女子篮球比赛，14 支队伍中只有 4 支球队来自国家南部。

所有联盟都意识到这种不平衡容易引发问题，比如，国家其他地区的人民难以融入到比赛中来，因此电视转播权难以出售。联盟应积极鼓励主要城市建立俱乐部，即使这些城市在联盟中不占一席之位；同时也要鼓励有很多球队的区域进行球队合并。虽如此建议，但无需强迫，而且强大的联盟会以金融为基础做出决定，最终是体育绩效决定他们是否能成为联盟中的一员。

8.2.4　地理营销理论研究

法国地理学家卢瓦克·拉夫纳尔（Loic Ravenel）是地理学者中研究体育营销的开创者，他从 1996 年初开始在该领域进行创新性的研究工作。他和他的同事所建立的组织能够解决地理营销上的所有问题，这些问题囊括了休闲式体育及各种体育赛事。他的同事有鲍里斯·埃勒（Boris Helleu）、伊曼纽尔·培尔（Emmanuel Bayle）和克里斯托弗·杜兰德（Christophe Durand）[拉夫纳尔（Ravenel）《启用直接研究》摘要，2009]。

职业体育运动大部分采用地理营销，因为其商业本质促使职业俱乐部倾向于使用这种商业工具。地理营销第一个，似乎也是比较简单的方面是人口统计标准。尽管欧洲足球比赛中体育赛事的成功和人口结构有着紧密联系（Durand, Ravenel & Bayle, 2005），但要找出其中的关系并不简单，因为对一个城市的定义是非常困难的。同样，由于各种运输方式的引入，传统的通过时间轮廓来决定是否应该更新设备的方法也在发生改变。关于规模参考标准也存在一定问题（当地/国家/全球）：莱斯特勒兰（Lestrelin, 2006）关于长期支持主义的研究可能会让人产生一种观念，认为既然球迷遍布世界各地，网络和电视能够代替直接观看，那么顾客集中区的概念就不再适用。但事实并非如此，正如我们之前所强调的，体育场馆的高入座率是获得其他收入（电视转播权、赞助和商业化）的必要条件，因此必须要考虑体育场馆进入性的问题。在欧洲，地理营销的作用在于使城市需求与职业联赛供给相平衡。这些联赛正在考虑使用空间技术策略，通过调查潜在顾客及其面临的竞争确保其生存能力（图8-4）。

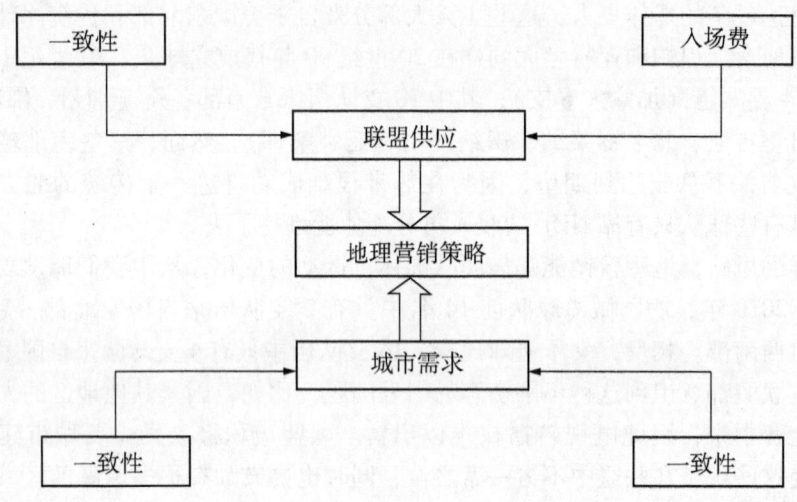

图8-4　城市和职业联盟的地理营销策略

资料来源：Ravenel，2009。

我们之前介绍过，狭义的地理营销应用包括埃勒（Helleu，2007）提到的合并、搬迁、联盟重组等，其在实施时将遇到许多组织、社会和历史障碍。虽然俱乐部采取空间技术策略可以满足可持续发展要求，但是我们更应从生态角度考虑，关于运输和距离的问题更加重要。以下列出的所有项目在建立体育馆时都应当考虑在内（表8-4）。

表8-4　俱乐部的空间营销活动

活动	益处	实施障碍	体育运动
1. 运输成本最小化			
高速公路合作	灵活	系统管理/比赛时间表/时间表的兼容性	所有
铁路合作	运输成本小，舒适	体育场馆位置	所有
拼车	灵活，社会互动，生态环保		所有
2. 停车供给			
停车换乘	交通事故少，速度快	物流	足球
停车场	灵活		

续表 8-4

活动	益处	实施障碍	体育运动
3. 销售点			
网络	简捷	网路连接	所有
当地售货亭	已存系统	计算机设备；成本和服务位置	

资料来源：Ravenel，2009。

我们已经讨论了关于体育场馆建立和管理的理论基础，那我们在接下来的第三部分内容将更直接地讨论体育场馆的管理层面。

8.3 体育场馆的管理层面：实施球迷政策，优化体育场馆

8.3.1 顾客关系管理策略

顾客关系管理（CRM）包括如何定位目标市场、吸引顾客和维持顾客忠诚度，这对公司的成功起着决定性作用。建立企业与顾客之间的良好发展关系具有一定的挑战性，特别是当一个公司拥有成千上万（甚至上亿）的顾客时，这些顾客通过各种方式和公司交流。为了获得满意的结果，公司管理层借助 CRM 更好地了解自己的顾客，这样顾客就会购买公司的产品或服务。

CRM 四个基本组成部分如下：
（1）了解顾客。
（2）关系型策略。
（3）交流。
（4）个性化的产品价值。

1. 了解顾客

企业了解每一位顾客有利于建立持续关系，也方便为每一位顾客提供更合适的服务。他/她的购买记录、偏爱的交流方式、喜欢的支付方式、偏爱的服务方式等都是建立长期客户关系的必要信息。以上信息散布于不同信息系统，企业应该将所有信息搜集起来整理成一个顾客数据库。

尽管公司为建立良好顾客关系需要获取大量数据，但是这些数据不能对企业信息系统造成负担。任何与建立顾客关系无关的信息都不应包含在数据库内。

2. 关系型策略

那些以短期业务为主的企业对他们的顾客兴趣不大。他们的成功由已实现的交

流数和销售量决定。对他们来说，他们的市场份额是成功的主要因素。

采用客户关系管理的公司希望与他们的顾客建立长期友好关系。他们忙于和他们的顾客交流，交流的频率比顾客购买频率更大。在顾客群中，公司都是争取那些能带来利润的有价值的顾客，商业交流并不会终止这种关系。以购买开始的关系，能够引起一种更深入的交流，这种交流建立在信用和越来越多的相互承诺之上。

3. 沟通

公司应该强调，员工与顾客沟通时需采用客户关系管理策略。我们应该展示能够创造私人对话的能力，在这些接触中，我们应当留意与顾客相关的各项事宜。为了实现这一目标，我们必须建立一个整合的通讯渠道，这样我们就能在任何地点任何时间实现交流。多渠道交流的能力十分重要，例如，一个银行可能使用多种渠道，如分支机构、常用邮件、网站、ATM、语音服务系统、SMS、MMS 等与顾客进行交流。

2009 年国际市场研究所（Markess International）进行的一项研究表明，企业接触顾客偏向于电话方式，几乎有 36% 的交流都通过这种方式进行，21% 通过电子邮件，16% 通过网络传达。同样也有研究表明，2010 年电话渠道仍在原地踏步，只有 28% 的顾客交流通过这种方式进行，大家目前更加喜欢通过电子邮件及网络进行交流，这两种方式都各占 24%。移动技术的应用有助于促使交流出现突破性的发展。多渠道交流方式在顾客关系管理中逐渐占据统治地位，我们的目标是实现与顾客之间的交流。除了电话媒体，其他如网络或者虚拟代理等工具的使用已成为必然。

4. 个性化产品价值

企业与顾客建立良好的交流和对话是希望提供给顾客个性化产品或服务。通过这种方式，企业能够与顾客一起设计出完全满足顾客需求的产品或服务。例如，我们通过"服务模型"能实现这一目标，这一模型能够以某一种服务为基础，创造出满足顾客需求的全面服务。企业必须仔细分析，控制成本，避免不必要的经济损失。同样，定制化的产品服务对企业来说充满风险，产品的生产促销也十分复杂。因此，必须致力于将顾客定制化服务要求与相对标准化的产品相结合。

在体育行业中，设备制造商早就把 CRM 融入其战略中，特别是跑步这一运动。他们通过建立会议室实现跑步者社区建设，会议室能从品牌网站上获取流量。这些品牌公司所采用的政策内容包括为实现目标而提供的个性化训练计划，但是只有提供相关信息才能制订该训练计划，这些信息对于制造商细分市场（根据性别、年龄、身高、体重、职业、每周体育训练次数等将顾客进行分类）和顾客关系管理（电子邮件地址和电话号码）有很大价值。只要输入信息，Web 2.0 关系数据库就会投入运营中。

第8章 体育场馆的建立和管理：一种新的营销方式

因此，实现 CRM 首先应建立一个好的数据库。这就是体育产品的制造商和体育俱乐部争夺巧妙的新方法以获取可靠信息的原因，如此便可以完成一个所谓的"高质量"的数据库。当然企业能获取顾客反馈信息的基本方式是赠送礼物，但这样会使形式更加细微复杂。欧洲足球界内，营销策略（特别是 CRM）的发展并不顺利。20 世纪 90 年代一系列戏剧性事件发生在体育馆内以后，安全成了体育馆发展的主要考虑因素。所有的体育馆站台都逐渐安装座椅，预定阶段体育门票不可转让。季票的发展改变了当时的情形，这意味着持有多数季票的俱乐部可以实现"每一个座位都卖给有身份的人"，从此营销方式彻底改变。例如，阿森纳（Arsenal）体育馆内 99.8% 的观众拥有季票。在安全的借口下，他们对每一位进入体育馆的观众的所有信息都了如指掌（包括入场和离场时间、标签栏、出席率、儿童数、婚姻状况、电话号码等），与顾客的接触更是增加了这一可能性。我们一直赞扬"英国商业政策的有效性"，却忽视其信息系统建设：英国俱乐部与欧洲同行业的竞争并没有处在一个公平的竞争环境中，因为他们拥有更多季票购买者，因此他们有着更高质量和更复杂的数据库，这有利于下游市场的营销工作。

"法国卖出的门票中有 76% 在比赛前售完，而英国是 98%。有三家俱乐部说他们在比赛当晚的门票销售量占 50%。只有一个例外，限制季票持有量的俱乐部的覆盖率超过了 80%。覆盖率的上限是变化的，但大体在 65%～70%。英国如果存在上限的话，那么将会有 80%～85%。这一措施只有在供大于求的时候才有效果。"（图 8-5）

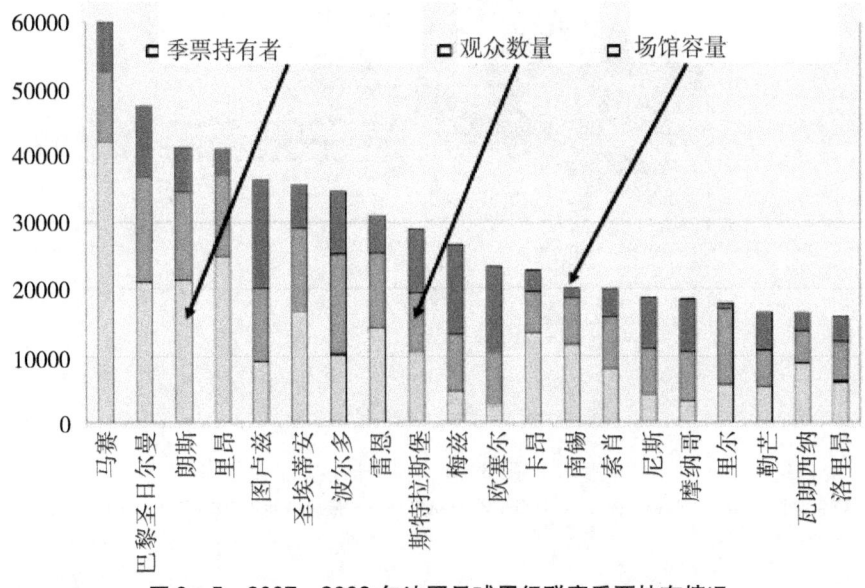

图 8-5　2007—2008 年法国足球甲级联赛季票持有情况

资料来源：Helleu, 2010。

毫无疑问，俱乐部希望提高季票持有量，但是这阻碍了俱乐部追求现金数额、了解他们的顾客以及拥有更多观众的目标的实现（表8-5）。

表8-5 持有季票的优缺点

优势	劣势
• 门票收入得到保证，且不取决于比赛结果 • 保证100%入座率，提升俱乐部形象和体育馆氛围 • 掳获观众，使其更可能倾向于消费此商品 • 有助于市场数据的完成和开发 • 保证安全	• 顾客不多，限制俱乐部吸引更多观众的能力 • 季票持有者倾向于认为自己是俱乐部象征性的业主（OM/PSG） • 可能导致细分市场薄弱（类型：自信的男球迷） • 场地饱和：通过商业动机的方式难以获得好结果

资料来源：Helleu，2010。

2010年，法国只有一半的俱乐部采用CRM策略。相反的，法国足球甲级联赛中资金最少的AJ Auxeere小型俱乐部在2008年最先通过其AJA卡实现顾客关系管理（图8-6）。

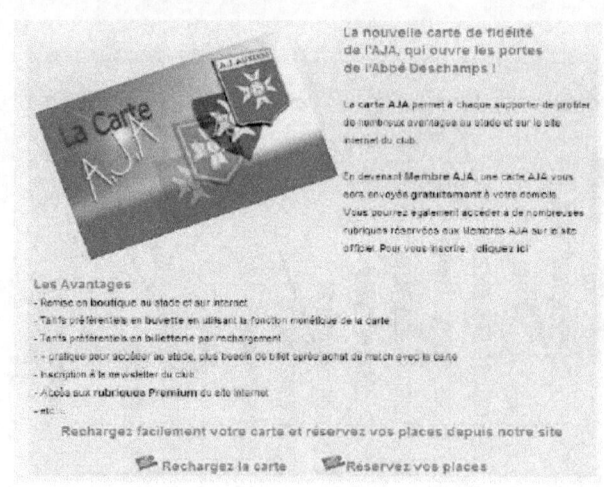

图8-6 AJA卡

资料来源：http：//www.aja.fr/siteofficiel/carteAJA.asp（最后访问于2010年3月10日）。

第8章 体育场馆的建立和管理：一种新的营销方式

说明
最新 AJA 会员卡
带您进入阿贝德尚体育馆
AJA 卡使您拥有体育馆和俱乐部网站上的特殊待遇。
只要您加入我们，我们将会给您邮寄会员卡。
您将享有 AJA 官方网站上的会员专区，请点击注册。

益处
适用于体育馆购物点和相关网站
小食亭消费优惠
用卡消费价格优惠
自选方式入场；会员卡付钱无需查看门票
免费订阅俱乐部简讯
享受网站中优质项目
更多

用卡预付、网上订购
预付　　预定座位

在 21 世纪初，美国 CRM 战略常用于某些青少年团队的管理（如 NBA 的迈阿密热火队、MLB 的西雅图水手队、NCAA 的亚利桑那州队），甚至包括 1995 年 MLB 的圣地亚哥教士队，这一战略使得它们建立起强大的球迷数据库（教士队在美国有 18.5 万位球迷，在墨西哥有 6.81 万位球迷），增加了观众数量（教士队自使用 CRM 后每年增加观众达 200 万人次），平均每场比赛消费成倍增加。

资料 8-2　球迷顾客关系管理得分

最近你观看了一场体育比赛，花 7 美元买了一瓶啤酒，5 美元买了一只热狗。你回到座位上，摇晃着 12 美元的旗子，穿着购买于商店的 26 美元的 T 恤衫，你可能会抱怨那个座位花了你 40 美元。但是谁会在乎呢？现在是假期。今年一个家庭观看 NBA 比赛的平均花费达到 280 美元，以至于它已成为最昂贵的比赛。但是当你为一场比赛花费这么多时，对你来说这不仅仅是一场比赛，因为你获得了球迷经历。

1995 年，圣地亚哥教士队最先为他们的顾客建立 CRM 项目和会员系统。根据 CRM 项目经理布鲁克·戈万（Brook Govan）之言，自此以后每年都会增加 200 万人次的观众。

从那以后，教士队忠实球迷不断增加。他们的球迷能够在体育馆内各商店使用会员卡，这样他们购买门票、食物、饮料和其他物品都能享受优惠。根据比赛和购买记录累计积分，优惠量决定于累计的积分点。反过来，这有利于教士队收集宝贵的社会人口信息并获取球迷的习惯和爱好。俱乐部管理层认为这也有助于在比赛中提供更好的服务。

教士队的数据库包含18.5万位会员。通过搜集数据，教士队发现另有6.81万位忠实球迷来自位于圣地亚哥另一边的墨西哥。根据这一情况，他们同时在美国和墨西哥为墨西哥球迷提供特殊的会员卡，并且特别针对西班牙裔美国球迷进行一系列电视和电台广告宣传。

"在开始引入CRM战略时，我们没有他们的任何信息。"戈万说，"教士队目前已拥有6%的电邮反馈率，是以往传统电邮活动的两倍。"

资料来源：http：// www.destinationcrm.com/Articles/Editorial/Magazine-Features/CRM-Scores-With-Sports-Fans-48324.apsx（最后访问于2010年3月16日）。

8.3.2 收益管理

最近几年，体育场馆营销引入收益管理，试图通过调整价格和推出限时优惠活动提高入座率。

资料8-3 收益管理发展史

收益管理是通过有效资源（如酒店客房、飞机座椅等）的管理来实现利润最大化的系统方法，我们也称之为效益管理，也可狭义地理解为实时定价管理。从不同角度出发，其定义也有所不同。德尔塔航空公司于20世纪80年代初首创收益管理技术，当时正逢航空交通放松管制。根据其前任总经理的观点，"收益管理是在恰当的时间提供恰当数量，恰当价格的服务或产品"。当收益管理应用于航空公司时，出发前10天，10个座位的总体价格可达100欧元。在这种情况下，我们可以想象前1天可能还有15个座位，或者10个座位的总体价格原为90欧元，或者这两种情况同时出现。

1984年，美国航空公司放松管制后，德尔塔航空公司的Robert Cross已采用今天我们所知道的收益管理技术。当时只有300万美元的预算和50位员工（这些员工当时在公司"空间控制"部门工作），他通过对供应、需求、数量、价格和时间的细分，在不到一年的时间内实现了超过3千万美元的纯利润。

资料来源：http：// fr.wikipedia.org/wiki/Yeild management（最后访问于2010年3月16日）。

体育场馆的管理问题与酒店和航空公司一样：体育场馆必须实现满上座率，因

第 8 章 体育场馆的建立和管理：一种新的营销方式

为一个空座位就代表着一次机会成本的损失。因此，我们必须引用那些已在其他地方被证明过的技术（一个被购买的座位＝一个空座位；一个男人购买的座位＝一个为女人提供的免费座位；儿童免费等）。但在体育活动中，收益管理包含更重要的因素。拥有一半上座率的航班或是酒店，我们不能通过电视看到；相反，我们从图8-2中可以看到，满上座率的体育馆是高质量电视节目的基本要求（半满的体育馆对于主办方来说是一场悲剧），同时，为了使现场氛围达到预期要求，在不得已的情况下，我们有必要让观众免费进入，坐满体育馆。

21世纪初，美国的收益管理公司开始专注于体育赛事营销。这些公司基于一些用于提升体育馆入座率的优化项目，发明了复杂的计算机技术。数据库不断更新，24小时监视控制面板，以便对价格政策适时适当地做出调整。通过一些必要的调整，使得总收入函数最大化。

然而，如果俱乐部不能吸引顾客，这些工具将毫无意义。更好地了解顾客，获取关于他们及其家庭圈子的准确信息，尽可能建立复杂的数据库，通过有效软件完成CRM和收益管理——所有这些都是必要的，但仅仅如此还远远不够，我们要让顾客相信我们的产品是最好的，是实行等价交换的。当然守信于顾客也十分重要。

因此，那些推出体育馆虚拟旅游的项目，能够让潜在顾客提前感受体育馆，从而向顾客保证其质量，因为通常人人都会以为他们可以更进一步感受体育比赛场馆，但是当入场后却大为失望。

在这里，我们需要指出由Ballena技术公司开发的应用程序（http：//www.seats3d.com）能为所有北美职业联赛（NBA、NFL、MLB和NHL）和大学联赛（NCAA）提供支持（图8-7）。

图8-7 波士顿凯尔特人队（NBA）体育馆（TD银行北部花园）

8.3.3 案例分析：欧洲体育场馆 VS 北美体育场馆

8.3.3.1 不同时代的体育场馆

希腊人创造了体育赞助的历史。希腊资助运动员参与奥运会的滑雪项目，一改先前由滑雪场馆赞助的历史。自此以后，"现代体育场"就产生了。罗马时期，竞技场已发展成为多功能设施，拥有现代建筑特征（50000 个座位，拥有屋顶、液压系统、视线畅通、主席台、表演区、贵宾专座）。然而，这些特征并没有马上被模仿。

20 世纪初，所谓的第一代体育馆是比较简陋的，只有低站台和有限视线。20 世纪三四十年代，随着奥林匹克精神的重生，第二代体育馆应运而生。有些人认为，破旧建筑的修复是为了恢复他们最初始的目的。许多体育馆是为举行世界比赛而建（如 1936 年柏林的体育馆，1948 年伦敦的体育馆）。

这些体育馆的主要特点有：
（1）碗状。
（2）实现观众最大容量。
（3）运动员和比赛区是设计中心。

但是，这一代体育馆让观众远离赛场，未能体现出学科融合带来的技术优势。20 世纪七八十年代，第三代体育馆（多特蒙德威斯特法伦体育场和慕尼黑奥林匹克运动场）面世。那时候，到现场观看体育比赛被认为与通过电视观看比赛并无差别，这就是体育馆改善舒适程度和功能方面的原因，这可以让更多电视观众走出家门成为真实的现场观众：
（1）这些是设计兴趣的开始。
（2）为观众提供更舒适的服务。
（3）改善基础设施。

20 世纪八九十年代，发生在体育馆内的惨剧迫使当权机构着力改善体育安全问题（表 8-6）。这些改善通过严格的法律条例加以说明，从而从根本上改变了当时的体育场馆。

表 8-6 体育馆内发生的悲剧

日期	体育馆	城市	国家	类型	伤亡人数
1902/4/5	伊布公园	格拉斯哥	苏格兰	站台倒塌	26 人死亡，587 人受伤
1946/3/9	Burnden	博尔顿	英格兰	人群激增	33 人死亡，400 人受伤

续表 8-6

日期	体育馆	城市	国家	类型	伤亡人数
1964/5/24	雄耐尔体育馆	利马	秘鲁	恐慌	320 人死亡，800 人受伤（有些报道 400）
1967/9/18		开赛利	土耳其	恐慌	40 人死亡，600 人受伤
1968/6	河板体育馆	布宜诺斯艾利斯	阿根廷	恐慌	80 人死亡，150 人受伤
1971/1/2	伊布公园	格拉斯哥	苏格兰	站台倒塌，人群混乱	66 人死亡，超过 200 人受伤
1974/2/17		开罗	埃及	恐慌、墙塌	49 人死亡，47 人受伤
1981/2/8	Karaiskaki 体育馆	比雷艾夫斯	希腊	人群激增	21 人死亡
1982/10/20	Loujniki 体育馆	莫斯科	苏联	恐慌	不同数据：61 人死亡（官方数据，1982）；99 人死亡（无名）；340 人死亡（1989 年公布）
1985/5/11	Valley Parade	布拉德福德	英国	火灾	56 人死亡
1985/5/29	Du Heysel	布鲁塞尔	比利时	战斗，恐慌	39 人死亡，600 人受伤
1989/4/15	Hillsborough	谢菲尔德	英国	恐慌	96 人死亡，766 人受伤
1992/5/5	Armand Cesari	富里亚尼	法国	临时站台崩塌	18 人死亡，2857 人受伤
1996/10/16	Mateo Flores	危地马拉	危地马拉	恐慌	84 人死亡
2007/6/2	Chililabombwe	奇利拉隆布韦	赞比亚	楼梯倒塌、恐慌	12 人死亡，46 人受伤
2007/10/25	Fonte Nova	萨尔瓦多	巴西	站台崩塌	7 人死亡，10 人受伤
2008/9/14	Municipal de Butembo	布滕博	刚果	警方干预	13 人死亡，54 人受伤
2009/3/29	Felix Houphouet-Boigny	阿比让	象牙海岸	特急援救	19 人死亡，135 人受伤

资料来源：Ligue de Football Professional (2010), www.lfp.fr（最后访问于 2010 年 3 月 16 日）。

在北美，恐怖分子和安全问题不被重视，而欧洲则不同，第四代体育馆（巴黎法兰西体育馆、博尔顿锐步体育馆）的逐步发展并不是由商业和市场来推动的，它的产生仅仅是因为创建者试图为观众提供更加安全的设施（表8-7）。

表8-7 欧洲体育场馆发展趋势

发展趋势	典型体育场馆
推动城市发展：目前，体育场馆建设必须支持周围城市的发展或再发展，提高其影响力和声誉	阿姆斯特丹体育馆（荷兰）
设计：体育场馆作为一种表达品牌的方式，必须用于交流、传达积极价值观，鼓动大家激情	慕尼黑安联体育馆（德国）
可持续性和生态性：从体育场馆设计到实施过程中，可持续发展都应作为必要考虑因素	阿尔卑斯山格勒诺布尔体育馆（法国）

资料来源：http：//losangelesfootballstadium.com/stadium（最后访问于2010年3月15日）。

这些体育馆有以下特点：
（1）更复杂的设计。
（2）优化基础设施，强化安全问题。
（3）最先出现多功能化。
（4）引入豪华座位（VIP专座、业务席座），且这些座位赢利丰厚。

8.3.3.2 法国相关报告

法国需要建设现代化体育馆，以申办2016年欧洲足球联赛，为此，其政府提前准备，布置任务，公共机关提供各种报告，希望大家更好地了解影响职业体育运动基本设施的因素，以能够在必要时采取行动以支持体育运动。奥林匹克运动会（1992年、2008年和2012年）申办的接连受挫促使法国关注其在体育领域的差距。1998年的世界杯并没有缩小此差距，因为法国主要预算都用于法兰西体育馆的建设，而其他体育馆只是进行表面修复，这些体育馆都早已过时。

法国职业足球联赛（LFP）主席费雷德里克·提里耶（Frederic Thiries）介绍："足球的未来在于体育馆改造建设。……我们的体育馆建设已经落后15年，我们要加紧步伐。……我们现在的体育馆是破旧的。目前法国没有一个俱乐部能单独主办一场总决赛，这为法国足球蒙羞。……法国也应成为2016年欧洲足球联赛主办方候选人之一。这将加快我们建设体育馆的步伐。"

贝松的报告分析了法国足球的竞争力，它于2008年10月5日提交给首相，报告提出了有关改善体育和经济发展竞争力的一些措施：

第 8 章 体育场馆的建立和管理：一种新的营销方式

（1）在公共/私人合作背景下，积极鼓励私人投资，组织体育馆进行现代化建设。

（2）发动关于减少培训中心数量的讨论，努力建设"卓越中心"。

（3）修订有关体育企业的法律，使其与一般公司的相关法律保持一致。

（4）增加俱乐部甲级联赛中的融资力量，向高水平俱乐部适当返还体育彩票收益，或者减少低级联赛的参与率。

（5）改革 LEP 董事会董事，提供主要席位给各俱乐部主席。

（6）促进欧洲权力机构对职业足球的管理和控制。

赛甘的报告专注于体育馆建设，于 2008 年 10 月 25 日提交给法国总理，报告提出了一些合理性建议：

（1）不论是公开募资还是私人募资，建设有利于公众福利的体育馆。

（2）鼓励体育馆所有权和管理模式的发展，目前有很多仅仅靠社区经营。

（3）鼓励私人建设、管理体育馆。

（4）冠名权是获取资金的良策，我们应该多鼓励该方式的实施，尽可能减少俱乐部的税务负担。

（5）应当减少体育赛事增值税，倡议体育馆建设。

（6）如果根据欧盟委员会的投票结果最终需要建设单一主题的体育场馆，那么我们必须要寻找一种新的融资方式。

科斯坦蒂尼题为《塞勒斯大舞台 2015》的委员会报告于 2010 年 3 月 10 日提交给总理，报告讨论了组织国际或国内高水平体育比赛所需的主要设施及其适用性。法国在该领域已远远落后，我们强调的是未来设施应该多功能化（体育赛事和氛围），这与在过去的二十多年欧洲出现的体育馆模型相一致。报告呼吁大家积极采用私人投资，提出了 18 条建议，例如建造或翻新一家超过 20000 个座位的体育馆，一家拥有 15000 个座位的体育馆，以及两家有着 10000 个座位的体育馆（为体育活动而配置）。结果的确令人失望，法国这一层级（6000～20000 个座位）的体育馆建设十分匮乏。2010 年法国只有一家室内体育馆可以容纳超过 10000 观众，即 POPB，而在整个欧洲，有 90 余个类似产品。

8.3.3.3 制度差异及冠名

欧洲和北美洲体育比赛制度存在许多不同之处，在欧洲不要求统一性。拥有体育馆的方式是灵活多变的（100%公众、100%私营或混合型），不同经营方式下体育馆财政和运营也不相同。例如在法国，体育馆属于当地政府，因此几乎不可能出售冠名权。然而，所有权的逐渐转移和新体育馆的建设应该会改变这一形势。

广告领域中，许多球队都已被冠名。冠名是一种赞助方式，为体育馆赋予赞助品牌或企业的名字。冠名合同一般有较长的有效期，通常在 15～30 年。由于广告和商业缘故，如果用新名字代替球队原来的名字，这种措施会影响当地命名原则。欧洲仍处于冠名发展初期，从近10年来看，德国、英国和荷兰采取的措施得到了突破性的飞跃。德甲18个俱乐部中有12个拥有某一品牌的名字。

根据五大联赛官网（www.sportfive.com）数据可知，冠名是十分有效的广告方式，通过媒体我们能吸引很多观众。我们可以认为这是一种广泛的交流平台。

（1）在建期间冠名，能够快速而有效地增加赞助商名望。

（2）可以联系许多媒体冠名报道，如刊物、电视频道、广播电台和网络。

（3）通过传统广告模式实现一定水平的媒体曝光率，需要投入更多资金。

（4）对赞助商的感知独立于俱乐部的体育成就。公众认为，某品牌拥有冠名权，则该品牌就会受益于其与体育场馆的某一特殊部分所形成的一种永久而积极的联系，体育馆是一个传达激情和热情的场所。

（5）获得冠名权的企业，将从所有体育赛事中获利。

根据www.bonham.com相关数据可知，2006年在美国：五大联赛中签署了78个冠名合同；总共获得40亿美元赞助；有26个不同类别的赞助（表8-8、表8-9）。

表8-8 前十位最大冠名合同

体育馆	球队	冠名权（百万美元）	期限（年）	签订时间	金额（百万美元/年）
雷利昂体育馆	休斯顿德州队	300	32	2002	9.4
联邦快递场	华盛顿红人队	205	27	1999	7.6
美国航空中心	达加斯小牛队和明星队	195	28	2000	7.0
飞利浦球馆	亚特兰大老鹰队	182	20		
Muite Maid球场	休斯顿太空人队	178	20	2004	8.9
凤凰大学体育场	亚利桑那红雀队	154	20	2006	7.7
美国银行体育场	卡罗莱纳黑豹队	140	21	2003	6.7
林肯金融体育场	费城老鹰队	139.5	21	2005	6.6
卡卢斯油体育馆	印第安纳小马队	121.5	20	2006	6.1
TD银行北园	波士顿凯尔特人队	120	20	2005	6.0

资料来源：www.bonham.com。

表8-9 国家冠名合同数量

支付国家	体育场	竞技场	合计
德国	21	14	35
英国	14	3	17

续表 8-9

支付国家	体育场	竞技场	合计
Suece	4	13	17
Pays-Bas	11	1	12
捷克共和国	1	8	9
芬兰	4	4	8
丹麦	4	2	6
瑞士	1	4	5
意大利	0	4	4
西班牙	2	1	3
俄国	1	2	3
奥地利	2	0	2
威尔士	2	0	2
法国	1	0	1
比利时、希腊	1	0	1
伊朗等	0	1	1
合计	71	63	133

资料来源：www.bonham.com。

体育比赛主办方和冠名权有着紧密关系，在英国和美国，合同一般有较长期限，有时持续25～30年。相比于欧洲系统，如此长的合同期限是美国特有的，这归功于投资中的低风险，因为在NFL、MLB、NBA和NHL中没有部门升级或者降级的规定。德国合同平均期限较短，尽管2006年世界杯体育馆签署的大部分合同持续时间至少有9年（图8-9）。

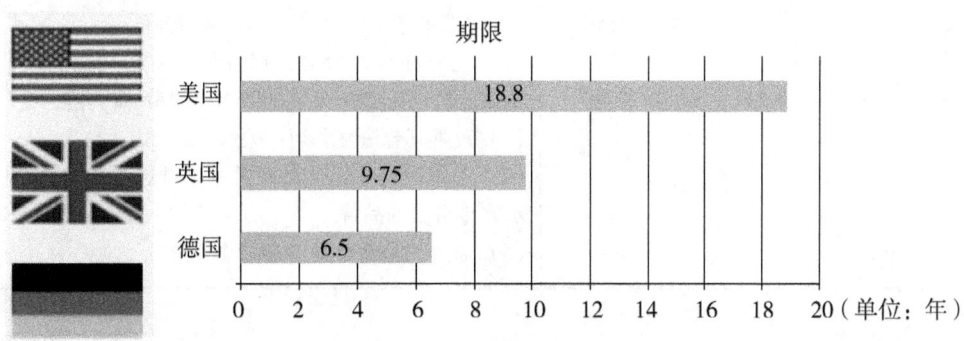

图 8-9　不同国家冠名权期限

资料来源：Helleu，2010。

冠名与传统观念相反，尽管目前反对的声音到处存在，但是这种方式已经慢慢被大家所接受。我们很难明白为什么同样一种方式在其他体育运动（如自行车、航海和摩托比赛）中已被接受几十年，这对体育馆来说是一个不解之谜（表8-10、表8-11、表8-12、表8-13）。

表8-10 支持冠名的人所占比例

意大利	47%
法国	48%
西班牙	48%
德国	60%
英国	70%

表8-11 法国冠名接受度

	法国	欧洲平均比例
如果足球联赛将名字卖给企业获取额外利润，我不会难过	38%	47%
俱乐部为了自己利益，将名字改为赞助商的，我不会难过	44%	42%
我认为体育馆名字卖出去是好事	48%	55%

表8-12 冠名的益处

对俱乐部、经营商和所有者而言	对合作伙伴而言
（1）长期合同，一般金额较大，有利于体育馆融资 （2）保证资源长期占有，容许有证券（带有风险性的收益） （3）社区所有者公共资金的良好管理	（1）在法国进入成本相对较低：每年100万英镑可与MMArena签订10年合约，或者相当于联赛11/3的球衣赞助费用，可明显地提升曝光度 （2）主要在法国曝光，拥有强大的新闻副产品，不需要做宣传工作（如2009年MMArena开业） （3）改善其合法性和当地关系 （4）合作过程中建立良好关系，可通过体育馆展示宣传自己的品牌 （5）通过"公益赞助"塑造企业形象

表 8-13 冠名的局限性

对俱乐部、经营商和所有者而言	对合作伙伴而言
（1）为追求活动量的持续增长难以改变合作伙伴 （2）当合作伙伴出现经济危机时对主办方俱乐部有影响，休斯顿太空人队在安然公司破产后，成功解除冠名合同 （3）有些社区不愿与商业品牌联系	（1）体育风险：主办方俱乐部可能会降级为低级联赛，即使是一个大型俱乐部也不可避免，需要在合同中提及这一点 （2）品牌易与主办方俱乐部的暴力或安全隐患问题联系在一起（应该加强俱乐部建设，保持安全距离） （3）在早些年由于"习惯的力量"（对于已经存在的体育馆）而难以被公众所记住 （4）新闻媒体的惯常提及（对于新体育馆就不那么真实） （5）许多国际联合组织（FIFA、UEFA、IRB）的"清洗体育馆"政策。2006年世界杯比赛期间有7/12个体育馆遭到清洗 （6）球衣赞助商间的竞争（因此阿联酋需要与阿森纳队共同做决定）

8.4 本章小结

我们从本章中可以看到，体育馆已经成为体育活动营销的重要发展工具。体育馆融资的多样性决定了其收入的多样性，这些收入由体育馆的多功能性决定。2005—2006年，阿姆斯特丹体育馆主办了81场活动（包括41场非体育比赛）。通过比较，露天的法兰西体育馆2010年只主办了30场比赛。在这种情况下，一个星期"工作"最多一次的机构怎么可能会获得利润呢？

综合时代已经到来，多功能体育馆已经不再完全依赖体育活动。例如，匹兹堡对"三道河"体育馆进行了全面整改，2001年在同样的地址，被亨氏体育馆（美式足球）和PNC球场（棒球）所取代，由此该市为体育及其他活动建立了一个大型活动中心。以同样的方式，斯德哥尔摩队和Soderstadion（足球）、Ericsson Globe（曲棍球和演唱会）、Hovet（多功能厅）、Annexet（演唱会）合作，这是十分有趣的现象，在2007年287场比赛中，客流量达到140万人次。

但是，最终赢利的应该是洛杉矶的斯台普斯中心，它获利于专注职业球队的非体育赛事，这些职业球队的非体育赛事是一个特殊且大有赢利空间的领域。

资料 8-4 洛杉矶的斯台普斯中心

1999 年以来,洛杉矶的斯台普斯中心租用人一般是 NBA 球队中的湖人队和快船队,以及国际曲棍球联赛中的国王队。WNBA 的洛杉矶火花队和 NBAD 联赛的洛杉矶防守队也曾租用。2000—2008 年,该体育馆成为足球联赛洛杉矶复仇者队的常用之地。这是唯一一个举办了五大联赛的体育中心。尽管如此,体育赛事只占每年 250 场活动中的一半。它拥有 18997 个座位供湖人队比赛,19060 个座位供快船队比赛,18118 个座位供冰棍球比赛,16096 个座位供美国市内足球赛,12947 个座位供 WNBA 比赛和 20000 个座位供举办演唱会和拳击比赛。该中心提供一切可能想象的方便以实现利润最大化,包括拥有 2500 个业主席位、32 个团体馆和 160 个豪华馆,其中包含了 20 个不同类型的体育场所。

资料来源:http://www.staplescenter.com/index.html?(最后访问于 2010 年 3 月 17 日)。

阿森纳队由于拥有新的体育馆而成为欧洲最富有的五个俱乐部之一:通过将"海布里"体育馆改成"酋长国"体育馆,俱乐部 2007 年利润同比增加了 37%。

法国奥林匹克里昂俱乐部建有新的体育馆,希望来年同样实现利润的多样化(图 8-10)。

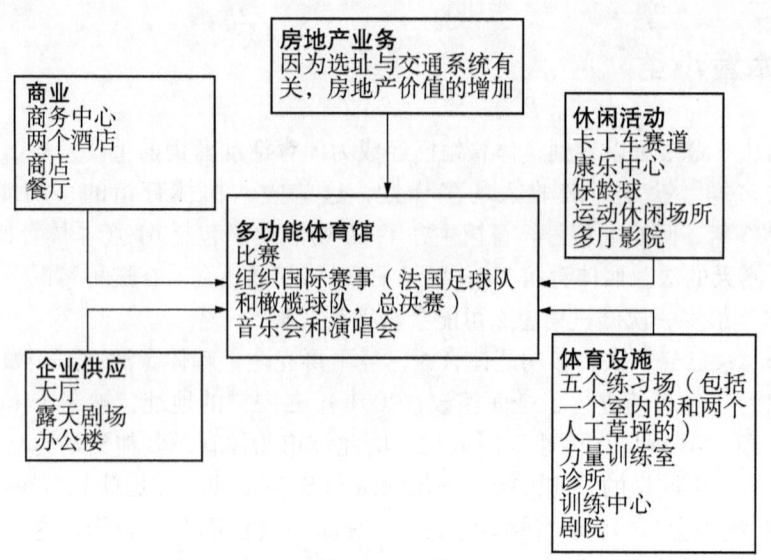

图 8-10 基于其未来体育场馆的里昂俱乐部多元化收入

资料来源:www.inr.fr(最后访问于 2010 年 3 月 18 日)。

建立一个现代化、立体化且多功能的体育馆是职业球队存活的重要途径。

第 8 章　体育场馆的建立和管理：一种新的营销方式

> 思考题

1. 对体育赛事的观众加以区分、进行分类的方式有哪些？请分析其意义。
2. 如何理解"体育和娱乐是不能分开的，要将它们结合起来，创造新的市场"？"娱乐性"对体育场馆内现场体验的营造有何影响？
3. 何为地理营销？地理营销在球队创立和体育场馆选址的过程中如何发挥作用？
4. 顾客关系管理（CRM）策略由哪四个部分组成？CRM 策略的适用企业有何特征？请举例说明使用 CRM 策略的意义。
5. 请搜集一些收益管理应用于体育场馆营销的例子，深入了解并进行对比分析。
6. 欧洲与北美在体育场馆的管理上有哪些不同？
7. 请分析体育场馆未来的发展趋势。

> 参考文献

[1] Apostolopoulou A, Clark J, Gladden J M. From H-Town to M-Town: the importance of Super-Bowl entertainment. Sport Marketing Quarterly, 2006, 15: 223 – 231.

[2] Baray J. Optimisation de la localisation commerciale: une application du traitement du signal et du modèle p-médian. Recherche et applications en Marketing, 2003, 18 (3): 31 – 44.

[3] Badot O, Cova B. Le Néo Marketing. Paris: ESF éditeur, 1992.

[4] Besson E. Accroître la compétitivité des clubs de football professionnel français. Paris: La documentation française, 2008. http://www.ladocum entationfrancaise.fr/ (last accessed on March 17, 2010).

[5] Bourg J F, Gouguet J J. Analyse économique du sport. Paris: PUF, 2004.

[6] Caru A, Cova B, Maltese L. Un approccio duale al marketing esperienziale: divertimento e approfondimento nell'immersione. Mercati & Competitività, 2004 (4): 17 – 40.

[7] Cliquet G. Le géomarketing: méthodes et stratégies du marketing spatial. Paris: Collection IGAT, éditions Hermès, 2002.

[8] Costantini D, Besnier F. Arenas 2015: Rapport de la commission Grandes Salles, http://www.ladocumentationfrancaise.fr/rapportspublics/104000122/ (last accessed on March 17, 2010).

[9] Desbordes M. The economics of cycling. In: Andreff W, Szymanski S, Borland J. The Edward Elgar Companion to the Economics of Sports, 2006: 645 - 662.

[10] Desbordes M. Le marketing du sport en question. Revue française de marketing, 2008, 219 - 4/5: 5 - 9.

[11] Desbordes M, Falgoux J. Les événements sportifs. Paris: Les éditions d'Organisation. 3rd edition. preface by Michel Platini, 2007: 260.

[12] Durand C, Ravenel L, Bayle E. The strategic and political consequences of using a demographic criteria for the organization of European leagues. European Journal of Sport Sciences, 2005 (4): 167 - 180.

[13] Eiglier P, Langeard E. La servuction. Le marketing des services. Paris: McGraw-Hill, 1987.

[14] Halba B. économie du sport. Paris: Economica, 1997.

[15] Helleu B. Cours de marketing sur le management des stades. France (unpublished) Université de Caen Basse-Normandie: mastère de management du sport, 2010.

[16] Helleu B. Régulation des ligues sportives professionnelles, une approche géographique. Le cas du football européen (1975—2005). Université de Rouen, France: doctoral thesis in sports sciences, 2007: 368.

[17] Holbrook M B, Hirschman E. The experiential aspects of consumption. Journal of Consumer Research, 1982, 9 (2): 132 - 140.

[18] Holt D B. How consumers consume: a typology of consumption practices. Journal of Consumer Research, 1995, 22 (1): 1 - 16.

[19] Ineum Consulting. Football professionnel, Finances et perspectives. Paris: joint study with Euromed, 2008.

[20] Kahle L R, Kambara K M, Rose G M. A functional model of fan attendance motivations for college football. Sport Marketing Quarterly, 1996, 5 (4): 51 - 60.

[21] Keller K L. Strategic brand management: building, measuring, and managingbrand equity. 2nd edition. NJ, USA: Englewood Cliffs, Prentice Hall, 2003.

[22] Lestrelin. L'autre public des matchs de football, sociologie du supporterisme àdistance: le cas de l'Olympique de Marseille. Université de Rouen, France: doctoral thesis in sociology, 2006: 996.

[23] Ligue de football professionnel. Rapport sur les stades, Paris: the French Football League. 2010.

[24] Mullin B J, Hardy S, Sutton W A. Sport Marketing. Human Kinetics. 3rd edi-

tion. USA: Champaign, 2007: 552.

[24] Pine B J, Gilmore J H. The Experience Economy. USA: Harvard Business School Press, 1999: 254.

[25] Pooley J. The sport fan: A social psychology of misbehaviour. Calgary: CAPHER Sociology of Sport Monograph Series, 1978.

[26] Ravenel L. L'analyse des espaces sportifs: l'apport du gé omarketing. Université de Franche-Comté, France: Accreditation to direct research, 2009: 248.

[27] Rein I, Kotler P, Shields B. The elusive Fan. Reinventing Sports in a Crowded Marketplace. McGraw-Hill Professional, 2006: 300.

[28] Séguin P, Valentin J L. Grands stades——Rapport de la Commission Euro 2016. Paris: La documentation française, 2008. http://www.ladocum entationfrancaise.fr/ (last accessed on March 17, 2010).

[29] Tribou G. Sponsoring sportif. 3rd edition. Paris: Economica, 2007.

[30] Van Uden J. Organisation and Complexity: Using Complexity Science to Theorise Organisational Aliveness. Boca Raton, Floride, USA: Universal-Publishers, 2004.

[30] Wann D L, Branscombe N R. Sports fans: Measuring degree of identification with the team. International Journal of Sport Psychology, 1993 (24): 1 – 17.

第9章 总 结

【学习目标】
- 总结本书中有关赛事营销的新理论与新概念
- 了解赛事营销工作的前景与未来发展方向

9.1 本书的内容回顾

我们的旅程已接近尾声，现在是时候根据我们的经验对其进行评估和反思，回顾并巩固我们所学的知识了。

本书分为两个部分，第一部分主要研究在全球化背景下，品牌管理及体育组织的国际化，尤其是体育团队的国际化；第二部分关注体育赛事和市场营销经验。在这些内容中，我们查阅了相关理论依据，以便能够清晰地表达我们的观点，建议管理的方法，并提供国际性案例，这使得我们能够突出北美洲和欧洲的异同点。

总体来说，我们希望为新的起点做好准备，借以开拓新的视野。一方面，由于体育管理者当下以及未来将要面临的挑战，他们需要从过去10年、20年或30年前使用过的方法中寻求不同的解决途径。另一方面，因为我们相信体育运动不仅仅是一个只能应用市场营销理论的领域，由此我们提出问题：赛事营销如何有助于理解营销和品牌管理？对于这一点，本书的第一部分讲述了战略品牌建设、体育品牌的国际化以及这些品牌的国际化战略，均引发了一些有趣的论点。

第一，体育团队的名声为其追求国际化带来一定的优势。不论是通过本地或者国外的锦标赛还是通过传统赛事、明星球员甚至是场上或场下的团队管理，体育俱乐部都必须特别注意自己的形象。每当消费者与品牌接触时，该品牌都必须向消费者兑现它的承诺。然而现在情况如何？我们曾有多少次被移动电话供应商、有线电视公司、银行和航空公司的承诺所诱惑，最终却无法享受相应的服务？在体育界内，由于球队销售的是情感，球队的名声和承诺是非常重要的，是高于一切的。

这对于那些有机会通过举办全球性大型体育赛事以展示其形象的城市来说也是一样的，他们能够通过这种途径提升自身在体育领域的地位，而这些同样发生在文化、经济和旅游领域。在这方面，北京就是一个很好的案例（详见本书第3章）。

然而，我们还需要注意的是，破坏球队名声、违背球队承诺很容易使长期以来与球迷建立起来的情感联系毁于一旦。在再三的欺骗后，球迷宁愿把他们的钱花在别的地方，也不可能再回头。这些情况对于知名的体育组织来说尤为真实。伴随名声而至的不仅是特权，同时也有义务，如果球队失去了在国内和国际上的社会地位，那么这将是一个严重的威胁。

第二，冒险进入国际市场可能不再是一种选择。当全球化似乎成为了一个"不可避免的龙卷风"（Valaskakis，1990），体育组织不仅需要放眼国外，还要考虑能够成功渗透到国际市场的方式。在这方面，NHL 可以从 NBA 身上获得一些灵感，NBA 现在在欧洲有七个区域办公室，但 NHL 一个都没有。冒着冒犯 NHL 某些总经理的风险，我们必须意识到，在体育运动中不管是那些来自美国南部的不具有任何知名度的外来团队，还是来自瑞典、芬兰、捷克共和国或拉脱维亚的曲棍球球迷，都不能作为 NHL 品牌的大卖家。这正如英格兰超级联赛试图通过把博尔顿和斯托克城的比赛提供给球迷，以确立自己在北美洲的地位一样。

现在，我们回归到讨论环境的重要性，球队的水准、比赛中的问题及联盟的管理系统尤其重要。这些都在内部或外部对球队产生催化作用，球队也能把它运用到国际化的发展中。成功的团队能超越他们的市场和体育运动成为全球性的象征。从品牌管理和财务层面上看，这为球队通过不同方式的接触、巩固和球迷的联系开发了新的可能性：包括在体育场进行的比赛、网络平台（官方网站、在线球迷社区、社会团体）、吉祥物、巡回比赛等，更不用说特许经营商品了。根据普里斯、沃特豪斯（Price，2004；Waterhouse Coopers，2007）的相关研究，2011 年，美国的特许经营商品销售总额超过了 200 亿美元，其中包括了北美洲的所有体育赛事和团队。这个数据反映了当体育俱乐部与球迷有着很强烈的感情联系时，市场营销和财务层面上可以利用的机会较多。

第三，承接前面的观点，国际化的速度和顺序已经成为了体育组织的重要议题。在体育受到全球化影响的情况下，某些球队必须在国际市场上更加有野心，才能在赛场上以第一的姿态获得最大利益。这些队伍应该使用一种大众化的营销策略，但这涉及重大资源配置战略，也伴随高风险。而其他俱乐部，凭借他们有限的资源和表现水平，以及他们运动的性质及联盟管理系统，使得他们能够遵循一个基于"草根"的小众策略，也就是说，在突破原有市场的基础上，加入年轻的客户，然后随着时间的推移发展起强有力的品牌联系（"从子宫到坟墓"的营销理念）。因此，就会专注于像翁特哈兴这种规模较小的球队将会对这一类俱乐部更有启示（Christoph Breuer, et al., 2011；Richelieu, et al., 2011）。

第四，运动为品牌特别是具有国际水平的品牌合作提供了大量的机会。国际营销专家强调应该调整向国外市场提供的内容，以使得消费者易于接受，从而获得理想的"诱惑"效果。因此，"全球本地化"，就是指根据本地化的环境对品牌内容进行调整，使得品牌既能与不同的消费者实现更好接触，同时又保持品牌的一致性（Cateora & Graham, 2006; Hollensen, 2007）。正如我们所见，一些球队通过附属球队出现在国际市场上（征服者战略）。然而，品牌合作也可以通过与当地公司的合作和推广活动来开展。这种在巴塞罗那使用的方法也渗透到了中国、日本和新加坡（Richelieu, et al. , 2008）。

在经济发生巨大变革的时期，专业的球队已经意识到，品牌是一种资产，强大的品牌管理具有超越本地市场的能力（Bauer, et al. , 2005）。我们所说的全球化，同时为球队带来了机会和威胁。球队不可以再像过去一样作为纯粹的地方活动而隐藏在全球化视野背后。

本书的后半部分继续讲述同样的理念，从"消费者或行动者"的角度关注球迷在现场的体验这一概念。在"体育娱乐化"（sportainment）的舞台上，消费者既是行动者又是观众，比起过去，他们现在想要获得的体验要求更高。在越来越多的情况下，消费者/行动者都希望能够成为一个利益相关者。事实上，消费者/行动者参与得越多，他们想自己拥有的产品和品牌就会越多，也就越有可能忠于它。然而，每周的体育运动已不再能够让他们满足了。现今的消费者/行动者几乎需要全天候24小时与外界保持联络，或者至少要能够通过手机应用、互联网社交网络实现与球迷、运动员、教练、管理人员以及新闻记者在网络上的互动。

体育赛事是基于事件及其组合而产生情感的体验性产品。一场比赛可以被视为促进社会交流的催化剂，一众球迷坐在他们的位置上，感受球队的社会地位和品牌神圣，正如欧洲的巴塞罗那足球俱乐部和尤文图斯足球俱乐部，以及北美的蒙特利尔加拿大人队和芝加哥小熊队一样。体育场馆已经成为体育团队发展和体验营销的一个重大推动力量。体育场或竞技场已经成为一个神圣的领域，有了它的"神秘"，才能从根本上改变当地球队受青睐的浪潮。然而，现时的场馆赢利还得益于多功能综合体育场馆（体育比赛、音乐会、电影剧院、餐馆，甚至商场）多样化和持续的收入。

9.2 赛事营销的展望

体育营销的未来将会是怎么样的呢？为了找到一丝线索，我们从以下主题入手：① 新兴国家的出现对体育营销的影响；② 文化、体育和体育营销所带来的全球趋同性；③ 体育营销和新媒介；④ 金钱和体育。

第一，新兴国家的出现对于发展中国家的体育组织而言，既是挑战也是机会。说它是一个挑战，是因为新兴国家被证明是强劲的竞争对手（他们的球队和运动员），而且他们能承担国际体育赛事。例如，南非的国际足联世界杯、马来西亚和新加坡的F1赛事，俄罗斯和巴西举办奥运会、世界杯，乌克兰举办欧洲足联2012

年欧洲锦标赛等。随着年轻且人口稠密的发展中国家的不断壮大、财富的增加,以及基于潜在赞助交易的更加宽松的烟酒法规,他们的经济发展迎来了一个很好的机会。

第二,体育凭借其产生于社会的归属感和自豪感,从精神上和心理忠诚上,均使其成为了社会凝聚力的媒介。体育为了突破障碍,使自身成为了人们之间强大的文化共同点,正如我们常说的,体育使得谈话能够继续进行下去。在这方面,世界杯足球赛就是一个强有力的例子。在32支球队参加世界杯的伟大时刻,全世界范围内都涌现出了观众,甚至行动者。追溯到1986年,尽管加拿大缺席世界杯,但它仍是带着高度情感迎接世界杯。在蒙特利尔吉恩爪区,意大利疯狂球迷舞动意大利国家足球队的节奏,来自阿尔及利亚的球迷歇斯底里地高喊"阿尔及利亚万岁",葡萄牙球迷为克里斯蒂亚诺·罗纳尔多的任意球屏住呼吸,希腊支持者重演了2004年的盛况以表达他们的喜悦,等等。体育运动能使人团结,同时,由于体育中的对抗性,它也能使人分化;在全球化背景下,这似乎更加真实,对国家认同的维护有时是一种生存方式。赛事失控的风险是存在的,这是体育运动必须警惕的危险,要避免他们转化为煽动民粹主义的武器。

第三,体育运动应该从新的扩张中获益。事实上,他们已经在这样做。新媒介的传奇性在于他们能够使得球队、联赛、运动员、联盟等在一个持续的平台上,从远处与他们的支持者保持联系。例如,我们在书中讨论的"卫星支持者"案例,还有脸谱(Facebook)和推特(Twitter)等也是同样的平台。日后这种现象很可能增加,这有助于最知名和最有活力的组织在全球范围内扩大其影响力。但我们需要注意,不能为了利用新媒介和新技术而只关注它们本身,因为这会增加而不是缩短与球迷之间的距离。

第四,体育已由金钱主宰,例如,体育和娱乐的合并或者说是"体育娱乐化"。球迷出现情绪化的、甚至更激动的态度和行为,往往是由于被触及了底线。有时候联盟用明星守门员、高产得分手、最佳投手交换前途未卜的新成员,这会被球迷视作背叛,并导致球迷做出奇怪的决定,而这是最乐观的假设。体育,首先是关于情感的,同时明星球员能通过担当情绪主角去巩固球迷的感觉,这也有助于加强俱乐部的归属感。对于很多球队而言,协调感情和理性仍是一个挑战。有时球队似乎更愿意以牺牲他们和球迷建立起来的特权关系为代价,获得几乎不可能出现的未来收益,而这样做只会让俱乐部的品牌受损。

对于专业球员和他们拥有的品牌来说,存在同样的道理。很多人问自己,当自己能赚很多钱的时候还能有什么动机,特别是当他们身穿国家队球衣的时候?例如,南非世界杯期间,法国足球队员所策划的臭名昭著的罢工行动至今仍被广为议论,被关注程度或许更甚于比赛本身。这次罢工行动把问题推到了风口浪尖,是否意味着球员职业化的演变已经把他们变成了自私傲慢的企业家?随着球员奖金的增加，打球给球员带来的荣耀感到哪里去了？无可否认，这是个不恰当的问题。但鉴于它可能对球队、联盟甚至是国家的品牌形象造成的后果，有些问题我们必须思考，正如法国体育部长巴舍洛（Bachelot）夫人强调的，"法国的形象已经受损了"（2010年《快报》）。

为了完成上述的第四个反思，我们应反问自身，对体育、联赛和国际竞争这一整体的投注会带来何种影响，尤其当投注款项已危在旦夕之时？根据新加坡《周日时报》的报道，每场足球比赛的投注利润可以达到150万欧元（TOH，2011）。我们要采用何种方式才能真正地控制体育博彩的影响，从而避免因规模过大而强制分拆？在连接到互联网的全球社会中，这更需要被关注，但答案至今仍未见分晓。

在未来的10年或20年内，体育及体育营销将会变得如何呢？在这本书中，我们试图在相关领域内提供反思和管理的工具，近年来这些工具促使一个行业发生巨大的变化，并且这变化将持续下去。在全球化飓风的驱动下，涌现了越来越多来自新兴国家的竞争者，也出现了越来越多运动类商业及其固有文化的限制。例如在体育运动方面，蒙特利尔的加拿大人队、奥林匹克·马赛足球俱乐部，以及南非国家男子足球队体现出的民族忠诚和集体主义是以往球队中不常见到的。这些都值得研究者继续讨论。

思考题

1. 从本书中可以学到哪些新概念和新理论？
2. 如何认识赛事营销工作的前景？
3. 赛事营销的理论研究有何作用？

参考文献

[1] Bauer H H, Sauer N E, Schmitt P. Customer-based brand equity in the team sport industry. European Journal of Marketing, 2005, 39 (5/6)：496–513.

[2] Cateora P R, Graham J L. International Marketing. Homewood：Canadian edition, 2006, IL：Irwin.

[3] L'Express. Bachelot："Vous avez terni l" image de la France. 2010, June 21.

[4] Hollensen S. Global marketing：A decision-oriented approach. 4th edition. London, UK：Prentice Hall, 2007.

[5] Price Waterhouse Coopers. Global outlook for the sports market. New York：Global entertainment and media outlook report：2004—2008, 2004.

[6] Price Waterhouse Coopers. Global outlook for the sports market. New York: Global entertainment and media outlook: 2007—2011, 2007.

[7] Richelieu A, Lopez S, Desbordes M. The internationalization of a sports team brand: The case of European soccer teams. International Journal of Sports Marketing and Sponsorship, 2008, 9 (4): 29 –44.

[8] Richelieu A, Pawlowski T, Breuer C. Football brand management: Minor League vs. Champions League. Journal of Sponsorship, 2011, 4 (2): 178 – 189.

[9] Toh Kezia. Match-fixer caught in net. Sunday Times (Singapore), 2011: 10.

[10] Valaskakis K. Canada in the Nineties: Meltdown or renaissance. Ottawa: World Media, 1990.

[11] Vice President of Marketing for FC Barcelona. Barcelona, Spain: Personal interview, 2004.